高职高专会展专业新形态教材

会展策划实务

(第3版)

尹丽琴 主　编

洪　晔 副主编

清华大学出版社
北　京

内容简介

本书全面系统地介绍了会展策划理论与实务，是天津科技大学会展经济与管理专业校企合作共同开发教材的重要成果。本书从会展策划实践出发，以必要的会展策划理论和技巧为依据，以培养会展策划技能为重点，根据会展项目运作流程对各环节的策划内容和方法做了全面而细致的阐述，并结合每章的内容，安排实训任务，拓展学生的职业技能。本书侧重应用性和实用性，融相关理论知识和专业技能于一体。全书语言通俗易懂，内容简明实用。

本书共分八章，包括会展策划概述、会展市场调研策划、会展立项策划、会展相关活动策划、会展选址及场区规划、会展服务承包商的确定、会展营销策划、会展现场服务策划。

本书可供高等学校会展、旅游等相关专业教学使用，也可供从事会展策划工作的人员学习参考。

本书提供课件，读者可扫描封底二维码获取。

本书封面贴有清华大学出版社防伪标签，无标签者不得销售。
版权所有，侵权必究。举报：010-62782989，beiqinquan@tup.tsinghua.edu.cn。

图书在版编目(CIP)数据

会展策划实务 / 尹丽琴主编. —3 版. —北京：清华大学出版社，2022.10（2024.2 重印）
高职高专会展专业新形态教材
ISBN 978-7-302-62077-8

Ⅰ.①会… Ⅱ.①尹… Ⅲ.①展览会—策划—高等职业教育—教材 Ⅳ.① G245

中国版本图书馆 CIP 数据核字 (2022) 第 188442 号

责任编辑：施 猛 王 欢
封面设计：周晓亮
版式设计：孔祥峰
责任校对：马遥遥
责任印制：沈 露

出版发行：清华大学出版社
    网　　址：https://www.tup.com.cn，https://www.wqxuetang.com
    地　　址：北京清华大学学研大厦 A 座　　邮　　编：100084
    社 总 机：010-83470000　　邮　　购：010-62786544
    投稿与读者服务：010-62776969，c-service@tup.tsinghua.edu.cn
    质 量 反 馈：010-62772015，zhiliang@tup.tsinghua.edu.cn
印 装 者：三河市铭诚印务有限公司
经　　销：全国新华书店
开　　本：185mm×260mm　　印　张：19　　字　数：392 千字
版　　次：2014 年 3 月第 1 版　2022 年 10 月第 3 版　　印　次：2024 年 2 月第 3 次印刷
定　　价：59.00 元

产品编号：096980-01

前言(第3版)

习近平总书记在党的二十大报告中指出："教育、科技、人才是全国建设社会主义现代化国家的基础性、战略性支撑。必须坚持科技是第一生产力、人才是第一资源、创新是第一动力，深入实施科教兴国战略、人才强国战略、创新驱动发展战略，开辟发展新领域新赛道，不断塑造发展新动能新优势""坚持为党育人、为国育人，全面提高人才自主培养质量，着力造就拔尖创新人才""育人的根本在于立德，全面贯彻党的教育方针，落实立德树人根本任务，培养德智体美劳全面发展的社会主义建设者和接班人""深化教育领域综合改革，加强教材建设与管理"。为深入贯彻党的二十大精神，会展业作为现代服务业的重要组成部分，坚持高质量发展，积极构建优质高效的会展业新发展格局，培养具有使命担当的高素质、高技能、创新型会展人才，促进经济发展和社会发展。结合教育部印发的《高等学校课程思政建设指导纲要》，笔者在本教材第1版和第2版基础上强化思政理念，加强国家意识、法治意识、社会责任意识教育和民族团结进步教育、国家安全教育、科学精神教育及诚信教育、法制教育、生态文明教育。

《会展策划实务(第3版)》是在第2版的基础上编写而成的，保持第2版"根据会展项目运作流程编辑内容、选取案例真实且实用、突出对学生会展职业能力的培养"这三个特点。为强化学生会展策划的理论能力，本书增加了会展策划的理论基础内容，并对每章的部分案例与内容进行了更新，可有效提升学生理论联系实践、指导实践的能力，拓宽学生的宏观视野。

本书根据会展项目运作流程编排内容，共分八章。第一章是会展策划概述，主要阐述会展策划的内涵、特点、作用、流程、原则和方法，会展策划的理论基础，会展策划人才。第二章是会展市场调研策划，主要介绍会展市场调研内容、会展市场调研方法、会展市场调研方案以及会展市场调研报告。第三章是会展立项策划，主要讲解会展题材的选定、会展举办时间策划、会展举办机构策划、办展目标策划、展会规模策划、展品范围策划、财务预算策划、会展时间进度策划、会展主题策划等内容。第四章是会展相关活动策划，内容包括会展相关活动概述、会议策划以及表演、比赛与其他相关活动策划。第五章是会展选址及场区规划，主要介绍会展选址及场区规划的相关知识。第六章是会展服务承包商的确定，内容包括会展服务承包商概述、会展服务承包商的选择标准、招标文件的制定。第七章是会展营销策划，以展览会为例，讲解招展策划、招商策划、会展宣传推广三个方面的内容。第八章是会展现场服务策划，内容包括布展期间服务策划、会展开幕式策划、开展期间服务策划、撤展策划、会展项目评估策划。

  本书第一章、第三章由尹丽琴编写；第二章、第四章由崔於盈编写；第五章、第六章由杨金国编写；第七章、第八章由洪晔编写。尹丽琴负责全书的审阅。编者在编写本书过程中得到很多专业人士及同行的帮助与支持，特此表示衷心感谢。由于编者水平所限，疏漏之处在所难免，欢迎各位专家学者提出宝贵意见，反馈邮箱：wkservice@vip.163.com。

尹丽琴

2022年1月

前言(第2版)

我国经济的高速发展促使我国会展业得到重视并快速发展，随着我国经济由高速增长转为中高速增长，我国会展业发展也进入中高速增长阶段，由原来的注重数量转为兼顾数量与质量。随着"一带一路"倡议、"新发展格局"和"高质量发展"等的提出，会展业的作用越来越明显，不仅成为链接各方的平台，而且成为国家发展的战略工具。国际会展活动的举办，有助于促进各国企业合作，增进各国人民感情交流。国内会展活动的举办，有助于促进当地产业结构升级、消费升级，促进经济增长，提高人民生活水平，促进人民美好生活的实现。

但是，我国会展业在快速发展过程中暴露出会展活动题材重复、会展知识产权侵权、会展活动定位不够清晰等问题，而解决上述问题的根本途径是培养懂得会展策划、具备会展运营与管理能力的会展专业人才。可以说，培养一批具有先进服务理念、良好服务态度、严谨敬业精神的高素质会展专业人才是会展业持续健康发展的关键。

《会展策划实务(第2版)》是在原版教材的基础上编写而成的，结合会展业发展现状更新了部分内容和案例。同时，为了优化内容结构，增加了会展策划背景及理论基础和会展危机管理策划两章内容。本书除了具有原版教材的三个特点(根据会展项目运作流程编辑内容、选取案例真实且实用、突出对学生会展职业能力的培养)之外，增加的两章内容可强化学生学习会展策划理论的能力和处理紧急事务的能力，尤其第一章会展策划背景及理论基础，可以有效提升学生理论联系实践的能力，拓展学生的宏观视野。

本书根据会展项目运作流程进行内容编排，分为十章内容。第一章是会展策划背景及理论基础，主要讲述会展策划背景和理论基础的相关内容。第二章是会展策划概述，主要阐述会展策划的内涵、特点、作用、流程、原则和方法。第三章是会展市场调研策划，主要介绍会展市场调研的内容、方法、方案及调研报告的撰写。第四章是会展立项策划，从会展活动题材的选定、举办时间的策划、举办机构的策划、目标策划、规模策划、范围策划、预算策划、进度策划、主题策划等方面进行讲解。第五章是会展相关活动策划，主要讲解会展相关活动即会议、表演、比赛和其他相关活动的知识。第六章是会展选址及场区规划，主要讲解会展选址的条件及场区规划的相关知识。第七章是会展服务承包商的确定，主要讲解会展服务承包商的分类(包括会展搭建服务承包商、会展物流运输服务承包商、会展旅游服务承包商)、作用、选择标准及招标文件的编制。第八章是会展营销策划，以展览会为例，从招展、招商、展会的宣传推广三方面进行讲解。第九章是会展现场服务策划，以展览会为例，从布展、开幕式、开展期间、撤展到会展评估，按照展览会举办流程讲解相关内容。第十章是会展危机管理策划，主要从会展危机概述、常见会展危机、会展危机预防、会展危机处理四方面对会展危机相关知识进行讲解。

  本书根据两位主编多年教学经验，在查阅相关文献和网络资源并总结原版内容的基础上精心编写而成。本书第一章由张翠娟编写，第二章由张翠娟、尹丽琴编写，第三章由张翠娟、崔於盈编写，第四章由张翠娟、尹丽琴编写，第五章由张翠娟、尹丽琴、崔於盈编写，第六章由张翠娟、杨金国编写，第七章由张翠娟编写，第八章由张翠娟、洪晔编写，第九章由张翠娟编写，第十章由张翠娟编写。张翠娟和尹丽琴负责全书的审阅。

  由于编者水平所限，疏漏之处在所难免，欢迎各位专家学者提出宝贵意见。反馈邮箱：wkservice@vip.163.com。

张翠娟

2020年6月

前言(第1版)

我国改革开放的进一步深化,国民经济的快速增长,为会展业的发展提供了坚实的经济基础。《中华人民共和国国民经济和社会发展第十一个五年规划纲要》首次提出:合理规划展馆布局,发展会展业。《中华人民共和国国民经济和社会发展第十二个五年规划纲要》提出:促进广告、会展业健康发展。可见,我国政府对会展业的发展非常重视。2000年以后,我国会展行业每年的展出面积增加数千万平方米,展会规模也不断扩大,每年保持20%的增长率,各地政府对会展经济日益重视,使其成为当地发展经济、调整产业结构、招商引资的重要平台。但我国会展业在快速发展过程中也暴露出会展题材挖掘不够深入、会展组织不够规范、会展规模普遍偏小、会展定位不够清晰等问题,导致这一系列问题的主要原因是人才短缺,特别是懂得会展策划、具备会展运营与管理等专业知识及技能的人才更为稀缺。因此,打造一支与我国会展业发展相适应的高素质、强能力、智慧而厚德的会展专业人才队伍成为我国会展业持续健康发展的关键。

《会展策划实务》一书是高校教师和会展企业专家经过两年努力合作完成的,本书具有以下几个特点。

第一,根据会展活动策划流程组织内容。会展项目运作流程的每个环节均需要周密且翔实的策划,本书按照会展项目运作流程编排内容,具体包括会展策划概述、会展市场调研策划、会展立项策划、会展相关活动策划、会展举办地点选择及场区规划、会展服务承包商的确定、会展营销策划、会展现场服务策划,每章按照操作流程展开论述。

第二,选材真实且实用。本书融入精选的会展企业真实案例与实际项目,凝聚了会展业人士多年的实践经验和心得,让学生在案例中学习,使他们会展策划职业能力不断得到提升,对学生的学习与实践具有非常强的指导性。

第三,突出对学生职业能力的培养。本书的案例与项目需由教师带领学生共同学习体会,每一章的实训任务要由学生独自完成,目的是使学生进一步巩固知识、拓展职业能力。

编者在编写本书的过程中得到了会展行业协会、天津多家会展企业的专家和相关人士的鼎力支持和帮助,他们慷慨地提供了许多宝贵经验和完整资料,为本书的顺利完成奠定了坚实的基础,在此一并表示感谢。由于编者水平有限,疏漏之处在所难免,欢迎各位专家学者提出宝贵意见。反馈邮箱:wkservice@vip.163.com。

尹丽琴

2013年12月

目 录

第一章　会展策划概述 …………………… 1
第一节　会展策划的内涵、特点、作用 ‥ 1
一、策划与会展策划的内涵 ……………… 1
二、会展策划的特点 ……………………… 7
三、会展策划的作用 ……………………… 8
第二节　会展策划的流程、原则、方法 ‥ 9
一、会展策划的流程 ……………………… 9
二、会展策划的原则 ……………………… 11
三、会展策划的方法 ……………………… 20
第三节　会展策划的理论基础 …………… 22
一、会展产业链理论 ……………………… 22
二、会展产业空间集聚理论 ……………… 24
三、会展行为经济理论 …………………… 25
第四节　会展策划人才 …………………… 26
一、会展人才分类 ………………………… 26
二、会展策划人才需具备的能力 ………… 27
思考题 ……………………………………… 28
能力训练 …………………………………… 28

第二章　会展市场调研策划 ……………… 29
第一节　会展市场调研内容 ……………… 29
一、宏观环境调研 ………………………… 30
二、中观环境调研 ………………………… 40
三、微观环境调研 ………………………… 45
第二节　会展市场调研方法 ……………… 47
一、委托调研机构开展调研 ……………… 47
二、收集二手资料 ………………………… 48
三、收集一手资料 ………………………… 48

第三节　会展市场调研方案 ……………… 51
一、前言 …………………………………… 54
二、确定市场调研目的 …………………… 54
三、选定调研内容 ………………………… 54
四、确定调研对象与抽样 ………………… 55
五、调研员的培训 ………………………… 55
六、人员安排与控制 ……………………… 55
七、调研方法及具体实施 ………………… 56
八、调研程序及时间安排 ………………… 56
九、经费预算 ……………………………… 56
第四节　撰写会展市场调研报告 ………… 56
一、市场调研报告的特点 ………………… 57
二、市场调研报告的结构 ………………… 57
思考题 ……………………………………… 61
能力训练 …………………………………… 61

第三章　会展立项策划 …………………… 62
第一节　会展题材的选定 ………………… 70
一、新立题材 ……………………………… 70
二、分列题材 ……………………………… 72
三、拓展题材 ……………………………… 73
四、合并题材 ……………………………… 76
第二节　会展举办时间策划 ……………… 78
一、举办周期的策划 ……………………… 78
二、展览时间的确定 ……………………… 79
三、展期的确定 …………………………… 83
四、其他时间的确定 ……………………… 84
第三节　展会举办机构策划 ……………… 85
一、主办单位 ……………………………… 85

二、合办单位……86
三、承办单位……95
四、支持单位……98
五、发起或倡导单位……99
六、协办单位……100

第四节 办展目标策划……101
一、基本目标……101
二、宏观目标……101
三、战略目标……101

第五节 展会规模策划……102
一、从区域角度分……102
二、从定量角度分……103

第六节 展品范围策划……104
一、与展会目标一致……105
二、根据展会定位策划展品范围……105
三、根据办展机构的优劣势策划展品范围……105

第七节 财务预算策划……106
一、会展收入预算……106
二、会展支出费用预算……109
三、会展项目毛利……111

第八节 会展时间进度策划……112
一、筹备阶段……112
二、招展、招商阶段……114
三、会展现场实施阶段……115
四、总结阶段……115

第九节 会展主题策划……116
一、会展名称的策划……117
二、会展理念……120
思考题……123
能力训练……124

第四章 会展相关活动策划……125

第一节 会展相关活动概述……125
一、会展相关活动的概念及内容……126
二、会展相关活动策划的作用……133

第二节 会议的策划……134
一、论坛的策划……135
二、产品发布会或推荐会的策划……146
三、会议场所的选择与布置……147

第三节 表演、比赛与其他相关活动策划……152
一、表演的策划……152
二、比赛的策划……155
三、其他相关活动的策划……158
思考题……158
能力训练……158

第五章 会展选址及场区规划……159

第一节 会展选址……159
一、会展内容影响选址……160
二、会展类型影响选址……160
三、政策法规、时局政治影响选址……160
四、商务休闲影响选址……161
五、展馆的基础设施影响选址……161
六、其他考虑因素……167

第二节 场区规划……167
一、影响场区规划的因素……167
二、制定场区规划……173
思考题……174
能力训练……175

第六章 会展服务承包商的确定……176

第一节 会展服务承包商概述……176
一、会展服务承包商的分类……177
二、会展服务承包商的作用……183

第二节 会展服务承包商的选择标准……184
一、专业化水平高……185
二、经验丰富……185
三、价格合理……185
四、熟悉会展活动内容……186
五、信誉良好……186

六、其他标准……187
第三节　招标文件的制定……188
　　一、会展招标流程……188
　　二、会展招标文件……190
　　思考题……197
　　能力训练……197

第七章　会展营销策划……198

第一节　招展策划……198
　　一、建立目标参展商数据库……199
　　二、制定招展价格……202
　　三、编制展会招展函……206
　　四、招展代理……220
　　五、招展分工……224
　　六、撰写招展方案……226
　　七、编制参展商服务手册……229
第二节　招商策划……234
　　一、建立目标观众数据库……235
　　二、编制展会通讯与观众邀请函……236
　　三、招商渠道……240
　　四、招商分工……242
　　五、招商宣传推广计划……243
　　六、招商预算……243
　　七、招商进度计划……244
第三节　会展宣传推广……244
　　一、会展宣传推广的特点……246
　　二、会展宣传推广的类型……247
　　三、会展宣传推广计划……253
　　思考题……255
　　能力训练……255

第八章　会展现场服务策划……256

第一节　布展期间服务策划……257
　　一、布展准备工作内容……257
　　二、布展期间工作内容……259
第二节　会展开幕式策划……262
　　一、开幕式现场设备设施的安排和环境布置……264
　　二、开幕式……265
　　三、开幕酒会……267
第三节　开展期间服务策划……268
　　一、观众登记与入场……268
　　二、参展商行为管理……269
　　三、证件管理……269
　　四、公关和重要接待活动……270
　　五、媒体接待与采访……271
　　六、现场安全保卫工作……271
　　七、知识产权保护工作……272
　　八、其他服务策划……275
第四节　撤展策划……276
　　一、参展商展品处理……276
　　二、展品出馆控制……276
　　三、展位拆除……277
　　四、参展商租用展具退还……277
　　五、展场清洁……277
　　六、撤展安全保卫……277
第五节　会展项目评估策划……278
　　一、会展项目评估概述……278
　　二、行业评估与认证……280
　　三、会展项目评估指标……285
　　思考题……289
　　能力训练……289

参考文献……290

第一章
会展策划概述

职业素养

1. 组织学生观摩当地展会,培养学生理论与实践相结合的能力;
2. 培养学生在实际展会项目中发现(提出)问题、分析问题的能力;
3. 提高学生学习会展策划专业知识的兴趣。

能力目标

1. 了解会展策划的内涵及特点;
2. 明确举办会展活动有哪些流程、需策划哪些内容、遵循哪些原则,为今后进行会展项目策划打下基础。

第一节 会展策划的内涵、特点、作用

一、策划与会展策划的内涵

(一) 策划的内涵

《后汉书·隗嚣公孙述列传》中有言:"夫智者睹危思变,贤者泥而不滓,是以功名终申,策画复得。故夷吾束缚而相齐,黥布杖敛以归汉,去愚就义,功名并著。" 这是我国最早在书中出现"策划"一词。其中,"策"的古体写法是竹字头下为"宋","宋"的原意是"巨响",引申义为"引起轰动",也可引申为"具有创意性";"画"与"划"相通互代,有"谋划、打算"之意,可引申为"最佳方案"之意。"策画"即"策划",词义为"具有创意性的最佳方案"。

> **小资料1-1**

《后汉书·隗嚣公孙述列传》内容简介

　　西汉末年,王莽改制,建立新朝。而刘玄被农民起义军拥立称帝,建立西汉,国号更始。出身陇右大族、"少任州郡"的隗嚣及兄长、叔父等人在陇右地区起事,召天下共讨王莽,盟誓忠于汉室,因隗嚣"素有名,好经书",大家推举他为上将军。隗嚣率兵攻占了陇右十六县,独占陇右,自此建立了割据陇右的政权。更始二年(公元24年),隗嚣被西汉刘玄封为右将军,不久又被封为御史大夫。因隗嚣"谦恭爱士,倾身引援,为布衣交","三辅耆士大夫"纷纷投奔于隗嚣。更始三年(公元25年),汉光武帝刘秀即位,隗嚣即劝更始帝归政于汉光武帝,但更始帝刘玄坚决不同意。隗嚣与更始帝部下诸将密谋挟持更始帝东归,但此事泄露,隗嚣被迫逃回天水,自称西州大将军。不久,更始帝兵败,关陇地区许多士大夫纷纷投奔隗嚣,隗嚣给他们均封了官职。一时间,众多将士云集在隗嚣麾下,隗嚣更是"名震西州,闻于山东"。之后,隗嚣因镇压西进的赤眉军起义及屡次阻止了割据四川的公孙述的进犯,深得光武帝刘秀信任,被封为西州大将军。建武五年(公元29年)汉光武帝为完成统一大业,多次派人劝隗嚣入朝,并"许以重爵",但隗嚣均以"无功德,须四方平定,退伏闾里"之由推辞。建武六年(公元30年),刘秀决定伐蜀,下诏隗嚣,借道天水伐蜀。隗嚣以"白水险阻,栈阁绝败,不便行军"为由婉拒,光武帝大怒,隗嚣自感形势不利,连向光武帝上书表达忠心,得到刘秀宽恕,但隗嚣总觉得光武帝不信任他,对他有嫉恨之心。建武七年(公元31年),隗嚣又遣使称臣于公孙述,被公孙述封为宁朔王,公孙述亦企图联合隗嚣齐力抗刘。建武八年(公元32年),光武帝御驾西征,势不可当。在劝降隗嚣将领牛邯的书信中便有"夫智者睹危思变,贤者泥而不滓,是以功名终申,策画复得。故夷吾束缚而相齐,黥布杖敛以归汉,去愚就义,功名并著"之句。隗嚣的十三名部将,所辖十六个县的十余万人都纷纷投降了汉光武帝刘秀,隗嚣携妻室奔于西城(今秦州区西南),终未投降。建武九年春,隗嚣患病,饥饿交加,忧愤而死。

　　资料来源:根据《后汉书·隗嚣公孙述列传》整理。

　　现代意义的策划是指个人、企业、组织机构在充分的市场调查的基础之上,遵循一定的科学方法或者规则寻求实现目标的最佳可行方案的创造性思维过程。

1. 信息是策划的前提和基础

　　策划是以全面、系统、准确把握和运用信息为基础,制定最佳方案的理性行为。信息的质量直接影响策划的质量,策划者掌握的信息越多、越新、越真实、越及时、越系统,那么做出的策划就越全面、越可行,并且越有竞争力;反之会造成策划失误。

2. 策划是为特定目标服务

设定目标是策划的重要任务，没有目标或目标不清，会浪费很多人力、物力，策划就会流于形式，收不到预期效果。但也不能为了节省人力、物力而偏离目标，这就是舍本逐末。依据不同的策划目标，所制定的策划方案都会有所不同。

3. 策划是前瞻性、创造性和可行性的统一

前瞻性是指对事物发展变化趋势进行正确判断、制定目标，并对实施进程进行规划，是对未来活动的指导与控制，可增强项目的市场适应性，有效降低市场风险。

创造性是策划的核心。优秀的策划人要在市场调研的基础上，用创新思维进行科学策划，力求使策划方案具有新颖性、独创性和突破性。只有创意独特、立意新颖的策划才具有感召力，才能达到出奇制胜的效果。但是也不能一味地追求标新立异而忽视实际效果，那样只会使策划方案流于形式，偏离目标。

具有可行性的方案才是最佳方案。策划是为了实施，实施是为了实现，实现是为了实效。如果策划因为实施的环境或策划方自身的能力因素无法得到有效实施，那么再有创意的策划也是纸上谈兵，无法实现，实效则更无从谈起。

4. 策划必须借助现代化的科学方法

策划是以假定目标为起点，然后制订策略、政策、实施计划，并进行成效评估及反馈，以此来实现战略目标的一项系统工程。一个过程结束后返回起点，开始策划第二次循环。策划不是简单地制定一个方案，而是要对整个项目运作过程加以动态把握，对出现的各种问题做出准确和快速的反应，捕捉稍纵即逝的机会。因此，在策划过程中，必须运用科学方法进行调研、分析、策划、实施、评估及总结，以实现整体的战略目标。

案例1-1　麦斯威尔速溶咖啡的营销策划

速溶咖啡产生于美国20世纪初期，在上市之初，速溶咖啡制造商麦斯威尔咖啡决策层认为，速溶咖啡相比传统的手磨咖啡，更能让美国的家庭主妇从烦琐的咖啡制作中解脱出来，省时省力，因此，他们决定向美国家庭主妇展开宣传攻势，大力宣传速溶咖啡省时省力的基本特点。然而，策划推出后，市场反应平平，没有达到推广速溶咖啡的效果，可以说，当初的策划是失败的。麦斯威尔的营销人员百思不得其解，经过广泛而深入的调研与分析，他们找到了问题的症结所在。原来在20世纪初期，在美国家庭主妇的观念里，制作咖啡被视为勤劳的表现，而购买速溶咖啡则有悖于这一观念，为了省时省力购买速溶咖啡是懒惰的家庭主妇的表现，难怪速溶咖啡不能被家庭主妇接受。

了解到这一信息后，麦斯威尔咖啡重新调整了策划方案，转而强调速溶咖啡的醇香美味，并邀请当时的总统罗斯福为之做广告。在罗斯福总统的那句"滴滴香浓，意犹未尽"的影响下，美国的家庭主妇争相品尝速溶咖啡的醇香美味，从此速溶咖啡进入美国千家万户，麦斯威尔也成为美国最具竞争力的咖啡品牌。

资料来源：我们的天空G. 麦斯威尔咖啡市场营销策划[EB/OL]. (2015-05-12)[2022-03-01]. https://wenku.baidu.com/view/ee4782e825cc58bd6bebe.html.

思考题： 从案例中您能分析出策划方案失败和成功的原因各是什么吗？

(二) 会展策划的内涵

会展策划是指围绕会展活动的目标，在充分占有并全面、深入分析会展信息的基础上，运用科学的策划方法，制定会展活动最佳方案的过程。它包含以下几个要素。

1. 策划主体

在企业内部，会展策划主体是会展主办方市场开发部或策划部门；在企业外部，会展策划主体是专业的会展策划或服务公司。策划主体的素质直接影响会展策划的质量水平，从而影响会展活动的质量水平。

2. 策划依据

对市场环境、产业和市场的发展现状及发展趋势、会展业同业及自身优劣势进行深入全面的调研、分析与总结，是做好策划工作的基础。

3. 策划目标

策划目标是指一个期望的最终结果，它必须是在充分调研的基础上确立的。目标必须明确(specific)；目标必须是可测量的(measurable)，这样才能评估它的生存能力和生产能力；目标必须是可达成的(attainable)，即它能在一段合理的时间内以合理的成本完成；目标必须是现实的(realistic)，能以可利用的人力和财力来完成；目标必须有时间限制(time limit)。

策划目标既要考虑到主办方及承办方的利益，还要考虑参展商和专业观众的利益，因此制定目标时要权衡三者的目标。一般来讲，创办会展活动时要注意树立展会的良好形象，确立该展会在国际和国内业界的地位，同时突出展会主体在同行业中的优势和实力。对参展商和观众来说，要使他们能够通过参加展会达到沟通产销、推动交流、促进技术应用与发展、促成交易等目的。

案例1-2　　中国北方国际自行车电动车展览会的主题策划信息分析

第八届北方国际自行车展览会的策划依据和目标

本届展会是在党的十七大与国家"两会"胜利召开，北京奥运会即将举办和天津滨海新区扩大开发开放并推动天津经济社会快速发展的大好形势下举办的。当前，在世界能源和股市持续震荡的影响下，国内能源和原材料价格持续上涨，人民币汇率持续上调，出口退税率大幅度下滑，同时随着新劳动合同法规的实施，企业生产成本大幅上升，加上自行车市场趋向饱和，企业产销经营面临来自宏观和微观的重重挑战。

2007年天津电动自行车整车企业已发展到361家(2006年为316家)。据不完全统计，

2007年天津自行车总产量达到4 053.65万辆，占全国总产量的46%，出口量达到1496万辆；电动自行车总产量达到649.17万辆，占全国1/3，出口8.1万辆，这表明天津自行车产业抵御市场风险的能力已有所增强。另外，产品质量档次明显提高，高档锂电池电动自行车继续保持领先水平，这也说明天津电动自行车产品继续保持物美价廉的竞争优势。

根据上述调研信息，即策划依据，来确定展会的主题与目标。

紧紧抓住中国自行车发展的历史机遇期，突出"绿色、创新、开放、发展"主题并以"和谐、节约"为主线，按照"引导创新品质、推动整体提升"的基本思路，重点突出展会的国际性、广泛性、综合性。同时，坚持高起点、高品位地办好本届展会，为本地企业和国内外客商构筑交流交易的平台，使海内外客商充分展示形象、广泛交流、拓展市场，从而为天津以及全国自行车产业发展开辟广阔的空间。

第十五届中国北方国际自行车电动车展览会主题策划信息分析

随着国内提倡绿色环保出行方式，以及国内自行车、电动车行业的快速发展，消费者相关需求迅速上升。据相关数据显示，中国自行车、电动车的产量明显上升，国内对于自行车、电动车需求量在2014年上升8%。受环境与经济因素的影响，市场对电动车需求倍增。2014年，国家陆续出台了一系列电动车生产鼓励政策，鼓励消费者购买绿色系列、以电动为引擎的机动车。政策包括：向消费者发放不同额度的购买补贴，给予电动车生产厂家优惠低额税收，鼓励电动车研发技术创新等。

2015年，天津自行车展以"展示创新成果、推广产业文化"为主题，围绕产业转变发展方式、产业优化升级、自行车运动文化普及、"四新"产品亮相等方面，开展一系列的专题展示交流、产业高峰论坛、自行车文化骑游展示等相关活动，并引入更多高端自行车品牌及配套精品部件进行集中展示。

第十七届、第十八届、第十九届、第二十届中国北方国际自行车电动车展览会主题策划信息分析

第十七届中国北方国际自行车电动车展览会将继续以"科技引领创新，文化助推发展，绿色健康生活"为主题，围绕产业发展模式转变、产业优化升级、自行车运动休闲文化普及等方面，开展一系列的专题展示交流、产业高峰论坛、自行车文化骑游等相关活动，引入更多标准化、轻量化、智能化、国际化、人性化、精品化的新材料、新能源、新技术、新工艺的高品质创新产品进行集中展示。同时，继续鼓励和加大力度倡导"轻、精、巧、高"的产品创新路径。

第十八届中国北方国际自行车电动车展览会以"一带一路、绿色创新、共享发展"为主题，围绕产业发展新趋势，倡导绿色环保理念，推动产业创新发展。展会期间开展一系列专题展示交流、产业高峰论坛、国际采购接洽会等相关活动；引入更多标准化、轻量化、智能化、国际化、人性化、精品化的新材料、新能源、新技术、新工艺的高品质创新产品，进行更加多元化的集中展示。

第十九届中国北方国际自行车电动车展览会以"新时代，新标准，新发展，新突破"的全新主题，围绕产业发展新趋势，倡导绿色环保理念，推动产业创新发展。展会期间开展一系列专题展示交流、产业高峰论坛、国际采购接洽会等相关活动，引入更多标准化、轻量化、智能化、国际化、人性化、精品化的新材料、新能源、新技术、新工艺的高品质创新产品，进行更加多元化的集中展示。展会组委会欢迎更多的创新产品齐聚展会，让绿色创新成为产业发展的最强动力。

第二十届中国北方国际自行车电动车展览会以"新时代，新格局，新融合，新趋势"的全新主题，围绕产业发展新变化，倡导智能制造理念，推动产业创新发展。为此，展会期间开展一系列专题展示交流、产业高峰论坛、国际采购接洽会等相关活动，引入更多标准化、轻量化、智能化、国际化、人性化、精品化的新材料、新能源、新技术、新工艺的高质量创新品，进行更加多元化的集中展示。展会组委会欢迎更多的创新产品齐聚展会，让创新发展、智能升级成为推动产业不断前进的最强动力。

资料来源：中国北方国际自行车电动车展览会官网[EB/OL]. (2020-12-01)[2022-03-09]. http://www.norbicycle.com/.

思考题： 1. 本例中第八届中国北方国际自行车电动车展览会策划目标与主题的确定与策划依据有何关联？
2. 比较分析各届展览会主题策划的区别和信息所发挥的作用？

4. 策划对象

一般会展活动举办流程包括会展市场调研、立项、策划相关活动、举办地点的选择与展区划分、会展服务承包商的确定、会展营销、会展现场服务等环节和内容。策划对象可以是某会展活动的整个流程，即对上述全部会展举办环节和内容的策划，也可以是对会展活动举办流程中某一个环节或几个环节的策划，还可以是对某一个环节中某一要素的策划，如立项策划中的主题策划、举办时间策划、办展机构策划等，会展营销策划中的招展策划、招商策划等。

5. 制定具体实施方案

会展策划不是简单的排列组合，而是针对策划对象，基于信息调研，为实现策划目标而设计的各种具有创造性的方案，制定具体的实施内容、方法、步骤、进度、控制与检验标准和方法等。

6. 策划效果评估

当会展活动按策划方案完成以后，就要对会展策划方案进行检验与评估。达成了什么目标？为什么有能力达成？没有达成哪些目标？原因是什么？下次办会展的时候会出现同样的环境因素吗？怎样提高整体成效？如何为下次的会展策划决策提供依据？在会展策划中，效果评估是一项策划的终点工作，也是起点工作，它为以后的会展项目策划提供决策依据。由于侧重点及性质不同，策划效果评估在本书中不列专章进行阐述。

二、会展策划的特点

(一) 针对性

会展活动一般都有一个题材和主题，这就要求会展策划要选定题材，并确定主题，紧紧围绕题材和主题进行各项活动策划。如果是专业性展会，要求策划者具有深厚的专业素养，能够进行专业市场细分，有的放矢地进行策划。例如，某自行车展的策划，就要围绕自行车题材的上下游产业链和确定的主题(如绿色、创新、开放、发展)来确定展品范围及招展和招商范围，进行展区划分，策划相关主题活动。

(二) 系统性

系统性体现在以下两个方面：一方面是指整个会展项目中各运作过程的策划要系统，包括市场调研策划、立项策划、相关活动策划、举办地点及场区规划、确定服务承包商的策划、会展营销策划、现场服务策划等，各环节均为实现统一目标而制定，相互关联，但又相对独立，各环节策划要综合考虑。具有系统性的策划可以降低会展策划的随意性和无序性，提高会展活动的举办效率。另一方面是指会展项目所涉及的相关单位、机构及相关部门之间的参与和协作要系统，一个会展项目的成功举办既涉及会展企业与公安消防部门、其他办展机构、设计与搭建企业、场馆、各种媒体、租赁公司、物流服务商、旅游服务商、招展招商代理等外部单位之间的协作，还涉及办展单位内部如招展、媒体联络、客户服务、现场管理、财务等部门的参与及协作，会展企业内部与外部各部门、各单位之间怎样进行最佳搭配和组合，直接影响会展活动的成败，因此，会展活动本身就需要系统性的策划。

(三) 灵活性

商业性的会展活动是为经济发展和精神文明建设服务的，它的内容随着经济的发展而发生变化。例如，随着电动车市场的发展，自行车展览会的内容由传统的两轮脚踏车题材向电动车题材倾斜，相关活动策划也会随之变化。展览会策划也会随着外部环境、自身条件等的变化做出调整。例如，2003年突如其来的非典疫情打乱了几乎所有的会展举办计划，大部分会展活动被迫取消或延迟，致使当年中国会展业损失约40亿元人民币，占会展全年收入的1/2。然而，其中也不乏灵活变通者。当年的广交会调整策划方案，开辟了网上展览的新思路，其网上展览成交额达2.18亿美元。2020年的新冠疫情对会展业影响更大，很多展览会推迟或取消线下展览会，当然也有一些展览会采用线上方式，如春季的广交会在6月15日采取线上展览会的形式，有些展览会采用线上线下相结合的方式举办。总体来看，展会一旦因某些不可预见的原因被迫更改办展地点、办展时间等，策划方就要对策划方案进行应急调整，并对由此造成的后果采取相应措施进行弥补。

(四) 可行性

可行性是指会展策划方案依据目前和未来外部环境的变化、项目及企业自身资源是可达到预期目的，在现实中是切实可行的。不具有可行性的策划案写得再完美也只是纸上谈兵，尤其是展览策划，涉及繁杂的细节，而每一个细节均会影响展会的正常运行，因此，对于展览的整体策划及各要素的策划均要切实可行。一般来说，会展策划方案必须经过分析论证才能实施，可行性的论证主要围绕策划的项目背景分析、目标定位、具体实施方案以及经济效益等方面进行。

三、会展策划的作用

会展策划是会展活动的灵魂。一个优秀的会展策划方案可以吸引广大商家参展、参会。从某种意义上说，会展就是一座桥，一头连着供应商，一头连着采购商，会展组织者要通过具有创意性的策划方案把供应商、采购商等吸引到会展活动这座桥上，通过这座桥让供应商、采购商以及政府等相关单位更好地交流信息、洽谈交易。会展策划对于会展项目的运营来说具有以下作用。

1. 战略指导作用

"战略"一词原指军事将领指挥军队作战的谋略，现被引申至政治和经济领域，泛指统领性的、全局性的、左右胜败的谋略、方案和对策。对于具体会展活动来说，战略是会展企业对会展活动未来走向、长远目标、政策等进行的规划。如前文所述，会展策划是制定会展活动最佳方案的过程，它必须根据会展活动既定战略目标制定，才能保证会展活动战略目标的实现，并对会展活动的实施起指导作用。因此，可以说会展策划关系会展活动全局性、长远性和根本性的发展。如某会展活动以做成业界最具专业性、权威性、国际性的展会为长远目标，那么在每次举办展会时都要有步骤地、有计划地围绕这样一个长远目标进行会展策划，在主题、规模、招展、招商及宣传推广上均要突出国际性，展会内容、与会专家、展会服务等方面均要体现专业性和权威性，确定展会或企业的长远目标。

2. 实施规划的作用

会展策划为会展活动提供了具体的行动计划，会展活动均要按照立项策划、场区规划、相关活动策划、招展策划、招商策划、宣传推广策划、现场服务策划等相应的策划方案来实施，不得随意变动。但在具体实施过程中，如出现由于内外因素的实际情况发生变化或策划前对具体因素掌握不全面而造成原策划方案无法实施或不适应实际的情况，经领导批准后可对原策划方案进行适当调整。如原现场策划方案中根据预测的观众数量计划开放两个入口，但展会现场实际观众人数远远超出预期，可向领导请示，获批准后对原策划方案进行调整，开放4个入口，以减轻拥挤程度。

3. 进程制约作用

一个会展项目，尤其是大型会展项目，牵涉的工作千头万绪，涉及的部门、机构及企业众多，各环节环环相扣，各部门的工作相互影响，某一个环节或某一个部门出现问题都会影响会展活动的顺利进行，使会展活动的声誉受损，影响会展活动的健康发展，也会造成不好的社会影响。因此，必须严格按照策划方案所提出的流程指示去工作，这样才能确保会展项目的顺利进行。如参展商服务手册和观展宣传册未按时印制完毕，会直接影响招展函和观众邀请函的投递，导致相关工作无法正常开展，势必影响招展效果，从而影响会展项目的经济效益。如招展工作进程向后顺延，可能会导致整个会展活动的推迟或失败，损失更大。由此可见，会展策划方案对会展活动的每个环节起着进程制约的作用。

4. 效果控制作用

效果控制作用是指会展项目策划能预测、监督会展项目活动的效果。某会展项目在执行过程中是否达到预期的效果，通过对照项目策划案的相关内容就能够清晰地看出。如要确定招展规模、观众规模是否按进度达到预期，可与项目策划案进行比对，如果未达到，应查找主、客观原因。主观原因如招展宣传不到位、参展商数据库中的参展商数量少、招展人员数量不够等，则应提出改进工作的具体措施；客观原因如世界经济危机、国家政策调整等，就要考虑如何克服或修正策划方案以适应环境变化。可以说，会展策划一方面能对会展项目的最终完成效果进行控制，另一方面也可以对项目策划案本身的可行性、合理性进行检验。

第二节 会展策划的流程、原则、方法

一、会展策划的流程

大型展会如世博会，它能否成功举办不仅与经济因素有关，还与政治因素、社会文化因素等有关，因而在策划大型展会时甚至需要国家相关部门共同参与。在我国，虽然展会市场化的进程逐步加快，但不少大型展会还带有政府行为的色彩，决策规划过程稍显复杂。参照国际展会的一般惯例，一般商贸展会的举办需要遵循以下流程。

(一) 成立策划小组

会展项目策划工作需要集合各方面的人员集体决策,因此,首先要成立一个会展项目策划小组,具体负责会展项目的策划工作。一般而言,会展项目策划小组应由以下人员组成。

1. 业务主管

业务主管又称AE(account executive),一般由总经理、副总经理或业务部经理、创作总监、策划部经理等人担任。在会展公司里,业务主管具有特殊地位,他是会展公司与展会服务承包商、参展商的中介。一方面,他代表会展公司与服务承包商、参展商等洽谈业务;另一方面,他代表服务承包商、参展商等监督会展公司一切活动的开展。

2. 策划人员

策划人员一般由策划部的正副主管和业务骨干来担任,主要负责编拟会展项目的整体策划方案。

3. 文案撰写人员

文案撰写人员专门负责撰写各种会展文案,包括会展常用文书、会展业务社交文书、会展业务专用文书、会展业务推介文书、会展业务事务文书、会展业务合同协议文书、会展业务法律文书等。文案撰写人员应准确领悟策划小组的集体意图,具有很强的文字表达能力。

4. 美术设计人员

美术设计人员专门负责设计各种视觉形象。美术设计人员是策划小组的重要组成部分。在整个会展策划过程中,各种类型的广告设计、展示设计等都需要美术设计人员的参与。美术设计人员应具有很强的领悟能力和将策划转化为文字、图画的能力。

5. 市场调研人员

市场调研人员负责进行各种复杂的市场调研,并能写出精辟的市场调研报告。

6. 媒体联络人员

媒体联络人员要熟悉各种媒体的优势、劣势、刊播价格,并能维系与媒体的良好关系,能按照会展项目策划的部署进行媒体规划,争取获得最佳的广告宣传效果。

7. 公关人员

公关人员能够为会展公司建立融洽的公众关系,营造和谐的氛围,帮助策划小组获得各方面的支持帮助,同时能够从公关的角度对方案设计提供建议。

在会展策划过程中,由业务主管负责,各方面人员须通力配合,协调一致,共同做好会展策划工作。

(二) 市场调研

以举办一场展会为例，主办者需要将市场调研的重点放在以下三个方面：一是市场环境调研，包括经济环境、社会文化环境、人口环境、政治法律环境、技术环境等；二是产业和市场信息调研，如产业规模、产业分布状况、产业发展阶段、产品销售方式、市场规模、市场竞争态势、产业和市场发展趋势、经销商数量和分布状况、行业协会情况等；三是同业会展竞争能力的调研，如SWOT分析等。具体调研内容及调研方法论述见第二章。通过市场调研能够确定会展活动举办的可能性和可行性。

(三) 制定会展策划方案

经过市场调研，如认为某项会展活动具备举办的可能性，便可开始制定会展策划方案。在分析会展活动的外界及内部资源并进行整合的基础上，确定会展项目的可行性，制定会展项目整体策划方案，包括会展立项策划方案、相关活动策划方案、举办地点选择及场区规划方案、服务承包商确定方案、招展策划方案、招商策划方案、宣传推广策划方案与现场服务策划方案等。

(四) 效果评估

效果评估是一项会展活动的终点，通过制定展会整体成效、宣传效果、接待成果和成交结果等规范的量化评估标准，将会展投入和展会效果进行比较，明确是否达到预期目标，从而对会展策划方案的实施效果进行检验。同时，它也是策划工作的起点，通过对效果评估结果进行分析，可以有效地对策划方案进行调整，为以后的会展策划提供决策依据。由于侧重点与性质等的不同，策划效果评估不列专章阐述。

二、会展策划的原则

(一) 借势原则

所谓借势，就是将周围的优势借为己用，乘势而上，优秀会展策划人要懂得"巧借东风为我用"的策划原则。借势有借大势、借优势、借形势之分。

借大势就是要借全球、中国经济的发展大势，这是不可逆转之势，会展策划必须要乘势而行。如19世纪40年代英国完成第一次技术革命，成为世界第一个工业国家及欧洲头号强国，并自诩为"日不落帝国"，其后，欧洲工业革命也如火如荼地进行。英国借各国开展技术革命以及其经济强大而引领工业之大势，于1851年在英国伦敦举办了首届万国工业产品大博览会(世博会)，并取得成功。

小资料1-2

第一届世博会的背景、概况与意义

18世纪末至19世纪上半叶,欧洲主要资本主义国家相继开展工业革命,科学技术的飞速发展使人类生活发生了巨大的变化。当时的英国在世界工业中一马当先,首先完成工业革命,成为欧洲的头号强国。同时随着资本的高速聚集和运作,英国也成为当时欧洲金融业的中心。英国向世界展示其经济实力的欲望愈加强烈。此前,在英国,阿尔伯特亲王领衔的皇家艺术协会已多次承办有影响力的工业产品博览会,来推广本国的工业生产技术和宣传新产品,频频举办的工业博览会也使英国萌发了举办一次世界各国参与的博览会的想法。终于,英国议会两院以多数票同意在海德公园举行博览会的方案。1850年1月3日,世博会皇家委员会成立,负责承办第一届世博会。随后,维多利亚女王便以国家名义向世界各国发出世博会参展邀请。

第一届世界博览会在热闹非凡的气氛中开幕,在占地9.6万平方米的展区中,展览用的桌子总长约有13千米。在为期23个星期的展会上,约有18 000位商人展出了他们带来的约10万件产品,观众约600万人。人们欣赏各国精美的工艺品并惊叹于各种新材料的应用、新机器、机械的发明与操作。可以说,此次博览会向参观者充分地展示了现代工业的发展给世界带来的变化以及人类焕发的无限想象力。同年10月14日,伦敦世博会举行了闭幕式,世博会圆满落下帷幕。此次世博会共创造了约18.6万英镑的利润,这些资金被用于建立博物馆以教育民众及设立科学艺术奖励基金。

资料来源:百度百科[EB/OL]. (2019-05-06)[2022-03-06]. https://baike.baidu.com/item/%E7%AC%AC%E4%B8%80%E5%B1%8A%E4%B8%96%E5%8D%9A%E4%BC%9A/11040403?fr=aladdin.

借优势就是借地区优势、会展企业本身优势来进行会展策划。如天津滨海新区展会策划可借助其区位优势、支柱产业优势和对展会扶持政策等优势,挖掘环渤海国际商贸、电子信息、石油开采及加工、海洋化工、现代冶金、汽车及装备制造、食品及生物制药、航空航天等制造业专业展会题材,以及物流、动漫、金融等服务与文化专业展会题材,还可借助滨海新区对会展企业或活动特有的扶持政策吸引成熟展会品牌,并结合当地优势进行会展策划。

借形势就是借世界及中国当前的形势,审时度势,抓住机遇,抢占先机发展会展项目。如2008年国务院颁布了至2010年国家出资4万亿元拉动内需的政策,后来中国政府出台了《十大产业振兴规划》(见小资料1-3)。为推动我国工业化建设,增强我国国家实力,2015年国务院颁布《中国制造2025》(见小资料1-4),实施制造强国战略第一个十年的行动纲领。这些政策的颁布给产业发展提供了扶持政策与措施,会展策划的题材选择也应尽量围绕这些产业来进行。天津市就曾借助2008年北京举办奥运会,本身又具有临京优势的契

机来发展会展项目。再如,新冠疫情虽然对会展业发展造成重大影响,但是国家和地方政府出台很多刺激会展业发展的相关政策。对于会展企业而言,要有将"危"转成"机"的能力,充分利用国家和地方政府的相关刺激政策,积极转型,进行资源整合,借此大势发展会展经济。

小资料1-3

十大产业振兴规划

一是加快建设保障性安居工程。加大对廉租住房建设支持力度,加快棚户区改造,实施游牧民定居工程,扩大农村危房改造试点。

二是加快农村基础设施建设。加大农村沼气、饮水安全工程和农村公路建设力度,完善农村电网,加快南水北调等重大水利工程建设和病险水库除险加固,加强大型灌区节水改造,加大扶贫开发力度。

三是加快铁路、公路和机场等重大基础设施建设。重点建设一批客运专线、煤运通道项目和西部干线铁路,完善高速公路网,安排中西部干线机场和支线机场建设,加快城市电网改造。

四是加快医疗卫生、文化教育事业发展。加强基层医疗卫生服务体系建设,加快中西部农村初中校舍改造,推进中西部地区特殊教育学校和乡镇综合文化站建设。

五是加强生态环境建设。加快城镇污水、垃圾处理设施建设和重点流域水污染防治,加强重点防护林和天然林资源保护工程建设,支持重点节能减排工程建设。

六是加快自主创新和结构调整。支持高技术产业化建设和产业技术进步,支持服务业发展。

七是加快地震灾区灾后重建各项工作。

八是提高城乡居民收入。提高明年粮食最低收购价格,提高农资综合直补、良种补贴、农机具补贴等标准,增加农民收入。提高低收入群体等社保对象待遇水平,增加城市和农村低保补助,继续提高企业退休人员基本养老金水平和优抚对象生活补助标准。

九是在全国所有地区、所有行业全面实施增值税转型改革,鼓励企业技术改造,减轻企业负担1200亿元。

十是加大金融对经济增长的支持力度。取消对商业银行的信贷规模限制,合理扩大信贷规模,加大对重点工程、"三农"、中小企业和技术改造、兼并重组的信贷支持,有针对性地培育和巩固消费信贷增长点。

资料来源:百度百科. 四万亿计划[EB/OL]. (2014-04-18)[2022-03-08]. https://baike.baidu.com/item/%E5%9B%9B%E4%B8%87%E4%BA%BF%E8%AE%A1%E5%88%92/8497463?fr=aladdin.

解读十大产业振兴规划

2009年初至2月25日，中国政府出台的《十大产业振兴规划》所涉及的十大产业尘埃落定，包括钢铁、汽车、纺织、装备制造、船舶、电子信息、轻工、石化、有色金属、物流。实施十大产业振兴规划有利于减轻企业负担，增加企业收入，短期来看，规划有利于解决这些产业目前遇到的实际问题，缓冲世界金融危机对中国的影响；长远来看，又将对中国产业技术升级改造、结构调整等产生深远的影响。

资料来源：中国网. 解读十大产业振兴计划[EB/OL]. (2009-01-16)[2022-03-05]. http://www.china.com.cn/fangtan/zhuanti/sdhyzxgz/node_7061900.htm.

小资料1-4

中国制造2025

《中国制造2025》是经国务院总理李克强签批，由国务院于2015年5月印发的部署全面推进实施制造强国的战略文件，是中国实施制造强国战略第一个十年的行动纲领。

1. 指导思想

全面贯彻党的十八大和十八届三中、四中全会精神，坚持走中国特色新型工业化道路，以促进制造业创新发展为主题，以提质增效为中心，以加快新一代信息技术与制造业深度融合为主线，以推进智能制造为主攻方向，以满足经济社会发展和国防建设对重大技术装备的需求为目标，强化工业基础能力，提高综合集成水平，完善多层次、多类型人才培养体系，促进产业转型升级，培育有中国特色的制造文化，实现制造业由大变强的历史跨越。

2. 基本方针

(1) 创新驱动。坚持把创新摆在制造业发展全局的核心位置，完善有利于创新的制度环境，推动跨领域、跨行业协同创新，突破一批重点领域关键共性技术，促进制造业数字化、网络化、智能化，走创新驱动的发展道路。

(2) 质量为先。坚持把质量作为建设制造强国的生命线，强化企业质量主体责任，加强质量技术攻关、自主品牌培育。建设法规标准体系、质量监管体系、先进质量文化，营造诚信经营的市场环境，走以质取胜的发展道路。

(3) 绿色发展。坚持把可持续发展作为建设制造强国的重要着力点，加强节能环保技术、工艺、装备推广应用，全面推行清洁生产。发展循环经济，提高资源回收利用效率，构建绿色制造体系，走生态文明的发展道路。

(4) 结构优化。坚持把结构调整作为建设制造强国的关键环节，大力发展先进制造业，改造提升传统产业，推动生产型制造向服务型制造转变。优化产业空间布局，培育一批具有核心竞争力的产业集群和企业群体，走提质增效的发展道路。

(5) 人才为本。坚持把人才作为建设制造强国的根本，建立健全科学合理的选人、用人、育人机制，加快培养制造业发展急需的专业技术人才、经营管理人才、技能人才。营造大众创业、万众创新的氛围，建设一支素质优良、结构合理的制造业人才队伍，走人才引领的发展道路。

3. 基本原则

(1) 市场主导，政府引导。全面深化改革，充分发挥市场在资源配置中的决定性作用，强化企业主体地位，激发企业活力和创造力。积极转变政府职能，加强战略研究和规划引导，完善相关支持政策，为企业发展创造良好环境。

(2) 立足当前，着眼长远。针对制约制造业发展的瓶颈和薄弱环节，加快转型升级和提质增效，切实提高制造业的核心竞争力和可持续发展能力。准确把握新一轮科技革命和产业变革趋势，加强战略谋划和前瞻部署，扎扎实实打基础，在未来竞争中占据制高点。

(3) 整体推进，重点突破。坚持制造业发展全国一盘棋和分类指导相结合，统筹规划，合理布局，明确创新发展方向，促进军民融合深度发展，加快推动制造业整体水平提升。围绕经济社会发展和国家安全重大需求，整合资源，突出重点，实施若干重大工程，率先实现突破。

(4) 自主发展，开放合作。在关系国计民生和产业安全的基础性、战略性、全局性领域，着力掌握关键核心技术，完善产业链条，形成自主发展能力。继续扩大开放，积极利用全球资源和市场，加强产业全球布局和国际交流合作，形成新的比较优势，提升制造业开放发展水平。

4. 主要内容

中国制造2025可以概括为"一二三四五五十"的总体结构：

"一"就是从制造业大国向制造业强国转变，最终实现制造业强国的一个目标。

"二"就是通过"两化"融合发展来实现这一目标。党的十八大提出了用信息化和工业化"两化"深度融合来引领和带动整个制造业的发展，这也是我国制造业所要占据的一个制高点。

"三"就是要通过"三步走"的一个战略，大体上每一步用十年左右的时间来实现我国从制造业大国向制造业强国转变的目标。

"四"就是确定了四项原则。第一项原则是市场主导、政府引导。第二项原则是既立足当前，又着眼长远。第三项原则是全面推进、重点突破。第四项原则是自主发展和合作共赢。

"五五"就是有两个"五"。第一就是有五条方针，即创新驱动、质量为先、绿色发展、结构优化和人才为本。第二个"五"就是实行五大工程，包括制造业创新中心建设工程、强化基础工程、智能制造工程、绿色制造工程和高端装备创新工程。

"十"就是十大领域，包括新一代信息技术产业、高档数控机床和机器人、航空航天装备、海洋工程装备及高技术船舶、先进轨道交通装备、节能与新能源汽车、电力装备、农机装备、新材料、生物医药及高性能医疗器械十个重点领域。

资料来源：中国政府网. 中国制造2025[EB/OL]. (2016-05-12)[2022-03-05]. http://www.gov.cn/zhuanti/2016/MadeinChina2025-plan/.

(二) 创新性原则

　　一场展会要想在众多的同类展会中脱颖而出，吸引参展商和观众的参与，成为闻名遐迩的品牌展会，关键在于会展策划要有新意。会展策划如没有新意，项目也就没有灵魂，缺少对其他同类展会的竞争力和对参展商与观众的吸引力。会展策划要有所创新，并贯穿始终，它包括会展理念的创新、目标选择与决策的创新、组织与管理的创新、会展相关活动以及设计的创新等。例如，1970年3月15日—9月13日，在日本大阪举办的世博会上，美国馆主办方展出了"阿波罗"系列飞船、美国宇航员阿姆斯特朗踏在月球上的脚印的巨幅图和宇航员在登月时采集的一块小小的"月亮石"。这是人类第一次把自己的印记留在另一个星球上，这块"月亮石"是遥远的星球亘古以来的宁静被人类使者打破的纪念，因而吸引了观众的好奇心，成为广受观众欢迎的展品之一。观众为了看这块石头，排了几公里长的队伍。在"月亮石"面前，人们认识到科学和技术的进步，体悟到"我的一小步，人类的一大步"的哲理。再如，2002年北京举办的国际数学大会上，主办方邀请了天才数学家纳什参会，观众在北京国际会议中心外排了长长的队伍，其中有很多家长带着该中学的孩子，他们或许不能理解深奥的博弈论，但是他们希望见到纳什。在进行会展策划时，要了解参展商与观众的心理需求，以创新性的理念在目标、服务、展会内容、设计等方面满足观众的需求，会展活动才能取得成功。

案例1-3　　　　　2021中国(天津)国际汽车展览会的策划创新

　　天津作为传统汽车工业生产基地，拥有汽车工业企业1000多家，从业人员近13万人。2020年，天津汽车产业产值约2300亿元，整车销量126万辆，在汽车产业规模、产品种类、研发能力、进出口等方面具有独特的优势。但是，每年举办的天津车展均为区域型展会，以消费类车型展示与销售为主，与天津区域、产业与市场优势极为不符。2021年6月，中国国家会展中心(天津)一期项目建成并使用，为会展业拉动消费、促进产业升级提供了良好的场馆保障；2021年7月，经国务院批准，上海、北京、广州、天津、重庆5个城市率先开展国际消费中心城市培育建设。在行业、市场和战略的需求下，2021天津车展一改往届"经销商狂欢"的形象，一个具有巨大影响力的国际车展——2021中国(天津)国际汽车展览会(以下简称2021天津车展)应运而生。

　　据统计，2018年全国共举办751场汽车展览，其中"北上广蓉"四大车展是国内主要的车展。北京、上海车展隔年交替举办，是具有广泛国际影响力和备受中外汽车业界、新闻界推崇的全球顶级汽车展会，代表了中国在世界汽车行业的地位，战略意义重大；广州车展是发布第二年重要新车的重要节点；成都车展主要覆盖西南市场，市场销售的导向性比较强。作为北京"东大门"的卫城天津，2021年刚刚升级为国际性展会的天津车展，与国内四大车展及其他省市车展相比在策划上有何创新，才能突显展会价值呢？

1. 突出核心区域优势定位

2021天津车展凝聚了北京首都中央行政圈、京津冀一体化产业圈、城市群、环渤海湾城市、产业群、雄安总部经济新区产业集群——四圈中心交汇的核心区位优势，以促进形成以国内大循环为主体、国内国际双循环相互促进的新发展格局，进一步满足京津冀地区在汽车行业发展、消费市场走势和经济发展战略布局的需求，以推动全球汽车产业的高质量发展为目标进行策划。本届展会共有980台展车展出，其中中国公司全球首发车7台，跨国公司中国首发车7台，概念车11台，新能源车145台。举办新车上市发布活动30余场。国内外主流车企、豪车品牌、豪华改装品牌、新能源品牌均倾力参展，各项数据在世界汽车展会中均位居前列。

2. 展示产品紧跟市场需求

2021天津车展遵循"构建国内国际双循环相互促进的新发展格局"的国家战略积极行动，展出车型更加贴近消费者，贴近市场需求。首先展出小型、微型电动汽车等家用多种车型。其次，在"三孩政策"落实的背景下，推出中大型SUV和MPV等多种车型同场竞技。最后，在响应市场需求的速度和精准性方面，彰显中国品牌的市场竞争力。

3. 聚焦行业发展热点

探索新标准、新思路和新模式，加速跨产业融合，携手实现碳中和、碳达峰，引领未来新出行方式和汽车产业发展新生态，是我国汽车行业发展的必经之路。2021天津车展全面聚焦电动化、网联化、智能化，全方位展示了新能源汽车行业最新产品与技术。在所有展车数量中，新能源汽车占较大比例，成为本届展会的主要亮点之一。同时，在智能化浪潮加速席卷汽车行业的背景下，展会多维度展示"智能汽车"车型，推动汽车产品从传统的"功能汽车"向"智能汽车"转变，引导消费者对汽车的认知逐渐从"单一交通工具"转变为"第三空间"。

4. 全新展览模式提升观展体验

2021天津车展采用动静结合的全新展览模式，充分延伸跨界融合项目，设置了老爷车展区、改装车展区、动态演示区域、卡丁车区域和密室逃脱体验区域。同时，举办了首届ADC智能驾驶模拟挑战赛、4×4越野模型车挑战赛以及自动驾驶普及STEAM科学课；开创性地推出"互动直播微综艺"及"天津车展超级碗——美好奇妙夜"直播活动；与开心麻花梦幻联动，以"汽车+喜剧"的主题打造情景剧，为观众奉上汽车文化喜剧大餐。视觉、听觉、触觉多感官调动，观众可在展台上与各个品牌近距离接触，感知车辆性能，感受品牌文化，丰富多彩的展览模式为观众打造了一场精彩纷呈的汽车嘉年华。

资料来源：中国(天津)国际汽车展览会官网[EB/OL]. (2021-10-05) [2022-08-04]. http://chinamotorshow.org.

(三) 目的性和效益性原则

会展策划要考虑到世界、国家和地区的发展目标，企业与观众的参展目的以及办展机构的利益，同时也要充分考虑到社会效益和经济效益。会展举办的目的包括：促进世界、国家或地区经济的增长，传递新信息、新技术、新知识，塑造城市品牌，促进经济一体化发展，传播理念、文化与知识，促成商贸洽谈等。不同展会对于效益性的侧重也有所不同，如公益类展会或政府组织的某些展会更侧重于社会效益，而一般性商贸展会更侧重于展会的成本与收益。会展策划的整体方案要紧紧围绕目的性和效益性原则进行制定和组织，目的性和效益性要统领会展策划全程。会展活动的主题、展览的内容与范围、展区的划分及展场内外的设计等要紧紧围绕目的性进行制定，兼顾展会的成本与收益。如缺少目的性，会展策划就如同一盘散沙，虽浪费了大量资源，却没有好的收效。展会组织过程中如果不考虑社会性和经济性效益，不计成本，浪费大量资源，展会的举办就会得不偿失，未来展会的举办也会缺少动力。

(四) 操作性原则

会展策划不但要为会展项目提供策略指导，而且要为会展项目提供具体的行动计划，使会展项目能够在总体策略的指导下顺利进行。会展项目的实施是会展策划的直接目的，因此，会展策划应该有充分的可操作性。会展策划的操作性原则要求在制定策划方案时，要充分考虑企业内外部可借助的各种资源并将其进行整合，包括市场的客观实际情况，企业、会展公司的具体情况、实施能力，展会题材的产业情况，宏观经济形势等，只有综合各项情况来进行策划，因地制宜、量力而行，才能制定出合适的策划方案，否则就是纸上谈兵。

(五) 前瞻性原则

会展活动是引领行业的风向标，必须遵循前瞻性原则。前瞻性是指会展主题要引领行业发展趋势、捕捉行业的潜在需求，根据市场环境和行业发展趋势调整会展活动方向。如在会展策划方案中设置新材料、新能源、"概念"产品等的专门展示区，举办体现行业热点问题和发展趋势且具有权威性的会中会论坛、研讨会等，举办专门的新品推荐会、信息发布会等。

(六) 规范性原则

会展策划是一项会展活动运行的文字缩影，是会展活动规范化、品牌化、国际化、专业化的灵魂，因此要在一定规范要求下进行策划，让会展策划方案合法化、合理化、合情化。

合法化，是指会展策划内容一定要符合办展国家或地方各种法律规章制度的相关规定，如展会审批、通道宽度、搭建要求、展品要求等均要符合办展国家或地方的相关规定，否则不允许办展。

合理化，是指要根据会展的目的、主题、内容、规模等运用科学的方法与程序进行策划与布局，为参展商和观众提供良好的环境、优质且务实的服务，使展会的举办能够达到预期的效果。如展区的划分和布局要体现专业性并符合观众的观览路线，门禁的服务流程要便捷又通畅，在保证信息统计的前提下不给观众增加麻烦，展会规模一定要在充分调研和宣传的前提下运用科学方法进行合理预测等。

合情化，是指会展策划要符合当地的宏观市场环境及发展趋势、产业环境及发展趋势等，要依据经济环境、社会文化环境、人口环境、技术环境、产业规模、分布状况等信息及发展趋势来制定策划方案。如结合天津人务实的文化环境及人口收入水平等，在天津举办的汽车展览会应以经济适用车型为主。我国会展行业标准还未出台，会展策划中也出现了很多不规范的操作。如策划方案中出现虚夸展会规模和观众规模，虚列重要的政府部门和机构等为展会支持单位，向参展商、观众等虚假承诺其他服务项目等。这样做除给参展商及观众带来损失外，也扰乱了会展行业的秩序，因此方案的策划程序、方法、管理一定要规范。

(七) 艺术性原则

艺术性原则就是运用艺术手段搭配信息传播工具，使展会作为信息媒介，具有传播的力度和深度，让整个展会像一个精心构思的艺术剧本，但是又恰到好处地进行临场发挥，实现商业信息高效集中和高效传播，从而达到展会形象、理念、文化及产品的宣传目的，最终达成展会举办或参展目的。如展会中的展场内外的设计能很好地体现展会的主题，声光电等要素的配合运用能很好地达到宣传展会或产品的目的和效果。一般来说，会展的艺术性表现在会展主题开发、会展空间设计和会展活动组合三个方面。

1. 会展主题开发

会展主题确定之后，需要围绕该主题进行艺术化的形象定位，并对展会进行整体包装，包括展会标识、海报、吊旗、宣传册等，使该主题的效果能够迅速地在市场上传播，以便营销推广工作的开展。

案例1-4　　　　　　　　　　**会展logo的设计策划**

图1-1是会展专业学生为"全国大学生会展创意设计大赛"设计的logo——"互动"，获本次大赛会标组第一名。

这幅作品的创作原型是"互"字，它表达的是"互动""互助"的意思，表现出一项会展活动需由各行各业的人共同协作才能完成，体现出会展业凝聚与交流的深层内涵。logo整体采用了黄色与橘黄色，代表光明、快乐，表现出会展业的前景，以及会展人的心态。logo中融入了E(event)、C(creativity)以及U(university)，代表与本次大赛相

图1-1　会展logo的设计作品

关的元素。另外，也可以把这个logo看成两个相反的"3"，它代表"3m×3m=9m^2"的标准展位尺寸。这些元素融合在一起表现出会展行业的新生精神——在9m^{2}的标准展位中，我们因互动互助而创造出无限可能。

2. 会展空间设计

会展空间设计主要是指对会展活动所租用场馆的空间进行合理的展区规划、布局和装饰，融入美学元素，以适应观众的参观心理与参观路线，让参展商和观众在高度艺术化的氛围中接受行业信息、感受行业前景，促进交易活动的双赢。

3. 会展活动组合

会展活动组合主要是指围绕会展开展的一系列艺术性的服务活动。例如，开幕式是否可以起到抛砖引玉的作用，高峰论坛是否在推动会展的信息沟通、行业引导上有足够的吸引力，研讨会的论题设计是否为参展商之间、参展商和观众之间搭建了一个互动的平台，以及这些活动的组合安排是否巧妙和灵活等。这些都是决定会展活动能否成功举办的重要方面。另外，这些活动的设计、举办不仅要有精彩的内容，而且要便于观众的参与。

三、会展策划的方法

在某一特定环境下，人们以知识、经验、判断为基点，通过亲身感受和直观体验而闪现的智慧之光，可以很全面地提示事物或问题的本质，可以让人有一种假设性的觉察和敏感，这就是通常所说的灵感。灵感实际上是因思想集中、情绪高涨而突然表现出来的一种创造能力，即创意。创意的前提是"条件+方法"，创意的产生基于联想和假设，用大脑去思考、分析、总结、归纳等，只有经过反复论证才能产生新的创意，这个过程是智能放大的过程。智能放大在创意的产生与实施过程中是不可缺少的，同时也是关键所在。常用的会展策划方法有以下几种。

（一）头脑风暴法

头脑风暴法是由美国创造学家A. F. 奥斯本于1939年首次提出，于1953年正式发表的一种激发创造性思维的方法。该方法因适应日益复杂的经济社会发展而被广泛运用，是较常用的方法之一。此方法是让所有参加人员围绕某一会展策划议题，如会展目标、主题、举办地、时间、相关活动、会展项目推广策略等以及各项细节，集思广益进行交流获得创意的方法。此方法具有5个特征：集体创作；思考的连锁反应；延迟批判；创意量多多益善；不介意创意的质量，而是以量求质。现代很多策划创意均是集体思考或集体合作的成果。

(二) 垂直思考法和水平思考法

垂直思考法又称逻辑思考和分析法，是指按照一定的思考线路，在一个固定的范围内，自上而下进行垂直思考。此方法偏重已有的经验和知识，通过对已有经验和知识的重新组合而产生新的创意，能够在社会公众既定的心理基础上满足对创意的诉求，但在形式上难有大的突破，结果比较相似。

水平思考法是指在思考问题时摆脱已有知识和经验的约束，打破常规，提出富有创造性的见解、观点和方案。这种方法的运用，一般是基于人的发散性思维，故把这种方法称为发散式思维法。例如，微软公司在全球各地招聘人才时，比尔·盖茨亲自出了一道题目，要求面试人员在纸上画一个三角形，用笔画一条直线，把三角形的三个顶点连接起来。对于这个问题，运用习惯的方法是解决不了的，但如果打破常规，用比三角形更粗的笔来画，问题便迎刃而解了。可见，只要思维是发散的，想象力便是无限的，策划方案的创新才可实现。

(三) 跳跃联想法

这种思维方法是在收集会展策划创意时，为了找到令人惊异的构思，而在看似毫无关联的两个问题之间构想出特定关系的方法。这种方法是以跳跃产生联想，而并不把自己思考的基准点加以固定。例如，现代家居展上有装饰公司提供设计方案、材料文案、后期家居用品配饰等一揽子工程，而海尔、科宝等家电企业也进入家居装修行列，提供包括厨房、卫浴、家用中央空调、热水系统、智能化系统等最新的家居集成解决方案。

(四) 转移经验法

转移经验法是指把一种知识或经验转移到其他事物上的思维方法。在进行经验转移时，既可以是同类、同质经验的转移，也可以是异类、异质经验的转移。

(五) 德尔菲法

德尔菲法是指先由调查组织者编制调查表，采用函询、电话、网络等方式，咨询专家的建议，然后由策划人统计，如果结果不趋向一致，就再征询专家，直至在专家意见趋于一致的基础上得到统一的方案。因阿波罗有高超的预测未来的能力，而阿波罗神殿坐落在古希腊的德尔菲市，德尔菲便成为预测、策划的代名词，故称德尔菲法。

德尔菲法实施的一般流程：首先，确定调查目的，拟订要求专家回答问题的详细提纲，并准备好向专家提供的有关背景材料，包括调查目的、期限、调查表填写方法及其他要求等说明；其次，选择20名左右会展业或展会所属产业方面的理论和实践专家，以函询、集中会议、电话、网络等方式向各位专家发出调查表，一般在3～5天内收回专家意见；最后，对反馈的意见进行归纳统计，将意见整理后再寄给有关专家，如此经过三四轮的反复，当专家意见比较集中时，即可确定统一的方案。

第三节 会展策划的理论基础

会展策划需要理论基础，主要包括以下几方面。

一、会展产业链理论

(一) 产业链理论概述

产业链源于古典经济学家亚当·斯密关于社会分工的论断及延伸，其著名的"制针"案例就是对产业链功能的生动描述，只不过传统的产业链局限于企业的内部操作，强调企业自身资源的利用，仅把产业链看作一个产品链。马歇尔把分工扩展到企业与企业之间，强调企业间分工协作的重要性，这可以称为产业链理论的真正起源。

产业链是产业经济学中的一个概念，是各个产业部门之间基于一定的技术经济关联，并依据特定的逻辑关系和时空布局关系客观形成的链条式关联关系形态。它包含价值链、企业链、供应链和空间链4个维度。

(1) 价值链。企业的价值创造是通过一系列活动构成的，这些活动可分为基本活动和辅助活动两类。其中，基本活动包括后勤、生产作业、市场和销售、服务等；辅助活动包括采购、技术开发、人力资源管理和企业基础设施建设等。这些互不相同但又相互关联的生产经营活动，构成了一个创造价值的动态过程，即价值链。

(2) 企业链。企业链是指由企业生命体通过物质、资金、技术等要素流动和相互作用形成的企业链条。在某一产业链中，构成要素的多少、控制权的大小、链条的长短、链条的粗细影响着企业之间的相互关系、产业结构的发展方向以及产业对其他行业的依存度和影响力。

(3) 供应链。供应链是指获取物料并加工成半成品或成品，再将成品送到顾客手中的一些企业和部门构成的网络。

(4) 空间链。空间链是指同一种产业链条在不同地区间的分布。

这4个维度在相互对接的均衡过程中形成了产业链，这种"对接机制"是产业链形成的内模式，作为一种客观规律，它像一只"无形之手"调控着产业链的形成，如石油工业产业链、计算机产业链、食品工业产业链、旅游产业链等。

(二) 会展产业链结构分析

借鉴产业链的基本理论和会展业的基本特征，本书采用王保伦的会展产业链的定义：围绕某一主题，借助场馆等设施，以所在区域的产业基础为依托，以人流、物流、资金流和信息流相互交融的价值链为内核，将会展业的主体方(招展商、代理商、场馆、参展商、参观者)和相关方(装修、广告、餐饮、运输、通信、旅游等行业)结合起来所形成的一种推动经济发展的产业关系。

会展活动,尤其是大型会展活动的举办,其价值链、企业链、供应链、空间链调控着会展行业产业链的形成,需要链条上的各方通力合作。会展活动所涉及的相关主体及服务体系如图1-2所示。同时,在策划会展项目展览内容时也要充分考虑展览题材产业链上的行业、企业。

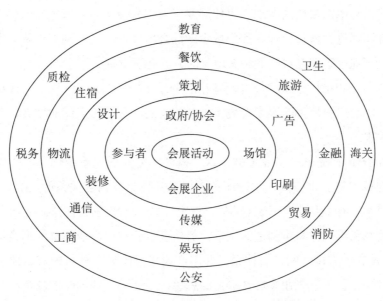

图1-2 会展活动所涉及的相关主体及服务体系

图1-2中的大圆环一共分为5层,最里面的是内圆,第2层至第5层依次代表第1圆环、第2圆环、第3圆环和第4圆环。具体表述:核心(内圆)是会展活动;第1圆环中是会展活动的相关主体,包括政府/协会、参与者、场馆和会展企业等;第2圆环中是举办会展活动所涉及的配套产业群,包括策划、广告、印刷、传媒、装修、设计等行业;第3圆环中是举办会展活动所涉及的相关产业,包括餐饮、住宿、物流、通信、娱乐、贸易、金融、旅游等产业;最外的第4圆环中是举办会展活动的支撑系统,主要包括教育、卫生、海关、消防、公安、工商、税务、质检等相关部门。第2圆环、第3圆环和第4圆环中的配套产业群、相关产业及支撑体系构成了会展经济发展的服务体系。第4圆环中的支撑体系中除教育之外,其他为政府部门,这些部门还存在各自为政的情况。因此,提高会展资源配置与整合功能的关键在于建立并协调这些支撑体系的机制,使其进行合作,为会展活动的举办保驾护航,促进会展产业健康发展。同时,充分利用举办会展活动所带来的人流、物流、资金、技术和信息,大力发展上述配套产业群及相关产业,形成行业配套、产业联动、运行高效的会展业服务体系,为会展产业发展提供完善的服务环境。

二、会展产业空间集聚理论

产业空间集聚理论主要是从企业的区位选择、专业化分工、企业间的投入产出关系、运输成本、空间交易成本等方面探讨影响产业集聚形成的因素。该理论始于马歇尔对产业区位的研究和韦伯对工业区位的研究,随后福特制生产取代了传统的工业生产,"新产业区"的研究逐渐兴起。同时,一些著名经济学家如克鲁格曼、波特等对经济地理在企业竞争和国际经济活动中重要性的发现,也使产业集聚成为经济学领域关注的核心。经济地理学中的梯度推移理论、增长极理论和地域生产综合体理论,以及制度经济学中的交易成本理论、网络组织理论等都曾对产业集聚现象的分析有所贡献。

马歇尔(Marshall)的产业区理论和韦伯(Weber)的集聚经济理论认为,聚集能使企业获得成本节约。影响产业聚集的因素有技术设备的发展、劳动力组织的发展、市场化因素、经常性开支成本。

波特(Porter)正式提出"产业集群"这一概念并将其理论系统化。产业集群是指一群相互联系的企业、专业供应商、生产服务者以及其他具有相互关系的厂商、相关机构(如大学、标准机构、行业协会等)聚集在某一特定地域,既竞争又合作。他从组织变革、价值链、经济效率和柔性方面所创造的竞争优势角度重新审视产业集群的形成机理和价值,建立了基于5种竞争力模型的钻石体系,并用产业集群原理来分析国家和地区竞争力。其后波特进一步阐述了关于产业集群竞争力的思想,并认为一些国家的特色产业之所以能持续创新与升级,取决于该国在以下4方面的条件:生产要素条件,需求条件,相关支撑产业以及厂商结构、战略与竞争。上述4个条件形成了一个相互制衡的"菱形架构",并且由于地理上的集中,这4个条件的相互作用增强,最终形成具有竞争力的产业集群,而这一产业集群规模的重要性甚至超过成本、运费等要素。

克鲁格曼(Krugman)的新经济地理学理论是以规模报酬递增为假设建立了一个"中心—外围"模型(the core-periphery model),得出在规模经济、低运输费用和高制造业投入的条件下,会形成产业集聚。最初的产业集聚可能是一种历史的偶然,收益递增和运输成本节约则会产生重要的"向心力",并因"路径依赖"(path dependence)而被放大,从而产生锁定(lock-in)效应和累积效应,且并不存在空间上各要素报酬趋于相等的自动均衡,因此将形成"中心—外围"的空间结构并强化这种区域的不均衡发展。内部和外部的规模经济诱使集群外企业纷纷携带资金、技术、劳动力等资源向集群靠拢,而后来的企业往往可以免费享有集群内企业已经形成的外部性,从而使得路径依赖更为强烈。但是,产业集聚也存在一些"离心力",如某些生产要素的不可移动性、集聚导致的外部不经济(拥挤)、级差地租等。

按照产业集群的不同特征、产业联系和集群发展路径,不少学者对产业集群进行了分类,典型的是由马库森(Markusen)提出,并由克罗瑞卡(Peter Knorringa)和斯泰尔(J. M.

Stamer)进一步完善的三分类法：①意大利式产业集群，即主要由中小企业内部极为复杂的专业化分工协作和竞争关系形成的具有独特地方文化特性的集群，该类集群内部企业之间存在长期的合作和承诺，但与外部企业的合作和联系较低；②轮轴式产业集群，即由一个或多个关键大企业支配，并围绕核心企业展开沿价值链上下游和水平方向的多方面合作，其特点是大量中小企业承担长期的契约和义务，形成与核心企业相关联的配套产业集群；③卫星式产业集群，即由跨国企业的分支工厂等构成，内部较少有综合合作关系，主要依赖外部企业的集群。国内对于产业集群的分类则主要包括沿海地区的外向型出口加工基地集群、智力密集型的高新技术企业集群、自然发展的乡镇企业集群、外资驱动的开发区以及以国有大中型企业为核心的企业网络。

会展产业集群是产业集群中新出现的类型，较为符合意大利式产业集群的特征。与其他产业集群一样，会展产业集群享受产业集聚形成的外部性，如专业化的培训教育和灵活的人才市场、多样化的市场需求、频繁的信息交流和相关产业的支撑，但也有其自身的特点，具体包括：会展产业集群多由中小企业构成，其价值常常被低估；生态群落分布态势明显；人文根植性特征明显；部分集群的一体化特征十分显著(如生活与工作的融合、生产与消费的融合等)；创新程度高、风险大；跨行业、领域多；产业带动性强；等等。

三、会展行为经济理论

会展项目具有神经经济学、注意力经济和行为经济学特征，体验是会展的重要内容。

神经经济学是一个新兴的跨学科领域，它运用神经科学技术来确定与经济决策相关的神经机制。这里的"经济"应该广义地理解为(人类或其他动物)在评价选项时所做出的任何决策过程。2002年诺贝尔经济学奖得主Vernon Smith在颁奖大会上作了题为"经济学中的建构主义和生态理性"报告，在报告中他提到："新的大脑影像技术激发神经经济学研究去探索大脑的内在秩序及其与人类决策(包括固定赌注的选择，也包括由市场和其他制度规则所做的选择)之间的关系。"此后，越来越多的研究者开始关注这一学科。

注意力经济是指企业最大限度地吸引用户或消费者的注意力，通过培养潜在的消费群体，以期获得最大未来商业利益的一种特殊的经济模式。

行为经济学是作为实用的经济学，它将行为分析理论与经济运行规律、心理学与经济科学有机结合起来，以发现现今经济学模型中的错误或遗漏，进而修正主流经济学关于人的理性、自利、完全信息、效用最大化及偏好一致基本假设的不足。狭义而言，行为经济学是心理学与经济分析相结合的产物。广义而言，行为经济学把5类要素引入经济分析框架：①认知不协调——C-D gap；②身份——社会地位；③人格——情绪定式；④个性——偏好演化；⑤情境理性与局部知识。

总之，在进行会展策划时，需要借助会展策划相关理论，上述三个理论可以更好地指导会展策划实践。例如，依据会展产业链理论进行展览会展品范围的策划；会展产业空间集聚理论有助于展览题材的选择；在进行会展服务策划时，结合会展行为经济理论进行策划。

第四节 会展策划人才

一、会展人才分类

举办一次会展活动尤其是大型会展活动涉及的工作人员数量多、范围广，相当于实施一项系统工程。实施这项系统工程的人员包括核心系统的会展人员、保障系统的会展人员和支持系统的人员。核心系统的会展人员是指会展活动内部的策划、招展和招商、宣传推广、公关等人员，即会展策划与运营方面的人才。保障系统的会展人员是指会展设计与会展服务方面的人才。支持系统的人员是指那些为会展活动提供支持型服务的人员，包括高级翻译、旅游接待、金融投资、餐饮接待等人才。这类人才不以会展业为主，他们除为会展活动提供服务外，更主要的是对其他社会组织提供服务。支持系统的人才培养在高校的教育中有对应的专业，比如英语专业培养高级翻译人才，旅游管理专业培养旅游接待人才，酒店管理专业培养餐饮接待人才，金融专业培养金融投资人才。因此，支持系统的人才不是高校会展专业培养的会展专业人才。对于高校会展专业来说，核心系统的会展人才和保障系统的会展人才是其培养教育的目标，本节重点介绍这两类人才。

(一) 核心系统的会展人才

核心系统的会展人才，具体包括会展策划人才、会展营销人才、会展传媒人才。

会展策划人才是指在会展活动中主要负责市场调研、方案策划等方面工作的人员，是会展企业的核心力量。他们主要负责会展项目的选题和报批、起草会展项目策划书、编制预算等。由于策划人员制定的方案必须有创意，要求此类人员有一定的办展经验，熟知展会运作的一整套流程，同时具备较强的创新能力。

会展营销人才是指主要从事会展招商招展、市场营销的人员，这类人员是会展企业的"攻击部队"，他们直接与市场打交道，主要负责通过电话、邮件、网络、传真、登门拜访或到相关展会上宣传等形式，和会展企业的客户、赞助商取得联系，推销自己的展会。此类人员必须具备一定的销售技巧，具备较强的语言表达能力以及较为熟练的外语交流能力。

会展传媒人才是指从事宣传推广和公关工作的人员，实际上就是和媒体打交道的会展人才。此类人才需要具有媒体相关知识（了解媒体性质和熟悉媒体操作等知识），思维敏捷，有较强的观察能力，有较宽的知识面和较广的社会关系、人脉资源等，还需要具备会展文案写作能力。

(二) 保障系统的会展人才

保障系统的会展人才主要包括会展设计人才和会展服务人才。

会展设计人才是指主要从事会展现场布置、展台设计工作的人员。会展设计是一种实用的、以视觉艺术为主的空间设计，因此需要此类人员深入细致地了解参展公司和展品以及相关信息，精心策划，安排场地布局，标新立异地设计展台，以创造性的艺术表现手法来满足参展商和展品陈列的要求以及观众的观赏欲望。

会展服务人才是指主要从事会展活动场馆中的灯光、音响、摄影摄像等设备的操作、维护和管理工作的舞台技术人员。舞台艺术是一种综合艺术，从事相关工作的人员除了需要有良好的专业知识作为技术保证，还应具有敏锐的艺术感觉、丰富的工作经验，懂得舞台结构、舞台音乐、舞台美术等。

核心系统的会展人才和保障系统的会展人才的工作专业性较强，加之对这两类会展人才专业知识的培养要求相对较高，因此这两类会展人才的培养主要通过高等教育来实现。核心系统的会展人才和保障系统的会展人才是高校会展专业重点培养的对象，而会展策划与运营管理人才属于会展的核心人才。

二、会展策划人才需具备的能力

会展活动多为大型活动，牵涉政府、企业、传媒、海外、国内方方面面，而且行业很多，市场特殊。因此，会展业对从业人员要求很高，从业人员应具有一定的素质能力。

(1) 会展从业人员应是复合型通才。展览内容千差万别，今年举办"食品展览"，明年可能举办"建筑机械展览"。会展人员要顺利开展工作，就应该具有相关的专业知识，至少应对展览内容有一般性的了解。

(2) 思路敏捷，善于捕捉市场信息，善于借鉴他人之长，弥补自己的不足。

(3) 讲求诚信，严格履行承诺，赢得客户和合作者的信任。

(4) 具有良好的公关能力，不怕挫折，不怕受冷落，坚韧不拔。会展从业人员需要以不同形式与不同的人打交道，如政府部门、行会领导、各行业参展商、媒体、观众等，因此会展从业人员要具有开朗、活泼的性格，善于沟通，还要具有助人为乐的素质和遵纪守法的意识。

(5) 对会展活动各个环节了如指掌，碰到问题能灵活应变，解决问题。在服务过程中还会面临咨询和投诉，这需要会展从业人员具有很强的服务意识，具有很好的应变能力和心理素质，有足够的真诚和耐心。

(6) 具备良好的文字表达能力。筹备会展活动通常需要一年多的时间，涉及包装、策划等方面，有些内容往往要用函等文件来表达。若表达不当，则会对工作产生影响。

思考题

1. 什么是会展策划？它需具备的6个要素是什么？
2. 会展策划具有哪些特点？
3. 会展策划具有哪些作用？
4. 会展策划需遵循哪些原则？
5. 简述会展策划人才需具备的能力。

能力训练

1. 会展策划的内容涉及面很广，根据所学的会展策划内容与流程，说出下列展会中常见的工作分属于会展项目策划的哪个阶段。

发邀请函；考虑食宿问题；展会场馆的选择；展区的布局；确定展会的目的；成本初步估算；新产品推介会；举办特殊活动；参展合同的签订；娱乐节目的安排；CI手册的设计；撰写新闻稿；观众登记；现场搭建；专业观众问卷调查；会展公司同业竞争分析；展会商务服务。

2. 参观本地举办的一次展会，具体说明展会的哪些方面体现了会展策划所应遵循的原则？

3. 参观本地举办的一次展会，运用产业链理论、产业空间集聚理论、会展行为经济理论说明本展会包含的题材产业链上的内容有哪些，产业集群有哪些，并说明本次展会举办了哪些体验活动以及举办效果。

第二章
会展市场调研策划

职业素养

1. 培养学生对调研数据及材料进行整理、分析、总结的能力；
2. 通过调研策划方案的撰写及调研活动的开展，提高学生团队协作及沟通能力。

能力目标

1. 掌握会展市场调研的内容，学会灵活运用调研方法；
2. 会设计市场调研方案，并撰写市场调研报告；
3. 结合具体展会项目，能够进行展会策划，具有调研策划的能力。

第一节 会展市场调研内容

案例2-1

某地举办纺织机械展销会，在纺织行业处于低谷的形势下，这无疑给经验困难的纺织机械厂家提供了一个难得的机会，许多厂家积极参与，以期通过展会平台宣传企业和产品，从而占领市场。然而展销会开幕后，偌大的展厅里，除了厂家的产品和推销人员，观众寥寥无几，现场非常冷清。原来，当地纺织企业大多已关门歇业，生存都无法保证，更无资金来更新设备，而办展方由于没有做好市场调研，对这些情况一无所知。参展商没有达到参展目的，为展会的今后举办带来困难。

资料来源：范云峰.中国展销会缺少什么[J].创新科技，2002(9): 16-18.

案例2-2

凭借展会举办地电子信息产业的优势，××展商已连续9年在此地举办手机配套洽谈会。在2020年举办的第十届手机配套洽谈会上，原计划的500多个展位最终招展100余个展位。原来，随着电子产业的不断发展和完善，许多手机整机生产厂家均有固定的零配件配套厂家，无须再通过展览会这个商贸平台来开拓新的配套厂商，对这一情况的不了解致使办展者无法招到参展商参会，因此，展会效果极不理想。

通过上述两个案例可知，只有通过市场调研，在获得会展信息的基础上，才能正确地选择会展题材，制定会展活动的最佳方案，即会展策划。因此，市场调研是会展活动策划与成功举办、持续发展的基础和前提。会展信息必须通过市场调研获得，并对信息进行整理与分析，撰写调研报告，从中发现有无未被满足而又能通过会展活动来满足的市场，并进行展会定位。换句话说，市场调研是看有无举办某题材展会的必要，如有必要就要进行会展活动有关事宜的初步规划，设计基本框架，并确定实施方案。由此可见，市场调研是会展项目策划的依据。

会展市场调研是指会展活动中的相关利益主体(stakeholder)，尤其是会展公司，利用特定的方法和手段，对与本组织营销活动相关的会展市场情报进行系统设计、搜集、整理和分析，并得出各种市场调研数据资料和研究结果，从而为组织制定经营决策提供依据的活动。会展市场调研，首先应确定调研目的，调研目的不同，调研内容也不同。本章讲述的会展市场调研主要针对会展立项。每个新会展项目都力求寻找未被满足的需求，希望通过会展来满足，并确立与其他同题材会展不同的理念与主题。为达到以上目标，调研的信息内容应包括以下几个方面。

一、宏观环境调研

宏观环境是指对会展活动的举办所形成的市场机会和市场威胁产生影响的主要社会因素。办展机构以及展会的参与者均处于宏观环境之中。办展机构在策划举办会展活动前，必须充分地调研这些宏观环境对展会可能造成的市场机会和市场威胁，并及时做出适当反应，以便有效地识别和抓住市场机会，减少和避开市场威胁。宏观市场环境主要包括以下几个部分。

(一) 经济环境

经济环境是指会展项目生存和发展的社会经济状况及国家经济政策，具体来说，它由4个要素构成：社会经济结构、经济发展水平、经济体制和经济政策。

社会经济结构包括产业结构、分配结构、交换结构、消费结构和技术结构,其中最重要的是产业结构。产业结构亦称国民经济的部门结构,是指资源在各个产业之间的分配。产业分为三大产业,产品直接取自自然界的部门称为第一产业,对初级产品进行再加工的部门称为第二产业,为生产和消费提供各种服务的部门称为第三产业。

经济发展水平是指一个国家经济发展的规模、速度和已经达到的水准,主要表现为国民生产总值、国内生产总值、国民收入及人均收入水平、经济增长速度等。

经济体制是指在一定区域内(通常为一个国家)制定并执行经济决策的各种机制的总和。通常指国家经济组织的形式,它规定了国家与企业、企业与企业、企业与各经济部门之间的关系,并通过一定的管理手段和方法来调控或影响社会经济流动的范围、内容和方式等。

经济政策是指国家或政府为了达到充分就业、价格水平稳定、经济快速增长、国际收支平衡等宏观经济政策的目标,为增进经济福利而制定的解决经济问题的指导原则和措施。经济政策的制定和实施要保持连续性,左右摇摆的经济政策必然会给经济运行带来损失;经济政策的制定和实施还要有一定的"弹性",一旦情况发生变化,必须对经济政策做出相应的调整。

在创办新会展项目时,要充分考虑宏观经济的走向,研究国家扶植和支持的重点产业。如2008年下半年开始, 国际金融危机逐渐从发达国家向发展中国家蔓延,在这个大背景下,很多产业、行业受到影响,许多企业选择在"节支"上做文章,如减少促销预算、裁减员工、尽量不增加产能,以渡过难关。我国为了振兴经济,防止GDP下滑过大,出台了一系列"救市"政策,如加大基础设施投资、扩大内需、出台《十大产业振兴计划》等。其中政府出台的《十大产业振兴计划》对钢铁、汽车、纺织、装备制造、船舶、电子信息、轻工、石化、有色金属、物流十大产业提出了具体的振兴规划。随着我国经济的发展,为加强制造业的发展,国务院于2015年5月印发了《中国制造2025》,这是中国实施制造强国战略第一个十年的行动纲领。《中国制造2025》包括五大工程,即制造业创新中心(工业技术研究基地)建设工程、智能制造工程、工业强基工程、绿色制造工程、高端装备创新工程。因此,在确定展览题材和主题时, 应紧紧围绕宏观经济走向进行挖掘,使方案的设计与产业导向相配套。

案例2-3 　　　　　**中国政府出台的《汽车产业调整振兴规划》**

2009年1月14日,国务院常务会议审议并通过了《汽车产业调整振兴规划》,内容包括以下几方面。

一是培育汽车消费市场,自2009年1月20日至12月31日,对1.6升及以下排量乘用车减按5%征收车辆购置税;自2009年3月1日至12月31日,国家安排50亿元,对农民报废三轮汽车和低速货车换购轻型载货车以及购买1.3升以下排量的微型客车,给予一次性财政补贴;增加老旧汽车报废更新补贴资金,并清理取消限购汽车的不合理规定。

二是推进汽车产业重组，支持大型汽车企业集团进行兼并重组，支持汽车零部件骨干企业通过兼并重组扩大规模。

三是支持企业自主创新和技术改造。今后3年中央安排100亿元专项资金，重点支持企业技术创新、技术改造，发展新能源汽车及零部件。

四是实施新能源汽车战略。推动电动汽车及其关键零部件产业化，中央财政安排补贴资金，支持节能和新能源汽车在大中城市示范推广。

五是支持汽车生产企业发展自主品牌，加快汽车及零部件出口基地建设，发展现代汽车服务业，完善汽车消费信贷。

六是支持汽车生产企业发展自主品牌，加快汽车及零部件出口基地建设，发展现代汽车服务业，完善汽车消费信贷。

资料来源：中国政府网. 汽车产业调整和振兴规划[EB/OL]. (2009-03-20)[2022-03-05]. http://www.gov.cn/zhengce/content/2009-03/20/content_8121.htm.

思考题：中国政府出台的《汽车产业调整振兴规划》将对汽车产业的发展产生哪些作用？对该题材的会展活动举办有何影响？

创办新会展项目除了要考虑宏观经济走向，还要考虑举办地的经济发展水平、区域经济的发展战略与政策。会展项目所处行业应与举办地的产业特色相结合，当地经济特色是否适合会展业的发展应该是选择项目时首先要考虑的问题。如有当地优势产业的带动，同类展会的立足就相对更快、更稳。例如，天津滨海新区已形成航空航天、石油化工、装备制造、电子信息、生物医药、新能源新材料、轻纺和国防科技八大主导产业，因此天津滨海新区的会展题材和主题应紧紧围绕这些支柱产业进行。若想在天津滨海新区举办汽车类展览会，调研会展举办的可能性，首先就要对天津滨海新区的汽车产业情况进行调研，看其是否具有汽车产业的优势。

案例2-4　　　　　　天津滨海新区汽车产业情况的分析

1. 区位情况

天津是我国环渤海地区的经济中心，天津港是京津冀地区最大的港口，其地理位置具有战略价值，可以成为汽车整车和零部件主要进出口通道。

2. 汽车产业情况

伴随天津滨海新区的蓬勃发展，汽车产业已成为新区具有创新力、竞争力、影响力的重要支柱产业。在整车制造领域，聚集了一汽丰田、一汽大众、长城汽车三大品牌，形成了稳健发展的产业格局；在新能源汽车领域，形成了从动力电池、电机电控、汽车零部件到整车制造以及汽车金融、汽车售后服务等配套领域的全产业链布局，在纯电驱动系统、动力电池、电磁兼容试验等方面达到国际领先水平。2020年，天津滨海新区整车产能预计达到150万辆。天津滨海新区正在成为中国汽车产业聚集新高地。

天津经济技术开发区是天津滨海新区汽车产能的主要承载地。优良的产业基础、完备的产业链条以及持续发展的良好态势，让天津经济技术开发区跻身国内主要汽车基地前列，更成为国内汽车产业高度聚集发展的成功样本。天津经济技术开发区共拥有5家汽车整车龙头企业，汇聚了以一汽丰田发动机、大众自动变速器、艾达变速器等为代表的200余家各类零部件和服务业企业，形成涵盖汽车整车、专用车、关键零部件、汽车装备、材料、汽车服务业等领域的产业布局，既有自主品牌又有合资品牌，打造多系列、多品种的完整汽车产业链。同时，聚集了奥地利AVL李斯特公司、一汽丰田技术研发中心、锦湖轮胎研发中心、富士通天、一汽技术中心天津分公司等一系列高端汽车研发设计机构，创新力量强大。2019年，天津经济技术开发区汽车产业有望实现持续增长，全年产量预计将首次超过100万辆，产业能级再获提升，铸就区域汽车产业发展的又一里程碑。

天津滨海高新区是新能源汽车产业的主要聚集地。通过多年来对产业生态的培育、对产业链条的布局，滨海高新区已聚集了国内一流的新能源汽车企业，形成了完备的研发、关键零部件供应、整车生产和基础设施配套体系，汇集了以中电集团十八所、中国科学院深圳先进技术研究院等为代表的创新服务机构，以力神、巴莫科技等知名企业为代表的从正极、负极、隔膜、电解液到电池生产的完整产业链条，市场占有率、技术创新能力在同行业名列前茅。

资料来源：人民网. 天津滨海新区 中国汽车产业聚集新高地[EB/OL]. (2019-11-21)[2022-03-06]. https://baijiahao.baidu.com/s?id=1650782583148049336&wfr=spider&for=pc.

思考题：根据天津滨海新区汽车产业发展状况的调研结果，分析在天津滨海新区举办汽车题材展会有无可能性。

2013—2018年，天津市城镇居民人均可支配收入从2.898万元增加到4.298万元，天津市农村居民人均可支配收入从1.535万元增加到2.307万元。2018年，天津市城镇居民人均消费支出为3.266万元，农村居民人均消费支出为1.683万元。随着城乡居民收入的增长，居民消费能力不断增强，消费层次也有了很大提升，提高"住"与"行"的水平已经成为多数人努力的方向，使得人们购车欲望更加强烈，且天津具有务实的社会文化环境，这决定了在天津举办汽车展的可能性极大，参展车型应以经济型轿车为主。

(二) 社会文化环境

社会文化环境反映一定时期整个社会发展的一般状况，主要包括社会道德风尚、文化传统、人口变动趋势、文化教育、价值观念、社会结构等。各国的社会与文化对于企业的影响不尽相同，不同的国家、地区、民族在社会生活中所形成的信仰、价值观、生活习惯等方面存在非常明显的差别，会展活动的举办不可避免地要受到社会文化环境的影响和制约。例如，各国传统宗教节日一般为法定节假日，在举办国际专业展会时要考虑避开这些节假日。再如，上海是中国的时尚之都、潮流的先锋地，地区的教育水平和经济发展水平都很高，这里有全国具有强大消费力的市场受众、能迅速接受新事物的时尚先锋，因此上海的社会文化环境适合举办高新科技与时尚的展会，适合展示潮流文化。而在某些城市，由于人们接受新事物的速度较慢，消费水平不高，其展会题材要与生活相关并以经济适用为主。在一些大城市，会展越来越成为将创新的思想和信息传递给人们的营销媒介，成为人们在微观环境中了解世界变化的主要工具。人们也逐渐将现代会展看作问题能够得到解决、期望能够实现的场所，会展成为人们生活中不可或缺的一部分。

(三) 人口环境

人口环境是指人口数量、分布、结构等情况。从量的角度看，人口数量直接决定了展会参展商规模和观众规模的发展空间，从人口的分布、结构及变动的趋势看，可以分析出当地市场的需求特点和发展趋势。消费类展销会以及以娱乐、参观为主的会展要充分考虑市场的需求特点和发展趋势，挖掘展会题材。如中国东部沿海地区经济发展水平高、教育水平高、人口密度大、消费水平高，可举办以科技、时尚、文化等为题材的展会。对于专业贸易类展会来说，举办地展览题材所在产业及其相关产业的从业人员数量和结构，直接决定着专业观众的数量和质量，而拥有一定数量和质量的专业观众正是专业贸易类展会的生存之本。如天津开发区以制造业为主，对航空航天、石油化工、装备制造、电子信息、生物医药、新能源新材料、轻纺和国防科技等专业贸易类展会来说，拥有一定数量的专业观众；而天津市区居民人数众多，因此，举办消费类展会也有一定优势。

(四) 政治法律环境

政治法律环境是指一个国家或地区的政治制度、体制、方针政策、法律法规等，这些因素往往制约并影响会展活动的举办与发展。如果展会举办地国家政治局势不稳定，则势必导致参展商不敢参展，从而影响会展活动规模，进而影响会展经济的发展。市场准入制度对主办机构的资格审定、国外参展商的准入条件审定，会限制主办机构办展，使一部分参展商无法参展。例如东北亚博览会允许具有独立经营资格、进出口经营权的法人企业、生产商、独家代理商或者批发商参展，其他类商家不准参展；再如2005年1月开始执行《设立外商投资会议展览公司暂行规定》，中国首次允许外资会展企业在中国国内办展招商。在知识产权保护制度方面，展会对新产品、新技术的保护重视程度不够及法律健全程度欠缺会影响参展商的参展热情。政府对产业的发展所做的长远和宏观规划会直接影响对会展题材的挖掘，政府鼓励振兴的产业，其同题材的会展活动举办可能性将增大，而政府限制发展的产业，其同题材的会展活动举办可能性就小。政府对会展业的扶持政策与产业政策及规定等也会影响主办机构对会展活动的举办热情，如各地为减少疫情对会展业造成的不利影响出台的各项促进会展业发展的政策，为各地恢复会展业提振了信心。

综上可知，国家有关的法律法规大致通过以下方式来对会展业施加影响：一是对国内外企业参展意愿和参展行为做出规定；二是约束会展活动组织方式；三是限制办展单位的市场准入。

小资料2-1

天津市人民政府办公厅关于进一步促进会展业改革发展的意见

各区人民政府，各委、局，各直属单位：

为进一步促进我市会展业改革创新，推动实现跨越式发展，充分发挥会展业在扩大区域经济合作、转变经济增长方式、推进产业结构优化升级中的重要作用，经市人民政府同意，现提出如下意见：

1. 总体要求

(1) 指导思想。全面贯彻党的十八大和十八届三中、四中全会精神，深入贯彻习近平总书记系列重要讲话精神和对天津工作"三个着力"重要要求，按照市第十一次党代会部署，牢固树立和贯彻落实新发展理念，紧紧抓住历史性窗口期，围绕中央对天津"一基地三区"的功能定位，充分发挥市场在资源配置中的决定性作用，更好发挥政府作用，积极推进我市会展业市场化、规模化、专业化、国际化、品牌化、信息化发展，坚持节俭、安全、绿色、务实的办展原则，改革管理体制、推动创新发展、优化市场环境、扩大对外开放，力争将天津会展业打造成为都市战略性新兴产业。

(2) 基本原则。

第一，坚持市场主导。加快政府职能转变，厘清政府和市场的关系，规范和减少政府办展，加强规划引导，优化发展环境，简化审批程序，加大商业性展会政策扶持力度，推动会展业市场化发展。

第二，坚持对外开放。加强国内外会展行业交流与合作，积极引进国际、国内大型品牌展会，大力培育会展服务龙头企业，推动天津展会"走出去"。

第三，坚持服务产业。发挥会展业的经济、社会、文化、生态功能作用，依托天津区位优势和海陆空立体交通物流条件，立足优势产业，培育品牌展会，促进区域经济、社会、文化发展。

第四，坚持创新发展。集聚会展资源要素，鼓励现代信息技术在会展业的推广和运用，促进会展业资本市场发展，建立会展业创新推动机制，促进会展业模式创新、技术创新和经营创新。

(3) 发展目标。全市会展业经济规模实现稳步增长，政策体系基本完善，发展环境日益优化，设施条件极大提升，对外开放持续深入，市场化、国际化、品牌化、信息化程度不断提高。到2020年，全市各类展会达到200个，展览面积突破280万平方米；1万平方米以上规模展会项目突破50个，国际化展会达到50个；会展业直接收入达到15亿元，拉动相关行业收入达到150亿元。

2. 扩大会展产业规模

(1) 推动会展专业设施建设。推动国家会展中心项目建设，力争2020年前投入使用。加快梅江会展中心二期和滨海国际会展中心建设、维修进度，完善商业配套，提升综合服务功能。落实专业会展设施非营利公益性设施属性，给予项目建设投资相关政策支持，落实国家出台的相关税收政策。支持展馆设施设备提升改造和信息化建设，鼓励展馆运营体制改革和运营机制创新。(责任单位：市商务委、市发展改革委、市规划局、市国土房管局、市建委、市财政局/市地税局、市国税局、滨海新区人民政府)

(2) 大力培育品牌展会。进一步提升津洽会、融洽会、旅游产业博览会、华博会、台博会、中国国际矿业大会、直博会、生态城市论坛(博览会)、北方自行车展、碧海钓具展、天津国际汽车展、冰淇淋产业博览会等我市品牌展会的市场化和国际化水平，充分发挥展会的招商引资、贸易促进功能，推动区域经济发展和产业升级。持续支持专业展览扩大规模，提高展会品质，扩大国际影响力。结合我市优势产业，加强与专业行业协会、会展龙头企业、国际知名企业合作，引进、培育一批符合我市产业特点的展会项目。(责任单位：市商务委、市财政局)

(3) 加强行业主体建设。大力引进国内外会展企业落户天津，鼓励国际知名会展企业在津设立区域总部或办事处。支持多种所有制企业通过收购、兼并、控股、参股、联合等形式组建大型展览集团。引导会展企业收购、兼并、联营展会，扩大经营规模。推动会展企业上市挂牌，利用多层次资本市场整合优质资源，加快做大做强做优。(责任单位：市商务委、市金融局)

(4) 促进产业联动发展。充分发挥会展业的带动作用，促进市场要素的合理流动和有效配置。以会展业为龙头，构建以先进制造、科技信息、文化教育、交通物流、金融服务、商业旅游等为支撑，以广告、策划、设计、印刷、租赁、施工、现场服务等为配套的产业集群，形成行业配套、产业协作、运行高效的会展业服务体系。(责任单位：市商务委、市工业和信息化委、市科委、市文化广播影视局等相关单位)

(5) 大力开拓展览市场。推动我市展览机构与国际知名的展览业组织、行业协会、展览企业等建立合作机制，引进国际知名品牌展会到我市合作办展。配合国家"一带一路"倡议等重大国家战略及多双边和区域经贸合作，支持天津展览企业以收购、合作、自办等方式发展境内外展览项目。支持会展业开展各种形式的招商引资和开拓市场活动，进一步提升我市会展业影响力。(责任单位：市商务委)

3. 加强会展业改革创新

(1) 创新会展业管理机制。建立天津市促进会展业改革发展联席会议制度，由市商务委牵头，市政府大型活动办、市发展改革委、市教委、市公安局、市财政局(市地税局)、市规划局、市国土房管局、市建委、市市容园林委、市卫生计生委、市市场监管委、市统计局、市知识产权局、市国税局、天津海关、天津检验检疫局、西青区人民政府等为成员单位，统筹协调、分工合作，研究制定会展业发展规划、支持政策，建立管理、监督、评价机制，健全促进会展业发展的管理、服务体系。联席会议办公室设在市商务委。(责任单位：各有关部门)

(2) 推动会展行业转型升级。鼓励会展行业开展服务创新、管理创新和商业模式创新。鼓励创建展会连锁品牌。支持展会服务、众筹服务、数据服务等平台建设，为相关企业提供招商招展、专业策划、搭建运营、物流配送、合作办展等服务。(责任单位：市商务委)

(3) 加快会展业信息化进程。实施"互联网+展览"战略，推动重点展会从线下走向线上，与互联网企业合作开展O2O2O(线上搜索、展会对接、线上交易)经营模式。运用云计算、大数据、物联网、移动互联等现代信息技术，精准对接展览和采购需求，延伸会展服务，丰富展览效果，增强参展体验。建设行业公共信息平台，提供信息发布、在线展览与销售、观众预登记、表单下载等多种服务。(责任单位：市商务委)

(4) 推进市场化进程。严格规范各级政府办展行为，减少财政出资和行政参与，建立政府办展退出机制，逐步加大政府向社会购买服务的力度。鼓励专业展览机构以收购、兼并、参股、输出服务等方式参与政府展会。(责任单位：市商务委、相关展会的政府主办单位)

(5) 改善金融保险服务。鼓励商业银行、保险、信托等金融机构在现有业务范围内，按照风险可控、商业可持续原则，创新适合展览业发展特点的金融产品和信贷模式，推动开展展会知识产权质押等多种方式融资，进一步拓宽办展机构、展览服务企业和参展企业的融资渠道。完善融资性担保体系，加大担保机构对展览业企业的融资担保支持力度。(责任单位：市金融局)

4. 优化会展业发展环境

(1) 加强政策资金引导。重点支持符合我市产业特点和发展方向、促进贸易流通的大型专业展览和会议。鼓励引进在国际、国内具有影响力的大型展览和会议，培育我市新题材专业展览，支持展览规模化发展，支持我市专业性展馆举办大型展览，支持展会取得国际展览业协会(UFI)认证。(责任单位：市商务委)

(2) 落实财税政策。按照政府引导、市场化运作原则，通过优化公共服务，支持中小企业参加重点展会，鼓励展览机构到境外办展参展。落实小微企业增值税和企业所得税优惠政策，对属于《财政部国家税务总局科技部关于完善研究开发费用税前加计扣除政策的通知》(财税〔2015〕119号)规定范围的创意设计活动相关费用，执行税前加计扣除政策，促进展览企业及相关配套服务企业健康发展。(责任单位：市国税局)

(3) 营造宽松的办展环境。进一步优化展品出入境监管方式方法,提高展品出入境通关效率。引导、培育展览业重点企业成为海关高信用企业,适用海关通关便利措施。简化符合我国出入境检验检疫要求的展品通关手续,依法规范未获得检验检疫准入展品的管理。严格依法进行展会安全许可,简化户外广告审批,保障交通运输,提升展馆环境卫生,规范收费事项和收费标准,减轻企业负担,优化办展环境。(责任单位:市商务委、市公安局、市市容园林委、天津海关、天津检验检疫局)

(4) 强化会展活动安全管理。强化展会安全监管,落实会展承办者的主体责任、会展场馆所在区域属地政府责任、场馆设施保障责任、管理部门安全监管责任。完善展馆安全监控、应急消防、人员控流等软硬件建设,实现展馆技防监控全覆盖。(责任单位:展会主办场馆、市公安局、有关区人民政府等相关单位)

(5) 加强知识产权保护。制定知识产权和市场监管部门驻会制度,处理投诉和事后跟踪事项。支持和鼓励展览企业通过专利申请、商标注册等方式,开发利用展会名称、标志、商誉等无形资产,提升展会知识产权创造、运用和保护水平。打击合同欺诈、侵权和假冒伪劣行为,切实维护展会市场秩序。(责任单位:市知识产权局、市市场监管委)

(6) 加强专业人才体系建设。制定会展人才培养规划,加强与高校等专业培训机构合作,将会展从业人员培训纳入百万技能人才培训福利计划,推动会展专业技能培训,形成学历教育、继续教育、职业技能培训等多层次会展人才培养体系。鼓励引进国内外会展高级人才,促进会展专业管理人才队伍建设,全面提升从业人员整体水平。(责任单位:市商务委、市人力社保局、市教委)

5. 加强行业管理

(1) 完善行业诚信体系。加快覆盖展览场馆、办展机构和参展企业的展览业信用体系建设,建立办展主体信用档案,开展办展主体信用级别评定,推动信用分级管理。实行违法违规单位信息披露制度,推动监管信息的共享和公开,褒扬诚信,惩戒失信。(责任单位:市商务委、市市场监管委、市会展行业协会)

(2) 完善会展业标准体系。研究制定和推广我市展会评价、专业展馆服务等行业标准,实施展会信息发布制度,制定展会排期管理规则,推广展会合同规范文本,逐步形成面向市场、科学合理、良性竞争的会展业标准化框架体系,维护会展主体和消费者的合法权益,推动会展业健康有序发展。(责任单位:市商务委、市市场监管委、市会展行业协会)

(3) 建立会展业统计办法。进一步完善部门统计制度,建立以展览数量、展出面积及展览业经营状况为主要内容,以展馆、办展机构和展览服务企业为主要对象的展览业统计监测分析体系,完善监测分析制度,全面准确反映会展经济发展情况,为制定会展产业政策提供依据。(责任单位:市商务委、市会展行业协会)

(4) 发挥中介组织作用。按照社会化、市场化、专业化原则,积极发展规范运作、独立公正的专业化行业组织。鼓励行业组织建立行业标准、开展资质认证、促进行业交流,开展信息咨询、市场预测、技术指导、法律咨询、人员培训等服务。支持行业组织协调市场秩序，避免恶性竞争，维护企业利益，强化行业自律。(责任单位：市商务委、市会展行业协会)

各区、各部门要充分认识进一步促进会展业改革发展的重要意义，加强组织领导，健全工作机制，强化协同配合。各区要根据本意见，结合自身经济社会发展实际细化政策措施，确保各项任务落到实处。各有关部门要抓紧研究制定配套政策和具体措施，为会展业发展营造良好环境。市商务委要会同相关部门做好指导、督查和总结工作，共同抓好落实。

天津市人民政府办公厅

2017年7月7日

资料来源：天津政务网.天津市人民政府办公厅关于进一步促进会展业改革发展的意见[EB/OL]. (2017-07-25) [2022-03-06]. http://www.tjbh.gov.cn/contents/6331/385523.html.

(五) 技术环境

科技在现代展览活动中扮演了重要角色。一方面，会展活动所涉及的题材产业的技术更新，可以使会展活动开拓新的展会题材，可以给一些会展活动提供新的发展机遇。如自行车产业，随着新技术、新能源的不断发展，自行车展览会的主办机构会积极开拓电动自行车题材，其他会展企业也会挖掘电动自行车展会题材及主题，开办新的展会，这些都能为会展业提供新的发展机遇。另一方面，快捷、方便及高效的会展服务外部环境也会促进会展业的发展。如展会设计及主办单位(网上展会及会展项目管理系统)、场馆、媒体(声、光、电及多媒体技术)、服务部门(金融、租赁、旅游、通信等相关产业)的技术环境为会展活动提供良好的宣传、展示效果，促进会展业不断发展。

小资料2-2

科技对会展业的影响

1. "快捷" (rapidity)

网络经济的突出特点是快捷性，无论是信息传递，还是新产品生产与开发，都以一种前所未有的高速运转。这种快捷性对会展业的影响主要表现在以下三个方面。

(1) 对展览会营销的影响。新经济时代，传统产品生产周期理论中的产品开发和生产周期大大缩短，企业生产产品类别和公司经营业务领域的调整频率大大提高，各行各业每时每刻都可能会有"新面孔"加入、"老面孔"退出。在这种情况下，展览会的营销人员必须处处留意业界的变化，保持与客户的联系。

(2) 对展览会项目开发的影响。与产品生产周期缩短一样，展览会的组织者根据市场的变化情况进行新项目开发时,其开发的周期和持续的时间也都将大大缩短。如果再像过去那样用18个月或两年的时间进行市场调研,开发新会展项目,那么,当您写完项目计划书和可行性分析报告时,同行竞争对手可能"捷足先登"。

(3) 对展览会组织工作的影响。网络经济时代,参展商和参观商不仅要求服务优质,而且要求服务快捷。大多数展览组织者对此深有感触,并采取各种措施积极应对,如试行网上招展、网络预订机票和旅馆、通过电子邮件及时回复客户咨询以及使客户能通过网络下载需要的展览会资料(展馆展位平面图、展览日程安排、展览会服务手册)等。

2. "关联"(relationships)

新经济时代,网络技术的发展与应用使世界各国的距离更近,联系更紧密。任何一个行业、一个组织,都不能把自己看作孤立的个体。面对这种挑战,展览会组织者应采取的应对之策就是合作。由于网络技术日新月异,建立和管理网站显然不是传统展览会组织者的强项。但展览会组织者可以与专业网络公司合作创办网站,或直接与网络公司现有网站合作,利用他们成熟的网络技术发展自己的展览会网上业务,既能共享资源和经验,又能节省时间和资金。新经济时代,展览会组织者应学会合作,设法扩大合作领域。

3. "效果"(results)

长期以来,商界习惯用投入产出(return on investment,ROI)来评价一项业务的效果,但在新经济时代,网络业务的效果很难用这个指标来评价。一个网站的价值不仅在于买卖双方通过网络进行了多少交易,更重要的是,通过网站为客户提供诸如业界要闻、市场研究报告和热点讨论等各种信息和服务来增加网站的价值。

资料来源:中国会议产业网. 新技术影响会展经济[EB/OL]. (2007-06-12)[2022-03-05]. http://www.meetingschina.com/news945.html.

二、中观环境调研

与展会主题创意密切相关的产业及市场的发展状况,对于这个主题创意能否转化为展会项目具有决定性的影响。因此,收集产业及市场的发展状况的资料对于市场调研至关重要。展会本身就是市场经济的产物,一个没有产业基础及市场需求的展会是不会有发展前途的,同时对产业与市场的调研也有利于对展会规模做出正确评估。

(一) 产业发展趋势

产业发展趋势是影响展会举办的重要因素之一。产业不同,举办展会的策略和方法也不一样。收集相关产业的信息主要是为了从产业的角度分析产业对举办展会可能产生的影响,以及产业可能给展会提供的发展空间等,为制定切实可行的展会举办策略奠定坚实的基础。具体来说,需收集下列信息。

1. 产业性质

产业性质是指产业技术特点、市场结构、规模经济大小、外部经济性等对产业的内在规定性，这些产业规定因素会随生产、技术的变化而变化。三次产业分类法是新西兰经济学家费歇尔于1935年首先创立的，之后得到广泛认同。他提出，第一产业的产品基本是直接从自然界取得的自然资源，包括农业、林业、渔业、畜牧业和采掘业等；第二产业的产品是通过对自然资源进行加工和再加工而取得的，包括采矿业、制造业、电力、燃气、水的生产和供应业、建筑业等；第三产业是除第一产业和第二产业之外的所有行业的总称，包括商业与贸易、金融与保险、旅游与娱乐等。认清展会题材的产业性质，才能深入把握政府对此产业所实行的产业政策和战略规划，从而对所涉及的展会题材进行挖掘，在确定展会主题、设定展品范围等方面进行准确规划。

随着信息技术及以其为核心的现代高技术群的迅速壮大，三次产业分类理论的局限性也日益突出。如新兴的信息产业、环境产业等不能明确其自身的产业性质、产业范围和地位等，就不能很好地明确和利用政府的产业政策和战略规划，也不能确定展会主题、有效挖掘展会题材，这对于展会的举办是不利的。

2. 产业规模

调研产业规模信息主要是为了了解该产业的生产总值、销售总额、进出口总额和从业人员数量以及产业规模未来的增减趋势。了解本地区、国家乃至世界范围内该产业生产总值和销售总额，可以判断本地区该产业所处的地位，从而判断是否具有举办此题材展会的区域优势，同时帮助预测该产业展会题材的规模。了解产业从业人员数量，可以预测展会专业观众规模。了解产业进出口总额，可以预测国外展商和观众的规模。了解产业规模未来的增减趋势，可以预测展会的未来规模以及发展趋势，以便制定相关的发展战略。新兴行业刚刚起步，企业数量、人员规模等会直接影响展会参展规模及观众规模，因此产业规模是策划举办展会时需要参考的重要数据。

案例2-5 　　　　　　　　　　　**中国汽车产销量图表**

2001—2020年中国汽车销量及增长率如图2-1所示。2013—2020年新能源汽车销量及增长率如图2-2所示。2008—2020年汽车出口量情况如图2-3所示。

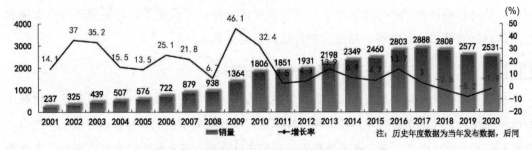

图2-1　2001—2020年中国汽车销量及增长率

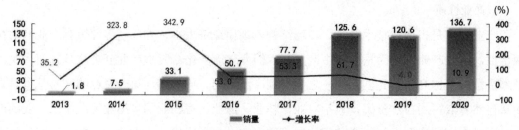

图2-2 2013—2020年新能源汽车销量及增长率

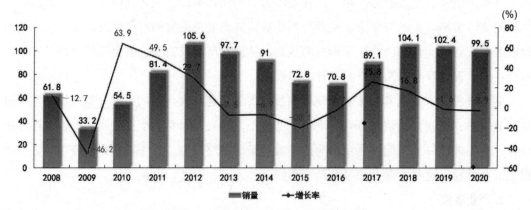

图2-3 2008—2020年汽车出口量情况

资料来源：中国汽车工业协会[EB/OL]. (2020-12-20)[2022-03-05]. http://www.caam.org.cn/tjsj.

思考题：我国汽车产业产销规模对此题材的展会规模及不同产品规模有何影响？

3. 产业分布状况

(1) 有关产业分布状况，需要了解以下几方面内容：一是展会题材所属产业的产品分布及地区分布，即该产业的产品种类、特色及档次，主要在哪些地区生产，这些地区的生产数量占该产业产品生产总量的比例等；二是生产厂商数量及分布，即生产厂商主要分布在哪些地区，产品生产在该产业产品生产中所占比例，产品种类、特色及档次等；三是该产业的产品主要在哪些地方销售，每个销售地在该产业的产品销售中所占的比例，销售地的产品种类、特色及档次等。

(2) 了解产业分布状况，具有以下作用：一是可以挖掘本地区占据产业优势的展会题材；二是可以将展会举办地定在产业分布较集中的地区；三是便于针对不同产业分布情况制定具有针对性的会展招展、招商和宣传推广策划方案。

案例2-6　　我国整车分布格局

我国整车企业已初步形成东北板块、环渤海板块、长三角板块、珠三角板块、华中板块和西部板块六大汽车产业集群。各集群的特征是：东北板块以黑龙江、吉林为基地，汽车产量最大；长三角板块以上海、南京为基地，汽车产值最高；华中板块以东风为中心，汽车载重吨位最大；珠三角板块以广州为中心，汽车消费量最大；西南板块以重庆为中心，对农村和第三世界国家销售力度大；环渤海板块以京津为中心，以日韩系为主。

资料来源：依据中国汽车工业协会[EB/OL]. (2019-05-06)[2022-03-05]. http://www.caam.org.cn/tjsj.

思考题：车展办展机构在进行招展和宣传推广策划时应以哪些区域为重点？宣传策略会有何不同？

4. 产业发展阶段

一般来说，产业发展如同产品一样具有周期性，一般要经过投入、成长、成熟和衰退4个阶段。处于投入期的产业由于刚刚起步，生产企业和市场均有限，举办此产业题材的展会往往规模较小、较难获利，展会的发展要视此产业的发展趋势而定；处于成长期的产业，由于市场规模不断扩大，生产企业数量不断增多，市场对该产业的产品和该产业对相关设备的投资需求较大，市场与生产呈两旺趋势，需要展会搭建商贸平台，此阶段举办会展时机较好；处于成熟期的产业，市场竞争激烈，买方市场下生产企业数量多，生产企业希望通过展会拓展市场，此阶段也比较适合举办会展；处于衰退期的产业，市场容量收缩，企业数量不断减少，企业盈利性较差，此产业逐步退出市场，举办展会无法获利。可见，要策划举办展会，首先要考察展会题材所在产业的发展阶段。如果选择不当，展会很难生存和发展。

5. 产品销售渠道

产品销售渠道是指产品从生产者向消费者转移所经过的通道或途径。如某些专业性很强或具有特殊要求的产业产品由生产企业以直销的方式把商品销售给最终目标市场，无须通过展会或任何中间环节，那么此产业则无举办展会的必要。产业产品销售渠道的成熟度对举办展会的影响较大。例如，如果某产业产品的信息交流、销售渠道等已自成体系，发展成熟且畅通发达，无须展会提供市场拓展功能和销售渠道，则在该产业内举办展会就会遇到很大的困难。

6. 产业技术含量

产业技术含量主要指该产业的产品和生产设备所需技术的难易程度，还包括相关物品的体积和重量等信息。这些信息对于展会场地的选择具有十分重要的参考意义。由于各地的展览场馆在展馆室内高度、场地承重、展馆进出通道等方面的技术数据不一样，对展品的要求也不相同。例如，对于那些技术含量较高的展品，需要在布置展馆展区时提供较宽的通道和公共空间，以便参展企业进行产品现场演示；对于一些体积较大的展品，则应选择在进出通道较宽敞、室内高度较高的展馆中展览；如果展品较重，则应选择地面承重量较大的展馆。

7. 产业热点及发展趋势

在收集产业信息时，还要密切注意收集该行业的发展趋势、该行业的热门话题和行业亮点等方面的信息，这些信息对展会主题、展区划分及相关活动的策划均有帮助。例如，新能源汽车是汽车业发展的必然趋势，在汽车类展会中需适当开辟新能源汽车的展区或增设相关题材；再如，2020年新冠疫情使全球会展业陷入困境，那么是否应该将"会展危机"类题材加入到现有会展项目中来，可能会成为今后会展人关注或讨论的主题。

(二) 市场信息

产品应投入市场，接受市场的检验。通过了解产品在市场中所占份额、规模、竞争态势等，对各种市场信息进行全面认识和深入分析，有助于会展活动主办方了解市场态势、发现市场机会，从而挖掘并确立展会题材，明确举办此题材展会的专业观众规模、分布等，为展会的推广策划与观众组织策划等提供科学依据。如果收集到的市场信息不全或有误，据此做出的策划就会出现偏差，从而导致展会观众组织不理想，影响展会效果，甚至导致展会"全盘皆输"。主办方需要收集的市场信息主要有以下5个方面。

1. 市场规模

市场规模，即市场容量，是指一个特定市场供应品的购买人数。市场规模的大小直接影响在该产业内举办展会的观众数量。如果市场规模过小，观众数量过少，该题材展会就失去了市场基础，很难成功举办。另外，了解市场规模不仅要了解现在的市场规模，还要预测未来市场规模的增减趋势。如不仅要了解我国现有汽车的销量及保有量，还要对未来几年内的汽车销量及保有量进行预测，从而确定举办此题材展会是否具有市场基础。

2. 市场竞争态势

市场竞争态势是指产业内部企业之间的竞争关系，以及政府对该产业的控制力和影响力。市场竞争态势的激烈与否，直接影响企业的参展意愿。某些市场垄断性较强的产业，不管这种垄断性是来自产业本身还是来自政府政策，产业内企业通过参加展会来营销产品的积极性较低，在该产业内举办展会的难度较大；市场竞争较自由且激烈的产业，产业内企业通过参加展会来营销产品的积极性往往较强，在该产业内举办展会较易成功。展会市场的竞争可以分为4种类型。

(1) 完全竞争，是指在市场上存在众多的相同展会，且规模、实力相差不大，同时市场上存在众多参展商，双方都是完全信息者，生产要素可以自由流动。在这样的市场上，办展机构和参展商都是"价格的接受者"，价格完全由供求关系决定。

(2) 完全垄断，是指某类题材的展会完全由一个办展机构所控制，目前并不常见。

(3) 垄断竞争，是指介于完全竞争和完全垄断之间的市场，办展机构可以利用自己的差异优势来制定价格。

(4) 寡头竞争，是指某一行业的展会由少数几家办展机构控制，价格实际上由它们共同控制。

3. 市场发展趋势

市场发展趋势直接影响会展业未来的发展趋势。持续了解某一产业的市场发展趋势信息，有助于参展商调整与修订会展活动的主题、展品范围及活动内容等，以适应市场发展的需求。例如，自行车市场中，电动车的市场容量不断扩大，对新技术、新能源具有更高的需求，而传统自行车的市场份额在逐年减少。根据这种市场发展趋势，在举办自行车题材的展会中就要增加电动车展品及其相关零部件的展出内容，扩大其展出规模，同时减少传统自行车的展出内容，缩小其展出规模。

4. 市场进入壁垒

市场进入壁垒是指新厂商进入市场的难易程度，也是指潜在进入企业和新企业若与既存企业竞争可能遇到的种种不利因素，主要包括规模经济进入壁垒、产品差别化进入壁垒和制度性进入壁垒。

规模经济是经济学中一个非常重要的概念，指的是企业生产的平均成本随着产量的增加而下降。在产业市场需求有限，同时存在规模经济的前提下，一个或少数几个企业以最小有效规模进行生产并获得经济利润，如果再有新企业进入市场，则所有企业都可能亏损。

产品差异是指产业内相互竞争的厂商所生产的产品之间替代程度的不完全性。

制度性进入壁垒是指除了经济技术，人为制定的一些政策和管理办法所造成的制度方面的壁垒。在中国会展业，制度性壁垒主要包括两个方面：会展业的审批制管理办法；政府作为会展活动的主办主体对其他会展企业的进入形成了障碍。

5. 行业协会情况

产业内是否存在行业协会或产业协会，以及它们在产业内的影响力如何，对相关题材展会的成功举办有较重要的影响。一般来说，如果产业内存在行业协会，则意味着该产业内有较统一的行业规范和行业管理，产业内的企业行为和市场行为会受到某些条例的约束。产业协会或行业协会对该行业或产业的热点问题、发展趋势以及政策解读等有较准确的把握，对相关题材的会展活动主题、会议议题及相关活动的选定具有较强的参考作用。另外，如果行业协会在产业内有较大的号召力，并拥有较多的成员，则行业协会对某一展会的评价或看法会对企业的参展意愿和参展行为产生较大的影响；反之，其对企业的参展意愿和参展行为的影响微不足道。

三、微观环境调研

(一) 目标顾客

目标顾客主要是指参展商和专业观众。对于目标顾客的调研，主要涉及三个问题：谁是目标顾客？目标顾客有何需求？目标顾客的需求量有多大？

(二) 展品调研(4P)

产品(product)，主要包括参展商和观众对产品的需求调研、新产品情况调研、展会产品竞争力调研。

价格(price)，主要包括同类展会的价格水平、展品成本、目标顾客(参展商和观众)可接受的价格。

渠道(place)，主要包括各类协会、专业代理机构、专业媒体等，展会可通过这些渠道来招展、招商。

促销(promotion)，主要包括广告宣传、人员推销和直接销售。其中，电话销售、直接邮寄、人员拜访、召开新闻发布会(产品推介会)、参加同行展会等的应用较为广泛。

(三) 展会组织者/经营者自身条件的调研

调研内容包括人、财、物、信息等资源及其整合能力和运营效率、品牌形象、市场地位及发展潜力、创新能力、对市场的反应能力等。

(四) 同类展会竞争力调研

在策划一个会展项目时，还需调研同类题材展会的发展情况、竞争能力并了解自身情况，进行SWOT分析(S: superiority，比较优势；W: weakness，劣势；O: opportunity，机遇；T: threaten，挑战)。SWOT分析的核心思想是通过对会展项目的外部环境和内部条件的分析，明确会展项目可利用的机会和可能面临的风险，并将这些机会和风险与项目的优势和劣势结合起来，形成会展项目管理的不同战略措施。

SWOT分析的基本步骤：①分析项目的内部优势和劣势，找出对会展项目具有关键性影响的优势和劣势；②分析项目面临的外部机会和威胁，会展项目所处的外部环境不断变化，管理者应该抓住机会，回避风险；③将外部机会和威胁与项目的内部优势和劣势进行匹配，形成可行的备选战略。

案例2-7　　　　　　　　**天津国际汽车贸易展览会的SWOT分析**

天津国际汽车贸易展览会的SWOT分析结果如表2-1所示。

表2-1　SWTO分析结果

优势(superiority)	劣势(weakness)
1. 区位优势：港口资源、环渤海中心、物流、交通 2. 汽车产业优势已形成 (1) 天津市汽车产业发展较早，具备相当的产业基础 (2) 天津一汽丰田带动，长城汽车进驻 (3) 开发区电子产业优势，为汽车、电子产业发展奠定基础 3. 中国汽车技术研究中心落户天津 4. 无限购政策，消费者购买欲望强烈	1. 展会举办时间晚，知名度低，展商重视度不高 2. 城市综合实力及政治经济资源在国内外的影响力弱，不能吸引更多的高端品牌参展 3. 展会的组织经验、服务水平及宣传力度与影响力有待提高 4. 车展竞争激烈

(续表)

机遇(opportunity)	挑战(threaten)
1. 滨海新区列入国家总体发展战略 2. 全球汽车零部件行业转移加速 3. 合资企业步入产能扩展期，第二、三工厂重新布局 4. 外资研发中心加速进入国内 5. 中国汽车市场长期趋势依然看好 6. 新能源汽车刚刚兴起	1. 国内汽车市场规模继续扩大 2. 能源、环保、交通压力逐渐增大，一些大城市限制私人汽车发展 3. 地区之间竞争日益激烈，招商难度加大

根据上述分析，天津国际汽车贸易展览会将突出大众汽车的贸易特色，使展会区别于北京、上海车展的展贸结合、以展为重的特色，同时避开北京、上海国际车展的办展时间(每年春末夏初)，将办展时间选在9月底或10月初。

第二节 会展市场调研方法

一、委托调研机构开展调研

市场调研是策划会展活动的准备工作，也是策划会展活动的基础。如果不能设专门的市场调研部门或人员，可将市场调研工作委托给专门的市场调研机构。目前，市场上有许多专门从事市场调研、负责收集市场信息的机构，这些机构有专门的市场调研程序和调研员，有较科学的调研方法和资料整理、分析手段，得出的调研结论也较为客观。会展举办机构在选择调研公司时，一定要考察调研公司的信誉、业务能力、经验、软硬件条件(包括人员素质、公司规模等)、报价等方面。调研机构的选择须谨慎，因为调研机构的选择直接关系调研信息的质量。如某地要举办航空题材展会，需要对举办地相关产业信息、市场信息及同类展会情况进行调研，同一个项目、同样的调研内容及调研方法，不同市场调研机构给出的报价相差高达5万元！其中一家调研机构的报价为每个样本20元，包括企业问卷设计、问卷印刷费、调查员劳务费、被调查企业的礼品费、复核员的劳务费等。显然，所有这些费用加起来不止20元，如此低的价格，调研机构不会有利润，客户又如何能获得高质量的数据呢？

会展举办机构通过各项考察选择好调研机构后，双方要明确调研活动的目的及内容、提交调研报告的时限等，相互合作，彼此信任。

二、收集二手资料

二手资料是指已经被别人获得或因为其他目的已收集好的资料，也可以是已经按某种形式存在的资料。例如，其他展会中的某些现成材料；企业内部公布的数据、材料；行业协会已经公布或保存的有关行业的产业信息、市场信息、发展趋势、企业名录等资料；政府机构及主管部门等发布的相关方针、政策、经济公报、统计公报、年鉴等资料；各种信息机构，如国家经济信息中心、统计信息中心提供的各类统计资料以及可通过已有的计算机数据库系统查询的资料；各种专业或大众媒体、期刊发布的经济信息、技术情报等资料。相对来说，二手资料的获得较为容易、快捷且费用低廉，但二手资料是为其他目的而不是为解决本次调研问题而收集的，其收集的性质和方法不一定适合当前的情况。因此，二手资料不能提供会展市场调研所需的全部信息，而且有些资料已经过时，在资料的相关性、准确性、及时性方面都不能满足此次活动的需要，因此在使用二手资料之前，必须对二手资料进行评价，以确定二手资料的可信度。

三、收集一手资料

一手资料是指调查人员就当前的调研项目直接通过实地调查、搜集整理以及凭借直接经验所得到的资料，也称原始资料。一手资料是针对本次调研的，它是调查人员根据调研方案，专门采取一定的调研方法获得的，因此针对性强、真实度高。但一手资料的收集需要花费较多的人力、物力、财力和时间，资料质量也要受到调查人员和调查对象的主观因素的影响。一手资料的调查方法主要有以下几种。

（一）观察法

观察法是指调查人员直接通过自己的感官或利用仪器来观察、记录调查对象的行为、活动、反应、感受或现场情况，以获取资料的方法。

例如，调查人员可直接参加由其他办展机构举办的同题材展会，在展会中观察并记录观众对服务内容的反应、行为，企业展台的设计与搭建，参观展会的人流，开幕式等的安排是否合理、到位、效果如何，展会的展区怎样划分，展会规模，以及参展的厂商等信息。

观察法的优点是直接、真实、客观、自然。缺点是调查结果往往与调查人员的素质有关，结果难免具有主观性和片面性，说服力有限；无法了解内在信息，不能说明观察到这种行为的原因；观察结果难以量化统计；观察过程受时间的限制。例如，在同类题材展会现场想要获知展会、展商规模信息，首先在时间上受到展会时间的限制，其次能获知展会规模仅为60家，而展台有100个，但无法获知展会规模不尽如人意的原因是什么，况且有时调查人员分析的原因也会有所偏差。

(二) 访问法

1. 深度访问法

深度访问法是由访问者与受访者就某些问题自由交谈，从交谈中获得信息的一种调研方法。如对政府主管部门、行业协会、媒体、重要参展商和专业观众等的调研都可采用这种方法。深度访问法的步骤有以下几个。

1) 访问前的准备

(1) 确定访问主题。访问者应对自己所从事的访问工作有一定的了解，这样才能做到有的放矢，保证访问获得必要的信息。

(2) 确定访问对象。访问对象即受访者，他应对调研领域有比较多的经验或了解，而且访问对象还应该比较健谈，能够充分地表达自己的意见和见解。

(3) 准备好访问用品。访问前，访问者应准备好能够证明自己身份的证件，如身份证、工作证、介绍信等。这对接近访问对象、取得对方信任至关重要。此外，还要准备访问必需的物品，如笔、记录本、录音设备等。

(4) 预约访问时间。由于深度访问一般时间较长，且受访者是身居要职的人员，最好先进行电话预约，约定在受访者方便的时间开展访谈。

2) 访问过程

(1) 介绍说明。介绍说明就是访问者自我介绍，以取得受访者的信任。访问者应说明访问的目的，让受访者了解其提供信息的意义和重要性，并让其明白访问不会对其产生不利影响。访问者在介绍时，态度要不卑不亢。访问者的介绍说明主要有两种方式：一种是正面接近，即开门见山，先介绍自己的身份，直接说明访问意图，之后就可开始正式访问，这种方式在访问调查中较为常用。此种访问方式的优点是节省时间，效率高；缺点是有时显得简单、生硬。第二种是侧面接近，即先以某种轻松话题或共同活动缩短与受访者的距离，等到与受访者建立起一定的友谊或有共同语言时，再在一种自然、和谐的气氛中说明来意，进行正式访问。这种访问方式的优点是有利于消除对方紧张、戒备的心理，能收集到比较真实、可靠的资料；缺点是访问比较费时、费力。

(2) 谈论正题。谈论正题是访问者提出问题，受访者表达见解的过程。访问者的问题通常是在受访者对前一个问题做出反应的基础上提出的。在交谈中，访问者应注意：讲文明，用语恰当，做一个好听众；将问题表述清楚；巧妙地转移话题，进行必要的引导和追问，充分利用访问技巧；保持交谈的良好气氛。访问时间一般为30分钟至2小时，很少有超过2小时的情况。另外，在已经取得所需资料的前提下，应尽可能缩短访问时间。

3) 访问结束

在访问者结束访问前，重温访问问题，征求意见，确定有无遗漏，然后有礼貌地向受访者表示感谢，握手告别。

深度访问法的优点是能深入发掘受访者内心的动机和态度；访问的弹性相当大，可以重复询问，可以对问题做出解释；能更自由地交换信息，常能取得一些意外的资料，便于对保密、敏感的问题进行调查。缺点是调查的无结构性，对访问者的素质和访问技巧要求高；得到的数据难以解释和分析；样本通常较小，代表性不够；访问时间较长，所需经费较多；有时不易取得受访者的合作。

2. 问卷访问法

问卷访问法在调研中较为常用，包括个别访问法、集体访问法、电话访问法、邮送法、留置法、网上访问法。问卷访问法的每一种形式都依赖于问卷的使用，问卷几乎是所有数据收集方法的一般思路。问卷是为了达到调研目的对必要数据进行收集而设计好的一系列问题集合，它是收集来自受访者的信息的一览表。问卷提供标准化和统一化的数据收集程序。会展调研中所使用的问卷根据调研目的和调研地点的不同，在内容上有所区别。如针对参展商的参展意愿调研和针对观众的个人信息及观展目的调研，其问卷内容肯定不同。问卷的形式一般采用填空式、多项单选式、多项限选式等。例如，在对现场观众的观展目的的调研中，个人信息部分如姓名、联系方式等一般采用填空式，而单位业务性质、感兴趣的产品或技术种类、主要参观目的、了解本展会信息所经渠道等均可采用多项单选式及多项限选式。

3. 小组访谈法

在展会举办期间，来自四面八方的经销商、消费者、参展商在展会中相聚，使得平时无法实现的小组焦点访谈成为可能。小组焦点访谈是以小组座谈的方式，在主持人的引导下成员对拟好的主题进行充分和详尽讨论，从而获得对有关问题的深入了解的一种调研方法。可以通过这种方法了解某行业的发展趋势，可以邀请政府主管部门领导、行业协会领导、参展商代表、观众代表等组成小组，在专业主持人的引导下就行业发展现状、焦点问题、发展趋势等进行深入探讨，从而获得全面而权威的信息。展会主办方也可以通过小组访谈法对参展商的需求和满意度进行调研。

(三) 实验法

以实验为基础的实验法调研与观察法、询问法调研相比，有着根本区别。观察法和询问法都不涉及改变调查人员所处的社会环境的问题，只是眼看、口问、耳听；而实验法需调查人员亲自动手实践，改变其所处的社会环境，在实践基础上对实验对象进行调查。实验法对调研环境及技术、人员素质的要求非同一般，在展会上，要想实现真正意义的实验调研是很难的，但是实验法有许多值得在会展调研中积极采用的思路和手段。例如，在展会举办期间组织新的相关活动，通过参展商和观众的亲身体验，调研参展商及观众参与人数、对活动的意见、建议，获取各种反馈信息，以便使主办方了解相关活动的不足，为更好地举办活动提供决策依据。

第三节 会展市场调研方案

在进行调研之前，应根据会展活动调研的目的和调查对象的实际情况，对会展活动市场调研工作的各个方面进行通盘考虑和安排，提出相应的调查实施方案，制定合理的工作流程，以便调研工作有序进行。

案例2-8 关于举办首届校园DIY手工艺展可行性的市场调查方案

1. 前言

DIY原意为do it yourself，意思是为节省支出费用而自己动手制作、修缮等。随着生活水平的提高，DIY渐渐演变成一种发挥个人创意的休闲时尚活动，为越来越多追求个性的年轻人所接受，成为开发智力与心灵潜力、提高学习能力、开发创新思维、提升工作能力、忘记烦恼、修复心理创伤的有效手段。高校是年轻人聚集的地方，张扬青春个性是高校学生的特点。基于此，我们计划在天津某高校举办DIY手工艺展，为了确保其具有可行性，预先对高校基础环境、天津DIY产业情况、学生需求情况、同题材展会的举办等进行调研是很有必要的。

2. 调查目的

(1) 全面了解本校基础环境，预测举办展会的可能性；
(2) 全面了解天津地区及本校DIY发展信息，预测展商规模及展出内容；
(3) 全面了解本校及周边学校对DIY的需求信息，预测观众规模及展出内容；
(4) 了解全国同题材展会的举办情况。

3. 调查内容

1) 基础环境调研

(1) 了解本校学生的物质文化及精神文化情况；
(2) 了解本校整体人口环境，包括学生数量、结构；
(3) 了解本校校方对此活动的支持政策及是否有举办的场地及技术环境。

2) DIY产业环境调研

(1) 了解全国及天津市DIY厂商规模，涉及DIY的品类、价格范围、总产值等信息；
(2) 了解DIY厂商分布特点，以便做好招展宣传；
(3) 了解DIY主要销售渠道、竞争态势及技术含量。

3) DIY市场信息调研

(1) 了解本校及周边学校学生对参加DIY展会的兴趣，以确定观众规模；
(2) 了解本校及周边学校学生对DIY产品的消费习惯(如DIY的用途、选购标准)及消费心理(偏爱、经济、时尚等)；
(3) 了解本校及周边学校学生对DIY工艺品的价格、特点等的了解程度；

(4) 了解本校及周边学校学生对DIY产品的需求种类。

4) 同类题材展会调研

(1) 了解天津市及全国有无同题材展会；

(2) 了解同题材展会的时间、地点、主题、展出范围、内容、展出规模及相关活动等信息；

(3) 对本展会进行SWOT分析，确定本展会举办的可行性及办展特色。

4. 调查对象及抽样

DIY展会强调产品的个性，因此，产品在品类上、价格上会有较大的差异，全体在校学生都可能是展会的潜在参与者，均可列为本次市场调查对象。因家庭背景不同、所学专业不同、年龄不同，导致全校学生在月生活支出、购物习惯上存在较大的差距。为了准确、快速、便捷地得出调查结果，此次调查决定采用分专业、分班级的随机抽样及问卷调查法，即先按理工科类专业和文科类专业进行分组，再按不同年级进行随机抽样。此外，分布在校内外的DIY经销商、专卖店也是本次调查对象，因其规模、档次的差异，决定采用深度访谈法。具体情况如下所述。

消费者(学生)：300名。其中，理工科和文科各150名，每个科类一年级、二年级、三年级学生各50名。

经销商：10家。

专卖店：10家。

5. 调查员的要求、培训

1) 要求

(1) 仪表端正、大方；

(2) 举止得体，态度亲切、热情；

(3) 认真负责，具有积极的工作精神及职业热情；

(4) 具有把握谈话气氛的能力；

(5) 经过专门的市场调查培训，专业素质好。

2) 培训

培训必须以实效为导向，本次调查人员的培训采用举办培训班、集中讲授的方法，聘请有丰富经验的调查人员面授调查技巧、经验，并对受训学员进行思想道德方面的教育，使之充分认识到市场调查的重要意义，培养他们强烈的事业心和责任感，端正其工作态度、作风，激发他们对调查工作的积极性。

6. 人员安排

本次调查需要的人员有3种：调研督导、调查人员、复核员。具体配置如下所述。

调研督导：1名

调查人员：4名(其中1名由班主任或学生干部协助对院内学生进行问卷调查，3名对经销商及专卖店进行深度访谈)

复核员：1名(可由督导兼职)

问卷的复核比例为全部问卷数量的50%，复核时间为问卷回收的24小时内。

7. 市场调查方法及市场调查的具体实施

(1) 对消费者以问卷调查为主。在完成市场调查问卷的设计与制作以及调查人员的培训等相关工作后，就可以开展具体的问卷调查。把调查问卷平均分发给各调查人员，统一选择早自习这段时间开始进行调查。调查员在进入各班后，向同学们说明来意，并由辅导员或班委协助发放和收回问卷。调查过程中，调查员应耐心等待，切不可催促，提醒调查对象在调查问卷上写明姓名、所在班级、电话号码，以便问卷复核。调查员可以在当时收回问卷。

(2) 对经销商及专卖店以深度访谈为主。调查员对经销商、专卖店进行深度访谈以前，一般要预约好时间并准备礼品，访谈前调查员要做好充分的准备，列出调查所要了解的所有问题。调查员在访谈过程中应占据主导地位，把握整个谈话的方向，能够准确筛选谈话内容并快速做好笔记，以得到真实有效的调查信息。

(3) 向学生处等部门查询学校人口统计资料。调查员查找资料时，应注意资料的权威性及时效性，以尽量减少误差。因该项工作比较简易，可由复核员完成。

8. 调查程序及时间安排

市场调查大致可分为准备、实施和结果处理三个阶段。

(1) 准备阶段。该阶段一般分为界定调查问题、设计调查方案、设计调查问卷或调查提纲三个部分。

(2) 实施阶段。根据调查要求，采用多种形式，由调查人员广泛地收集与调查活动有关的信息。

(3) 结果处理阶段。将收集的信息进行汇总、归纳、整理和分析，并将调查结果以书面的形式——调查报告表述出来。

在客户确认项目后，有计划地安排调查工作的日程，用以规范和保证调查工作的顺利实施。按调查各步骤的实施顺序，可分7个小项来具体安排时间。

调查方案、问卷的设计	2个工作日
调查方案、问卷的修改及确定	1个工作日
项目准备阶段(人员培训、安排)	1个工作日
实地访问阶段	4个工作日
数据统计分析阶段	3个工作日
调查报告撰写阶段	2个工作日
论证阶段	2个工作日

9. 经费预算

(1) 问卷的印刷费　　　　50元
(2) 交通费　　　　　　　300元
(3) 调查人员培训费　　　请老师培训，可节省此费用
(4) 礼品费　　　　　　　600元
(5) 问卷调查费　　　　　120元
(6) 统计费　　　　　　　200元
(7) 报告费　　　　　　　200元
　　总计　　　　　　　　1470元

10. 附录

思考题：市场调研方案包括哪些内容？

调研方案通常有多种设计方式，调研方案内容大致包括以下几个方面。

一、前言

主要说明开展本次会展活动市场调研的相关背景、调研原因等，并说明本次调研的必要性。字数在300字左右。

二、确定市场调研目的

在背景分析的前提下，确定市场调研目的。调研目的主要有针对立项的调研、现场服务的调研和展会效果的调研。每种会展调研目的又可分解成若干小目标。会展调研目的不同，其调研内容也不同。因此，市场调研需明确目标，目标的定义不能太宽泛，也不能太狭窄，太宽泛无法为后续调研工作明确方向，太狭窄则使决策者无法对调研结果进行全盘把握，甚至导致决策失败。例如"研究会展品牌的营销战略"，其调研目的不具体，无法提示解决问题的途径或方案设计的途径；再如"如何应对同题材展会展位降价"，其调研目的太具体，调研变为列举备选行动。为避免调研目标设定得太宽泛或太狭窄，可先将调研目的用比较宽泛的一般性术语来陈述，然后确定具体的研究内容。

三、选定调研内容

在调研目的已确定的基础上，明确具体的调研内容，也就是确定调研的项目。确定调

研内容时应注意以下问题。

(1) 确定调研内容应该围绕调研目的来进行，以免浪费人力和财力。

(2) 调研内容应该表述清楚。必要时，可附上对调研内容的详细解释，以确保调研内容的明确性。

(3) 调研内容之间一般要相互联系，有时可能存在内在逻辑关系或相互的因果关系。

四、确定调研对象与抽样

确定调研对象即解决向谁调查的问题，这与调研目的是紧密联系在一起的。调研对象总体分为有限总体和无限总体。有限总体是指总体的数量是可以确定的，无限总体是指总体数量是无法确定的。对调研对象总体采用普查的方式进行调查，不仅耗资多、时间长，而且调研的有效性往往跟不上形势变化，因此一般对调研对象总体采取抽样的方法来确定，这样耗时少、费用少。可以说，对调研对象总体进行正确的抽样对会展调研的成功起着关键作用。抽样的质量和数量都应具有代表性，否则，即使搭配设计科学的调研表、认真细心的调研员以及科学合理的分析手段，调研也不能得到准确的结果。

五、调研员的培训

严格挑选和培训调研员是取得准确、可靠资料的前提。调研员的培训质量直接关系市场调研的成效，对调研结果的公正性及其可利用价值有重大影响。通过培训，可使调研人员对本次调研有一个大致的了解，增加他们的责任心，丰富调研技巧，提高处理问题的能力。

另外，培训方案中还应明确培训时间、培训地点、培训人员、培训内容及培训方法等。其中，培训内容包括基础培训(包括公司文化、调研背景知识、调研员基本素质等)、调研项目操作流程与内容、工作与沟通能力及技巧等。培训方法有集中讲授、个别指导、模拟培训等。

六、人员安排与控制

为确保调研信息的真实可靠，需要明确调研人员的岗位责任，对调研人员实施监控与管理，将每项工作落实到个人。一项调研工作的参与人员一般包括督导员、调研效果复核员、调研人员等。督导员主要负责培训和管理调研人员、检查调研进度、抽查问卷的真实性、编辑整理所有的情报资料、评价调研人员的工作业绩等。调研效果复核员主要负责检查回收的调研问卷是否有漏答、错误、作弊等现象，将不合格问卷提出。调研人员则是具体实施调研的人员。

七、调研方法及具体实施

调研方法有观察法、访问法、实验法等。选取样本的方法也很多，比如概率抽样可分为随机抽样和非随机抽样，随机抽样又可分为简单随机抽样、系统抽样、分层抽样、分群抽样等。调研运用不同的调研方法与选样方法，会使调研结果有所不同，有时产生的差别还会很大。因此要根据调研的实际情况和客观要求，选定适宜且成本相对较低的调研方法并明确具体的实施步骤。

八、调研程序及时间安排

调研时间是指调研工作的开始时间和结束时间。为顺利完成调研任务，需制订调研进度计划，包括准备阶段、实施阶段和结果处理阶段。拟订调研进度计划时主要考虑两个方面的问题：一方面要考虑客户的时间要求，即信息的时效性；另一方面要考虑调研的难易程度，及调研过程中可能出现的问题。

根据经验，调研时间安排包括问卷设计时间，问卷印刷时间，抽样设计时间，调研员的招聘与培训时间，调研实施时间，资料的编码、录入和统计时间，数据分析时间及完成调研报告时间。时间一旦设定最好用表格来表示，须按照进度计划执行。

九、经费预算

开展调研工作需要花费一定的时间和资金，因此必须提前做好预算，进行成本效益分析，以决定调研工作是否有必要进行。调研所需经费具体包括方案策划费、问卷和抽样设计费、印刷费、邮寄费、差旅费、礼品费、劳务费、统计处理费、电话费等。在编制预算时，既要全面细致，又要实事求是；既不能少预算，也不能随意多报费用。另外，调研成果如需进行科学鉴定后才能公布或报奖，则需要列明鉴定费；如果不需要，则无须纳入预算。

第四节 撰写会展市场调研报告

撰写市场调研报告是市场调研的最后一步，通过实施调研方案，对调研信息进行统计分析后，得出有关结论，并用文字形式表现出来，为主办部门提供决策参考。主办部门通过市场调研报告，可发现市场机会，掌握同类题材展会信息，制定切实有效的会展营销组合策略，获知参展商和观众的参展或观展意见和建议等，以便挖掘展会主题与内容，提升服务质量。

一、市场调研报告的特点

市场调研报告具有针对性、新颖性、时效性、科学性等特点。

1. 针对性

针对性包括选题的针对性和阅读对象的明确性两个方面。选题的针对性是指调研报告要做到目的明确、有的放矢，围绕主题展开论述。阅读对象的明确性是指阅读对象不同，对调研报告所关注的问题侧重点亦不同，调研报告内容也应有所侧重。如调研报告的阅读对象是公司的总经理，那么他所关注的是结论和建议部分，而不是数字分析部分；但如果阅读对象是会展市场研究人员，他更关心调研的方式、方法，数据来源，结论如何得来，是否科学、合理等问题。调研报告要做到有针对性，针对性不强的调研报告是盲目的和无意义的。

2. 新颖性

新颖性是指调研报告应从全新的视角出发去发现问题，用全新的观点去看待问题。市场调研报告要紧紧抓住会展活动所涉及的题材所在领域的新动向、新问题等，据此提出新观点。这里的"新"，强调的是提出一些新建议，即以前所没有的见解。例如，针对会展活动挖掘新的主题，拓展新的内容，提出新的相关活动创意等。

3. 时效性

产业及市场发展迅速，千变万化，机遇也是稍纵即逝。市场调研行动要快，市场调研报告应将有价值的调研内容与结论迅速、及时地报告出来，以供经营决策者抓住机会，在竞争中取胜。

4. 科学性

市场调研报告不仅是单纯报告市场的客观情况，还要分析、研究收集到的信息，得出科学的结论，适用的经验、教训以及解决问题的方法、意见等。这就需要市场调研报告撰写者具有运用科学的统计、分析方法的能力。

二、市场调研报告的结构

不管市场调研报告的格式或外观如何，都应能够做到及时、准确和简洁地把信息传递给决策者。在撰写报告时，一方面，应考虑到企业决策层工作的繁忙性，报告应尽量简洁，特别应避免使用晦涩的文字；另一方面，要恰当地安排汇报材料的结构。

根据调研项目、调研者或调研公司、使用者以及所调研项目自身性质的不同，调研报告的结构和风格也应有所不同。一般来说，撰写市场调研报告时应遵循如下结构。

(一) 扉页

扉页即项目名页。在这一页上应有项目名称，项目名称要能反映项目的特性。项目名称有两种写法：一种是规范化的标题格式，基本格式为"××关于××××的调研报告""关于××××的调研报告"等；另一种是自由式标题，包括陈述式、提问式和正副标题结合式三种。陈述式如"天津市文化产业发展现状及趋势调研"；提问式如"为什么文化产业在天津迅速兴起"；正副标题结合式，正标题陈述调研报告的主要结论或提出中心问题，副标题明确调研的对象、范围、发现的问题等，如"天津文化会展重在挖掘会展特色——×××动漫展特色助成功"等。作为公文，最好用规范化的标题格式或自由式标题或正副标题结合式。扉页中除了项目名称，还应该有调研负责人或组织的名称、地址、电话号码、报告接受人或组织、报告完成日期等。扉页如图2-4所示。

(二) 目录

提交调研报告时，如果涉及的内容很多、页数很多，为了便于读者阅读，应把各项内容用目录或索引的方式标记出来，从而使读者对报告的整体框架有一个大致了解。目录包括各章节的标题及页码，具体包括题目、大标题、小标题、附件及各部分所在的页码等。目录如图2-5所示。

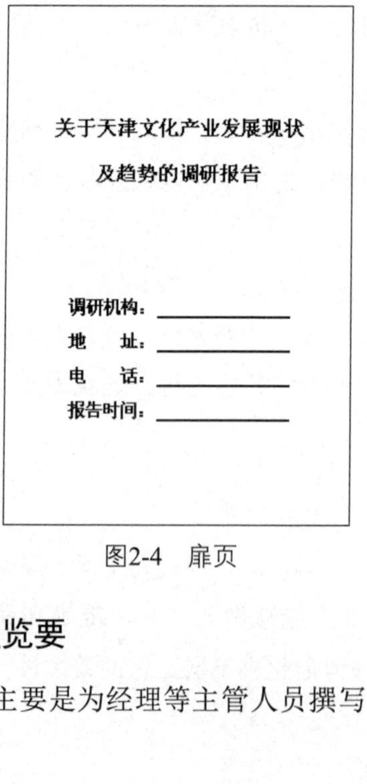

```
关于天津文化产业发展现状
     及趋势的调研报告


调研机构：_____
地　　址：_____
电　　话：_____
报告时间：_____
```

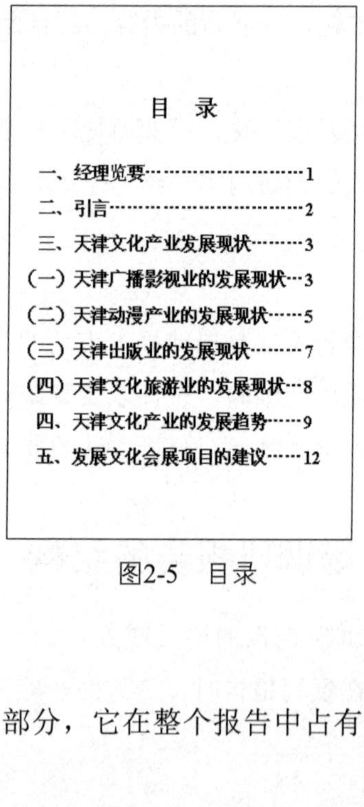

```
             目  录

一、经理览要……………………1
二、引言………………………2
三、天津文化产业发展现状……3
  (一) 天津广播影视业的发展现状 3
  (二) 天津动漫产业的发展现状……5
  (三) 天津出版业的发展现状………7
  (四) 天津文化旅游业的发展现状 8
四、天津文化产业的发展趋势……9
五、发展文化会展项目的建议……12
```

图2-4　扉页　　　　　　　图2-5　目录

(三) 经理览要

经理览要主要是为经理等主管人员撰写的部分，它在整个报告中占有特别重要的地位。许多经理等主管人员往往没有时间阅读整个报告，仅阅读摘要部分，因此摘要部分不仅为报告的其余部分规定了切实的方向，还为经理等主管人员在评审调研结果与建议时提供了一个参考框架。

摘要是报告中十分重要的一部分，写作时需注意：第一，这部分要十分清楚和简要地叙述报告中的核心和要点，一般不要超过3页；第二，每段要提炼小标题或关键词，内容应当非常简练，不要超过4句话；第三，要能够引起读者的兴趣和好奇心，促使其进一步阅读报告的其余部分。经理览要部分主要包括调研目的、调研对象、调研时间、调研范围、调研内容、调研方法、主要结果、结论和建议等。从排序看，经理览要应安排在整个调研报告的前部，但应在报告的其他部分完成以后再起草。

案例2-9 **2020年中国自行车市场调研报告（摘要部分）**

经理览要

1. 调研对象及调研目的

本调研报告的研究对象为天津自行车市场及中国自行车市场，主要研究范围包括天津及中国自行车市场整体运营状况、产业发展情况、产业发展趋势、市场竞争状况、细分产品市场运营状况、重点企业发展状况、消费者特征、潜在客户、市场发展趋势等方面。本报告最终为客户在天津举办自行车题材展会提供策划依据。

2. 调研方法

(1) 二手资料调研。通过网络、平面媒体等渠道，了解天津及中国汽车市场现状、经营产品、分布现状等。

(2) 展会现场调研。对生产企业负责人进行调研，了解整个企业的运营状态，对现有的信息进行验证；对自行车经销商或代理商进行考查，了解自行车销售情况及销售特点，明确与客户达成合作的可能性，同时对现有的信息进行验证。

3. 调研结论与建议

(1) 电动自行车占据半壁江山，自行车展会展品范围应以电动自行车为主体。

据调查，2020年1—9月，全国自行车制造业主要产品中，两轮脚踏自行车完成产量3220.2万辆，同比增长14.2%；电动自行车完成产量2285.3万辆，同比增长30.3%。9月当月，全国两轮脚踏自行车完成产量455.1万辆，同比增长43.3%；电动自行车完成产量399.9万辆，同比增长51.5%。

(2) ……

资料来源：中国工信部[EB/OL]. (2020-09-01)[2022-03-05]. https://www.miit.gov.cn/gxsj/tjfx/xfpgy/qg/art/2020/art_2b123156fd654293a6dcb0aa428a7c03.html.

(四) 正文

正文是调研报告的主体部分。对于会展活动策划人员、市场推广人员来说，除了要了解调研报告的结论和建议，还需要了解更多的调研信息，如考查结果的逻辑性，在调研过程中有没有遗漏，关键的调研结果如何得出等，要想了解这些信息就需要详细地研究调研报告的正文部分。这就要求正文正确阐明全部有关论据，包括问题的提出、结论的得出、论证的全部过程、分析研究问题的方法等。正文一般包含以下几方面。

1. 引言

引言部分的撰写一般有以下几种形式。

(1) 开门见山，提示主题。正文应先交代调查的目的或动机，揭示主题。例如，"我公司受××会展公司委托，对天津自行车市场及中国自行车市场的产业及市场发展现状与发展趋势等情况进行调研，同时对全国同类题材展会的基本情况进行调研，以确定在天津举办自行车展的可能性及可行性，为客户在天津举办自行车题材展会提供策划依据"。

(2) 结论先行，逐步论证。先将调研结论写出来，然后逐步论证。这种形式的特点是观点明确，一目了然。例如，"我公司通过对天津及中国自行车市场的产业及市场发展现状与发展趋势，以及全国同类展会的基本情况等进行调研，认为在天津举办自行车展具备充足的产业及市场条件，只要扬长避短，办出特色，就能增强参展产品的品牌竞争力。主要原因将从以下几个方面进行阐述"。

(3) 交代情况，逐步分析。介绍调研的必要背景信息，如市场的总体情况、经济发展状况及趋势、市场前景状况等，给读者一个基本的背景印象，同时对调研目的、调研方法、调研对象、调研内容等进行简要陈述。例如，"天津会展业起步晚，但随着天津滨海新区的定位从自我发展到带动区域腾飞的转变，天津会展业为适应带动区域经济发展的要求也必将蓬勃发展。为了解天津会展业的现状和发展趋势，为天津会展业的健康发展提供依据，我公司对全市72家会展单位从会展项目、人才情况、政府政策、配套设施等方面进行调研"。

(4) 提出问题，引入正题。例如，"天津会展业起步晚，随着天津滨海新区的定位从自我发展到带动区域腾飞的转变，天津会展业应如何发展，以适应区域经济发展的要求呢？带着这个问题，我们调研、走访了全市72家会展单位"。

2. 调研结果(主体部分)

调研结果是调研报告的主体部分，几乎包括调研收集的所有资料和数据及对这些资料和数据的分析。从逻辑上讲，调研结果表述为调研的最终发现，因此，它的阐述应该围绕调研目的进行组织，最终结果应以陈述式的语言进行表述，并配以表格、图形或其他内容，以进一步支持对结果的阐释。

(五) 结论与建议

这部分主要包含以下内容：通过调研得出结论并提出合理建议，提出解决问题的方法、对策或下一步改进工作的建议；总结全文的主要观点，进一步深化主题；提出问题，引发人们的进一步思考；展望前景，发出鼓舞和号召。

(六) 附件

附件是指调研报告正文没有包含或没有提及的，但与正文有关，且并非必要的附加信息。附件的添加是为了便于读者进一步研读。附件内容可多可少、可长可短，根据需要而定，一般包括以下内容。

(1) 调研问卷副本、访谈提纲、量表等；
(2) 调研对象的名单或名称表；
(3) 文献调研所使用的参考资料的索引，即一些资料的来源；
(4) 某种特殊调研方法和分析方法的介绍；
(5) 认为有价值却又无法在正文中反映的调查资料；
(6) 其他必要的附件，如调研所在地的地图等。

思考题

1. 比较观察法、访问法、实验法的优点和缺点。
2. 简要说明市场调研的内容主要包括哪些方面。
3. 简要说明市场调研方案设计包括哪些方面。
4. 简要说明市场调研报告的格式。

能力训练

1. 某会展机构想在天津举办手机配套展，要求运用网络调研方法，收集天津手机产业的市场环境、产业信息和市场信息及我国同题材展会情况。
2. 结合学院情况，以明确举办校园某展会的可能性及可行性为调研目的，以小组为单位，设计市场调研方案，并设计相应问卷，撰写市场调研报告。
3. 调研当地区域经济发展优势，确定在当地可举办会展的题材。
4. 调研所在城市的文化环境、人口数量与结构，并分析这些因素对当地举办展会的题材有何影响。

第三章 会展立项策划

职业素养

1. 以小组为单位策划"项目建议书",培养团结合作的精神及创新能力;
2. 通过去展会实习,培养学生较强的服务意识、敬业精神,提高沟通能力;
3. 通过虚拟展会完成既定项目,培养学生自主学习的能力。

能力目标

1. 能合作完成会展题材、举办时间、举办机构、办展目标、规模、展品范围、财务预算、时间进度、主题这9个单项任务的策划;
2. 以某一题材展会为项目载体,独立完成"项目建议书";
3. 培养实战能力,能够对某一题材进行立项策划并撰写"会展项目建议书"。

在会展活动立项之前,应撰写项目建议书。项目建议书经可行性分析,经领导或团队商榷修改获得通过,即成为"会展项目立项策划书",表示完成立项工作。只有被批准立项的会展项目,主办方才能正式对外开展工作。项目建议书成形于项目周期的最初阶段,要对拟办的会展项目提出轮廓设想及初步规划。它没有统一的格式,但必须具备一些固定的主要条目。

案例3-1　××××年中国国际油气资源储备技术及设备展览会暨
国际石油储备论坛项目建议书

【项目名称】
××××年中国国际油气资源储备技术及设备展览会暨国际石油储备高层论坛

【举办时间】
××××年11月26—28日

【举办地点】
中国·天津国际展览中心

【项目实施背景】

1. 天时——行业发展需要

油气资源作为重要的战略物资,其拥有量已成为一个国家和地区综合实力的重要标志。在资源日益紧缺的今天,油气资源的储备,关乎国家的生存和发展。

截至本项目建议书编写完成,中国原油储量在世界各国中居第10位,仅占世界总储备量的1.5%,但石油消费量已位居全球第2位,对国外石油市场的依存度达到32%。

能源问题是引起国际多起战争的重要原因,中国油气资源储备总量与西方发达国家之间的差距为我们在国家安全层面敲响了警钟。

因此,能源安全问题已经列入中国政府的议事日程。经国务院批准,宁波镇海、舟山岱山、青岛黄岛和大连新港四大战略石油储备基地作为国家石油储备计划一期工程已全面开工建设,并于近期建成。第二批、第三批储备基地建设计划也在紧锣密鼓地筹备中。

随着国家石油战略储备基地的规划建设,油气储备设施的采买将掀起又一轮高潮。如此大规模的油气储备及运输工程建设,必将强有力地推进新技术、新材料、新产品的开发与应用,为机械制造业及相关行业带来绝佳的发展机遇和无限广阔的市场前景。随着我国油气储运工程的启动,大型油(气)码头、大型原油及成品油气(LNG、LPG)库、长距离输油(原油、成品油)和输气(主要是LNG)管线陆续开工建设与投入使用,油气储备及运输工程建设进入了前所未有的蓬勃发展的历史时期。

值此之际,顺应"天时",在国家政策和方针的指导下举办该项目,准确地把握了市场脉搏,为国内外企业拓展了新的产品渠道,同时也为国家油气资源战略储备体系建设拓宽了思路,为世界先进设备引进和应用在我国油气资源储备基地建设中提供了一个了解和交流的平台。

2. 地利——石油石化重点地区

天津市作为我国四大直辖市之一,处于京津唐工业区,是我国环渤海经济圈中的重要城市,北接东北老工业基地,南抵山东半岛。无论在国家产业规划布局,还是在石油石化行业发展中,都占有重要的地位。

作为中国现代化学工业的发源地,天津化学工业有近百年的历史。到目前为止,已经形成石油、石化、化工三大产业,原油、原盐、纯碱、烧碱、聚氯乙烯的生产等都居世界前列。

天津拥有较长的海岸线,天津港石化码头功能完备,吞吐量具备一定规模,为石油化工生产经营的大出大进提供了良好的条件。同时,跨国公司对渤海湾油气开发利用表现出极大兴趣,投资合作愿望十分强烈。

作为我国唯一集中石化、中石油、中海油、中国化工集团于一地的城市,石油化工行业在城市产业发展中占有重要位置,天津市人民政府对石油化工行业的发展给予了高度的重视。

投资达250亿元的百万吨级乙烯项目在天津奠基，标志着一个年产达1200万吨的世界级炼油基地形成，该工程的建成势必推动天津市各相关产业的高速发展。

天津市作为国家重要的原油战略储备基地，规划建设1000万吨原油和800万吨成品油战略储备库。

南堡储量10亿吨大型油田的发现以及唐山曹妃甸、辽宁锦州等众多环渤海石油石化城市综合实力的增强，在给天津石油石化产业发展带来竞争的同时，也提供了一个极好的产业整合发展机遇。而渤海湾已发现丰富的油气资源，使得这一地区势必成为我国未来最为重要的石油储备基地。

正是这些其他城市或地区所不具备的资源、区位、产业发展、科技、政策等优势，使天津成为此项活动的最佳举办地。

3. 人和——精诚合作

ABC公司十几年来共举办几十场不同行业展览及会议活动，分别涉及教育、食品、化工、建筑、电子、航空航天、机械、军工、纺织服装、贸易投资等众多领域，是国内诸多行业活动的先行者。雷达、空管、特种车、紧急救援、机器人、远程教育等品牌性展览会，得到了国内外展览行业、专业行业人士的一致认可和好评。同时，良好的人际关系和公司高层的卓越领导使公司一直都走在同行的前列。

有关油气资源方面的活动，中企公司早在2004年就已经开始筹划。渤海湾南堡油田的发现以及近几年石油战略储备基地的规划建设，为实际操作该活动带来了有利契机。

相信在天津市人民政府有关领导的大力支持下，在与天津市经委及国际展览中心股份有限公司的通力合作下，本次活动定能成功举办。

【活动要点】

1. 活动主题

1) 目的

鲜活及顺应产业发展的主题将吸引海内外业内人士的关注。

2) 拟定主题

(1) 推进中国油气资源储备基地建设，提高中国国际综合竞争力。

(2) 深化中国油气资源战略储备体系建设，推动国际石油储备合作。

(3) 强化油气资源储备基地装备引进，促进能源储备模式交流。

2. 活动形式

1) 展览

(1) 定位：国内最具权威性的油气资源战略储备主题展览。

(2) 亮点：国家展团参与，政府采购，政府高层及专家汇聚。

(3) 形式：分区域、分国家展示油气资源储备所需设备及技术。

(4) 拟划分展区：储藏展区、运输展区、安防应急展区、机械展区、配件展区、仪器仪表展区、化工展区、防腐展区。

(5) 拟定城市展区：天津城市展区、四大储备基地展区、新疆维吾尔自治区展区、青海展区、二线争取储备基地展区、友好城市展区(美国得克萨斯州、美国休斯敦市、德国萨尔州、韩国仁川市等)。

(6) 拟邀请展团：美国展团、加拿大展团、德国展团、意大利展团、日本展团、俄罗斯展团、中东展团、韩国展团、英国展团。

(7) 可考虑设金融服务展区、招商推介区等。

(8) 收益：参展费用、广告、赞助等。

2) 高层论坛

(1) 目的：推动装备销售渠道建设，使厂商了解中国的潜在市场。

(2) 参加人员：国际专家、国际组织机构官员、国家能源相关部门领导、中国石油战略储备基地领导、各战略储备基地所在城市领导、国内学者、国内外知名企业总裁等。

(3) 形式：

① 确定大主题，再细化小论题；

② 各小论题分别由2～3名高层人士主讲；

③ 选定权威人士担当各个小论题的主持人。

(4) 拟定主题：

① 国际石油战略储备最新动态；

② 发达国家石油战略储备体系建立的经验与教训；

③ 解读中国石油战略储备计划；

④ 天津石油战略储备基地建设；

⑤ 四大石油战略储备基地建设的进展情况；

⑥ 中国石油战略储备基地建设的市场空间；

⑦ 环渤海油气资源战略整合探讨。

(5) 模式：听众付费，邀请专家，上下互动。

3) 企业产品、技术推介会

(1) 形式：提供时间段，主要由企业自主发言。

(2) 模式：演讲者付费，听众免费，各演讲者针对主题进行演讲。

4) 个别性研讨会及专场

(1) 形式：国内外相关协会、组织同期举办的活动。

(2) 目的：大力提高该活动的影响力度，拓展受众面，整合相关主题活动，着眼于活动长期影响力。

(3) 模式：向该活动主办单位收取部分合作费用。

【运作细节】

1. 策划方案(拟)

1) 组织阵容

批准单位：中华人民共和国科学技术部

政府指导单位：

    国家能源工作领导小组办公室

    国家发展和改革委员会能源局(国家石油储备办公室)

支持单位(拟)：

    国家发展和改革委员会能源研究所

    世界石油理事会中国国家委员会

    中国石油天然气集团公司

    中国石油化工集团公司

    中国海洋石油总公司

    中国化工集团公司

    总装备部、总后勤部、空军、海军油料部(油料研究所)

海外支持单位(拟)：

    国际能源署

    世界石油理事会

    国际石油工程师学会

    非洲石油生产国协会

    石油输出国组织

    阿拉伯石油输出国组织

    其他涉及能源投资的国际金融机构及基金组织等

主办单位：

    天津市人民政府

    中国ABC公司

承办单位：

    天津市经济委员会

    石油石化行业协会(如中国石油学会石油储运专业委员会)

    ABC国际展览广告有限公司

    天津国际展览中心股份有限公司

海外承办单位(拟)：CWC

协办单位(拟)：

    环渤海各省(市)商务局、经委

　　　　　国家石油战略储备基地镇海有限责任公司
　　　　　国家石油战略储备基地岱山有限责任公司
　　　　　国家石油战略储备基地大连有限责任公司
　　　　　国家石油战略储备基地黄岛有限责任公司
　　　　　中国石油物资装备(集团)总公司
　　　　　中国石化集团物资装备公司
　　　　　中国化工装备总公司
　　　　　中国石化集团石油商业储备有限公司
　　　　　中国液化天然气运输(控股)有限公司
　　　　　招商局长江液化气运输有限公司
　　　　　中国远洋运输总公司
　　　　　中国科学院
　　　　　清华大学
　　　　　中国石油大学
海外协办单位(拟)：
　　　　　美国石油学会(API)
　　　　　德国石油储备联盟(EBV)
　　　　　意大利对外贸易委员会
　　　　　英国石油学会
　　　　　法国石油战略储备行业委员会(CPSSP)
　　　　　日本石油天然气金属矿产资源机构
　　　　　韩国石油协会
　　　　　韩国SK集团
　　　　　俄罗斯石油天然气企业家协会
　　　　　加拿大石油生产商协会(CAPP)
　　　　　加拿大能源管道协会(CEPA)
　　　　　各国驻华使馆(驻天津总领事馆、领事馆)经济商务部门
　　　　　各国商会、协会、贸易促进机构等
2) 时间安排
布展时间：××××年11月24—25日
开幕时间：××××年11月26日9：00
展览时间：××××年11月26—28日
撤展时间：××××年11月28日16：00以后

3) 参展内容

(1) 油气资源储藏技术及设备。

(2) 油气资源运输技术及设备。

(3) 油气资源储备运输安全报警系统，突发事件应急抢救技术及设备。

(4) 其他辅助技术及设备等。

4) 预计规模

(1) 展会预计规模：8000平方米，约合标准展位450个。

(2) 参观观众预计：15 000名。

(3) 开幕式拟邀请：国际能源署官员、发达国家能源部官员、国家发展和改革委员会领导、国家石油储备办公室领导、天津市政府领导、中国四大石油战略储备基地领导，中石油、中石化、中海油、中化工等国内外相关知名企业决策层人士。

5) 目标观众

(1) 国家发展和改革委员会领导。

(2) 国家石油储备办公室领导。

(3) 中石油、中石化、中海油、中化工等集团公司领导。

(4) 中国周边国家负责能源储备方面的领导官员。

(5) 各国驻中国大使馆、领事馆官员。

(6) 国家石油战略储备基地领导。

(7) 国内各相关协会领导。

(8) 国际能源署、世界石油理事会、国际石油工程师学会等官员。

(9) 国际知名能源投资金融机构负责人。

(10) 国内相关设备研究机构学者。

(11) 国内、国际大型油田、石油公司领导及技术人员。

(12) 国内各省市石油储备单位领导。

(13) 国内相关产品设备生产企业负责人。

(14) 其他来自城市基础设施建设、环保、煤炭、冶金、交通、机械、公用事业、管道、轻工、咨询等行业的企事业单位人士及军队系统有关人员。

6) 宣传媒体(拟)

《中国石油报》 《石油商报》 《石油管道报》 《中国海洋石油报》

《石油与装备》 《石油天然气》 《石油机械》 《石油工程建设》

《工业设备商情》 《油气储运》 《电气防爆》 《通用机械》

《石油仪器》 《石油科技论坛》 《控制工程》 《仪表技术与传感器》

《数字石油和化工》 《国际石油经济》 《中国仪器仪表》

《管道技术与设备》 《海洋石油》 《中国海洋平台》

《中国海上油气》 《电气开关》 《防爆电器信息》

《变频器世界》 《中国石油企业》 《世界泵业》

《石油石化电子商务与物资采购》 《UPS应用》 《VALVE WORLD》

7) 活动目的

(1) 带动整个环渤海经济圈石油石化行业的发展。

(2) 推动中国战略石油储备基地建设。

(3) 引进国际尖端石油储备设备及技术。

(4) 学习发达国家石油储备的先进管理经验。

(5) 为整个国家油气资源战略储备规划及基地建设提供第一手信息。

(6) 促进各个储备基地之间的战略合作和互动。

8) 参展细则

(1) 展位费：

① 标准展位费用(双开及三开加收10%)

国际展区：3200美元/标准展位($9m^2$/个)

A类展区：12 000元/标准展位($9m^2$/个)

B类展区：8500元/标准展位($9m^2$/个)

C类展区：6500元/标准展位($9m^2$/个)

标准展位包括：地毯、1~3面围板、公司名称楣板、咨询桌一张、椅子两把、照明灯及电源插座一个(特殊用电请事先说明，另行收费)。

② 空场地费用($36m^2$起租)

国际展区：320美元/m^2

空场地不带任何展架及设施，参展商可自行安排特殊装修工作或委托组织单位推荐的搭建公司。

(2) 会务费：680元/人(含展会资料、午餐、饮料、开幕酒会、礼品等)

(3) 会务安排：组织单位将于开展前将"参展商服务手册"(有关日程安排、展品运输、酒店接待、会刊编辑、展台搭建等事项)发送至各参展商。

(4) 会刊广告：将助您在展会后找到客户！除在大会期间广为发送，还通过各种相关渠道发送给未能前来参观展会的各地专业人士，他们可利用会刊迅速查找联络方法并获知服务内容。会刊价格为：

◇封面　10 000元　◇封二　9000元　◇扉页　9000元

◇封底　10 000元　◇封三　9000元　◇彩色内页　8000元

(5) 推荐广告项目及费用：

参观券背面全版广告　　　　　　　20 000元/5万张

商务请柬背面全版广告　　　　　　30 000元/5万张

手提袋单面全版广告　　　　60 000元/1万个
挂带(独家)　　　　　　　　50 000元

2. 时间表(附后)
3. 分工表(附后)
4. 招展函(附后)
5. 协办支持单位方案(附后)

××国际展览广告有限公司
××××年11月15日

项目建议书(项目计划书)的内容主要包括项目名称、举办地点、举办时间、项目实施背景分析、展会目的、会展主题、展会内容及展品(产品)范围、会中会及相关活动、办展机构、展会规模、销售价格、财务预算、会展时间进度等。其中，"举办地点"放在"会展选址与场区规划"一章讲述，"会中会及相关活动"放在"会展相关活动策划"一章讲述，"销售价格"放在"会展营销策划"一章讲述。

第一节　会展题材的选定

通过前期的市场调研，在获取宏观市场环境调研信息、区域环境调研信息、产业和市场调研信息、同题材会展信息之后，根据自身的专业知识，用市场细分的办法选定举办会展的行业，即目标市场。行业选定之后，就可以进一步选择和确定具体的展会题材。例如，时装展会按季节可细分为春季、夏季、秋冬季；按年龄可分为中老年、青年、儿童；按性别可分为女装、男装；按职业可分为职业装及休闲装等不同的展会题材。展会题材选择得准确与否，直接影响展会的专业性和市场拓展性，对展会的招展和未来发展有重大影响。

国际品牌展会一般先确定展会题材，再按照产业链分专区招展。例如，房地产展会，提供从规划咨询到融资、设计、建造、销售和物业管理等一系列产业链全程服务，使得房地产增值链上的所有相关者都能相互交流、互动合作，从而推动房地产业的共同发展。国内展会往往根据招展情况决定展会题材，经营不同展品的展商常常混在同一个场馆里，事实上专业展会一般只有一个展会题材。

一、新立题材

新立题材是指通过对收集到的各种信息进行整理和分析，选定一个办展机构从来没有涉足的产业，并从中选择展会题材。

(一) 选择新立题材的方法

1. 市场调查法

选择一个或几个产业作为候选对象，通过科学的市场调研方法，对候选题材的经济环境、产业及市场发展信息及发展趋势、同类题材展会情况等进行市场调研，经过认真、科学的分析，从中甄选几个比较有利的候选题材，然后进行项目可行性分析，最终确定展会题材。

2. 模仿法

在有些行业中，国内还没有举办过某题材的展会，但在国外，该题材的展会可能发展得比较好，办展机构可以从国外已经举办的展会题材中选择自己从未涉及的新题材，借鉴国外的办展主题与经验，收集国内外现有资料，与国内实际情况相结合，从中发现适合在国内办展的新题材。

(二) 新立题材的优点

1. 举办成功的概率大

新立题材往往来自新兴行业，适应市场的发展趋势，且同题材展会竞争小，成功的概率非常大，可以给举办机构带来可观的效益，特别有利于新的、实力较弱的办展机构。

2. 开发新的业务范围，有利于办展机构拓展新的投资空间

当办展机构现有题材展会受各种因素影响而发展受限，或因办展机构的发展战略需要而涉及从未涉足的产业时，办展机构可从中挖掘展会题材，从而开发新的业务范围，拓展新的投资空间，寻求更大的发展。

(三) 新立题材的缺点

1. 不利于筹备工作的开展

由于新立题材是办展机构从未涉足的新兴行业，办展机构对该领域缺乏足够的了解，缺乏足够的资源，对新行业的厂商、行业协会、专业观众的信息掌握不够全面，不利于招展、招商等前期筹备工作的开展。

2. 市场号召力弱

由于办展机构缺乏对该行业的了解，对行业的发展现状以及发展趋势把握得不够准确，又因本身缺乏权威性而削弱了其市场号召力，致使很多企业对参展持观望态度。

案例3-2

中国香港是全球建材建机产品供应链的重要环节，我国内地50%以上的建材建筑机械产品是途经香港出口到世界各地的。伴随行业的迅速发展，2006年香港贸易发展局(贸发局)与华港国际展览公司合办"香港国际建材及建筑机械展"，该展会于10月27—30日在

亚洲国际博览馆举行，是区内首个专为建筑业而设的展览会。2007年举办第二届，在主办机构的精心组织下，一些品牌企业一改首届观望态度，纷纷携主打产品来香江试水，来自世界各地100多个国家和地区的专业买家汇聚一堂，参展商数量比首届增加了33.6%，可谓商贾云集、群贤毕至。

资料来源：何敏.香港国际建材及建筑机械展在港成功举办[J].广东建材，2006(11)：22.

思考题：中国香港贸发局为何要举办"香港国际建材及建筑机械展"？其举办优势是什么？为什么一些品牌企业对首届会展举办持观望态度？第二届展会为何如此成功呢？

二、分列题材

分列题材是指当某题材展会发展到一定规模后，办展机构将现有展会题材按一定标准细分成不同小题材，并将小题材分列出来，办成独立展会的一种选题方式。如创办于1999年的"上海国际工业博览会"，首届展览面积1.5万平方米，展品陈列并无明确分类。到2019年的第21届，展览面积超过28万平方米，展览内容分为以下九大专业展和创新展：数控机床与金属加工展、工业自动化展、节能环保技术与设备展、新一代信息技术与应用展、能源技术与设备展、新能源与智能网联汽车展、机器人展、新材料产业展、科技创新展。

(一) 分列题材的选择条件

(1) 原有的展会已经发展到一定的规模，某一细分题材在原有的展会中已经占有一定的展览面积。

(2) 由于场地限制、专业性等原因，某一细分题材在原有展会中的面积已经很难进一步扩大，如果将这一细分题材分列出来单独办展，其发展的空间将更大。

(3) 将细分题材分列出来单独办展，原有的会展项目不会受到太大影响，或原有的展会还可以得到更好的发展。

(4) 某一细分题材与原有展会其他题材之间有相对的独立性，这一细分题材的企业和客户可以从原有展会中分离出来。

(5) 收集到的各种信息表明，这一细分题材适合单独举办展会。

如果达不到上述条件，选择分列题材举办展会就有可能失败。

(二) 分列题材的优点

1. 新展会容易成功举办

由于细分题材是从原有展会的大题材中分列出来的，办展机构对该题材已有一定的了解，并有一定的客户基础，信息掌握较全面，分列题材展会更容易取得成功。

2. 有利于原有展会的发展

该细分题材分列出来以后，利于分列题材展会专业性的深入和规模的扩大，对原有会展的其他题材来说，分列题材独立办展后，也为其他题材提供了更加广阔的发展空间，有利于原有展会的其他题材不断发展壮大，从而实现会展项目的整体发展。

3. 提高专业化水平

原有展会和依据细分题材所办的新展会都将更加专业化。

(三) 分列题材的缺点

1. 分列的时机难以把握

很难确定什么时候才是将某一细分题材从原有展会中分列出来的最佳时机，如分列过早，不利于细分题材的发展；分列过晚，题材所在行业已发展成熟，同题材展会竞争加剧，同时也会对原展会造成冲击。

2. 办展机构要具备分列题材独立办展的实力

分列题材独立办展，需要对细分题材较熟悉的策划、招展招商等专业人员以及资金投入，办展机构应结合自身情况判断是否具备分列题材独立办展的实力，再谨慎决定是否分列题材单独办展。

案例3-3

汉诺威国际物流展览会(CeMAT)前身是世界最大的工业博览会——汉诺威工业博览会的重要组成部分。在全球经济高速发展的时代背景下，市场对灵活创新的物流系统的需求日益增长，只有高效地管理和使用物资流及信息流，企业才能立于不败之地。随着企业内部物流概念的逐步推广，汉诺威国际物流展览会自2005年从汉诺威工业博览会分离之后便独立举办，每三年一届，是一个汇集当今物流领域前沿科技、创新思想及服务理念的高端专业展会。为了适应不断发展壮大的国际物流业、满足企业参展和观展的需求，自2014年起，主办方德国汉诺威展览公司将该展会由每三年一届改为每两年一届。依托汉诺威工业博览会的良好基础，该展会已是物流行业在欧洲市场规模最强、影响力最强大的专业展会。2018年，汉诺威国际展览会与世界领先的工业技术展会——汉诺威工业博览会同期同地举行，但汉诺威国际物流展览会的独立性将依旧保留。

资料来源：德国汉诺威国际物流展览会[EB/OL]. (2015-10-18)[2022-03-05]. https://baike.baidu.com/item/%E5%BE%B7%E5%9B%BD%E6%B1%89%E8%AF%BA%E5%A8%81%E5%9B%BD%E9%99%85%E7%89%A9%E6%B5%81%E5%B1%95%E8%A7%88%E4%BC%9A/2278232?fr=aladdin.

思考题：CeMAT分列出来成为独立展会的前提条件是什么？单独办展有何优势？

三、拓展题材

拓展题材是指将现有展会所没有包含的，但与现有展会密切关联的题材，或者是将现有展会大题材中还未包含的某一细分题材列入现有展会题材的一种方法。例如，创建于1957年的"中国出口商品交易会"（简称"广交会"），从2007年开始改称"中国进出口商品交易会"，强调"广交会"将由专注中国商品出口转变为进出口并重，增加了进口商品题材。

(一) 拓展题材的选定条件

(1) 计划拓展的题材与现有的展会题材要有一定的关联性，否则将破坏展会题材的专业性，对展会的发展不利。

(2) 计划拓展题材的加入对现有展会的影响不能是"画蛇添足"，而应是"锦上添花"。

(3) 现有展会能容纳计划拓展题材的加入，即计划拓展题材的加入不会给现有展会造成任何操作上的不便。例如，"自行车展"拓展户外装备题材，展览面积增加，但户外装备题材的拓展将会破坏自行车展会的专业性，给现有展会招展招商、区域划分、展会效果等各方面带来不利或不便。

(二) 拓展题材的优点

(1) 可以扩大展会的参展展品范围，使原有展会更加专业、完整和具有代表性。

(2) 可以拓展会展参展商规模和观众规模。

(3) 能够拓展会展发展空间，从而扩大展会影响力。例如，顺应了科学技术发展及节能的国际趋势，汉诺威工业展中拓展了风能题材，在扩大展会规模的同时，确立了其专业的权威性，从而扩大了展会影响力。

(三) 拓展题材的缺点

(1) 可能会破坏现有展会的专业性。

(2) 可能会影响现有展会的展区划分，影响现有展会的现场布置和管理。

案例3-4

中国(广州)国际家具博览会是亚洲规模大、展商多、门类全、成交好的家居业博览会。从2008年开始，中国(广州)国际家具博览会从室内家居走向户外生活，从演绎室内生活时尚向展示户外环境空间延伸，拓展了户外家居、园艺布置装饰、户外生活三大题材，完成从室内家具扩展至户外生活领域的使命，并于同年独立办展，举办了首届中国(广州)国际户外及休闲展览会(以下简称"广州户外及休闲展")。2009广州户外及休闲展展览面积为15 000平方米；2014年，该展会展览面积超过22 000平方米，全面地展示了户外休闲生活；从2015年9月起，该展会每年3月在广州琶洲、9月在上海虹桥举办，有效辐射中国经济最有活力的珠三角和长三角地区，彰显双城魅力。该展会两届共汇聚超过6000家海内外顶尖品牌企业，共接待超过34万名专业观众，是家居行业新品发布、内外销商贸功能强大的一站式全球家居最佳商贸平台。

资料来源：中国(广州)国际家具博览会[EB/OL]. (2020-03-27)[2022-03-06]. https://baike.baidu.com/item/%E4%B8%AD%E5%9B%BD%EF%BC%88%E5%B9%BF%E5%B7%9E%EF%BC%89%E5%9B%BD%E9%99%85%E5%AE%B6%E5%85%B7%E5%8D%9A%E8%A7%88%E4%BC%9A/13855589?fr=aladdin.

思考题：中国广州国际家具博览会加入了什么题材？此题材与展会原有题材有何关系？加入题材对原展会有何影响？

在案例3-4中，中国广州国际家具博览会拓展了相关联的户外题材展会，并使其分列出来，独立办展，形成了"展会群"。任何一个办展机构不可能在所有行业的展会中都具有优势，所以应选定一个或几个目标行业，将该行业及相关行业所涉及的展会题材做深、做精，挖掘相关、相似展会题材中的共同点，并将拓展的相关题材精心培育，最终形成与题材相关联的"展会群"，形成在此行业的权威性。同时，要给予这些"展会群"以相同或相似的市场定位，采取相同或相似的营销策略，服务于彼此有密切联系的目标市场。这样不但提高了展会品牌的整体含金量，而且有利于降低推广成本。

案例3-5

杜塞尔多夫展览集团公司成立于1947年，旗下展会涉及领域包括：机械、机床及设备，贸易及服务，医疗及健康，时尚及生活，休闲，等等。公司拥有77家国外代表处和7家子公司，国际服务网络覆盖141个国家和地区，是世界第一品牌的展览集团。在杜塞尔多夫市举办的40多场专业展览会中，有23场是业界第一大展览盛会。诸如K-国际塑料及橡胶展览会，Drupa-印刷媒体展览、世界印刷媒体、出版及纸品加工市场，MEDICA-世界医疗论坛，国际展览会及会议等，均是业界第一的展览会，展位可谓一位难求。

杜塞尔多夫展览集团涉足的休闲题材另辟蹊径，将国际旅行车展、国际水上运动及船艇展、欧洲老爷车及概念车展、国际远足及徒步旅行技术装备展整合在一起，建立了主题为"移动休闲"的展会群，使展会彼此服务于密切联系的休闲旅游目标市场，且每个展会间均打通产业链，为展会所属行业的信息交流、产品展示、贸易合作提供专业的综合平台。如国际水上运动及船艇展，从"钓鱼钩"到"豪华游艇"，从海事救援到海事艺术，从潜水运动到水上旅游开发，共有18个展馆，23万平方米的展览面积，打造出水上运动的综合平台。

资料来源：杜塞尔多夫展览(中国)有限公司官网. 关于DMC[EB/OL]. (2020-01-02)[2022-03-05]. https://www.mdc.com.cn/page/profile/profile.

思考题：杜塞尔多夫展览公司打造"展会群"有何意义？

四、合并题材

合并题材有两层含义：一是将两个或两个以上展会中相同或相关联的展会题材合并统一展出；二是将两个或两个以上展会题材相同或相关联的展会合并为一个展会。例如，2004年，过程控制自动化和制造自动化工业展(INTERKAMA)主动与汉诺威工业博览会合并，合并后的汉诺威工业博览会覆盖面更广，题材更加完善，过程控制自动化和制造自动化工业展也可以利用汉诺威工业博览会的客户资源和影响力。这种强强联合的做法，首先受益的是过程控制自动化和制造自动化行业，行业的受益理所当然会反作用到展会的运作上，从而形成良性互动。

(一) 合并题材的选定方法

(1) 同一题材或关联性很强的题材或展会才可以进行合并，否则将破坏展会的专业性，不利于展会健康发展。

(2) 充分估计展会或题材合并后给展会带来的影响，确定展会定位及战略，制定相应的策略，扩大展会有利影响，防止或降低不利影响。如不同展会合并后，主题的变化会带来展会内容的变化，展区划分、展会规模、参展商的认可度、招展价格等变化均会给展会带来影响，要充分估计并认真分析后果、原因及相关策略及措施，有效处理合并后的各种关系及矛盾，以减少合并后给展会带来的不利影响。

(3) 展会或题材合并后，办展机构之间能够根据双方协议，进行分工协作、利润分配等，为展会的成功举办打牢基础。

(4) 选择合并时间，使该行业的参展商及观众等能充分了解并接受。

(二) 合并题材的优点

(1) 题材合并后，两个或两个以上的办展机构可以相互配合，减少竞争，整合资源，可以投入相对于原展会更多的精力和资源，发挥各自优势，提高办展质量，有利于将展会做大做强。

(2) 合并后的展会具有规模效应，可以吸引更多的厂商、观众来参与，提高展会的影响力，从而得到行业内知名企业的支持，提高展会的档次。

(3) 便于安排展览时间和展区设置，使展会的布置更趋合理化。

(三) 合并题材的缺点

(1) 如果合并展会只是相关联展会统一展出，比较好操作，可以采用各办展机构乐于接受的方式，共享客户资源，互相促进，优势互补，实现共赢。但如果采用两个展会合并为一个展会的方法，则涉及展会产权的归属、办展机构的利益再分配等问题，则易出现合并不当的局面，办展机构间的合作也因此需要一定时间的磨合。

(2) 原有参展客户对合并后的展会了解不充分，是否接受和参展具有不确定性。

案例3-6

自2008年起，由原中国香港贸易发展局创办，已在香港会展中心连续举办了11届的"香港国际五金及家居装饰展览会"并入香港贸易发展局与华港国际展览有限公司(华港)合办的"香港国际建材及建筑机械展览会"，改名为"香港国际建筑装饰材料及五金展览会"，两展合一。原香港建材展中不适合在香港展出的"建筑机械"部分删除，重点展示国内外建筑材料、装饰材料和五金产品三大领域内的各类知名品牌和优质产品，集中表现和突出展示铝塑、五金、门窗、卫浴、石材、地板等。产品的展示以我国具有较大出口优势的六大行业产品为主线，合并后的展会将提供更多的产品，建筑材料、装饰材料、五金、自行装配产品、浴室装置及洁具、门窗及配件、建筑科技、防火及保安系统、建筑工程服务、户外产品一应俱全，方便买家于同一个展会内采购一系列建筑、装饰及五金产品，为广大海内外买家提供一站式、更加专业化和品牌化的展会服务。统计数据显示，本届展会参展企业数量同比增长21%，展览面积同比增加20%，参展企业的国家和地区覆盖率同比增长100%，开创了展会新局面。

资料来源：香港国际建材展与香港国际五金展强强联手[EB/OL]. (2012-09-10)[2022-03-06]. http://www.cnena.com/news/bencandy-htm-fid-58-id-6254.html.

思考题：此案例中两展合并有何优势？

与国外成熟的展览机制相比，国内会展业的发展尚处于"粗放式"的经营阶段，突出表现在展会数量迅猛增长。以上海为例，自20世纪90年代以来，上海举办的国际性展会数量以每年近20%的速度递增。1990年上海只有40个国际展会，2002年达到262个，2003年已办的展会有348个。总体来说，展会整体规模不大、质量不高、效益欠佳，尤其是低层次重复办展情况严重，既浪费了资源，又使会展业从整体上缺乏国际竞争力，很难适应中国加入WTO后应对市场激烈竞争的需要。例如，"××国际品牌化妆品展"与"国际美容美发化妆用品博览会"均安排在同一月份，题材重复再加上时间上的重叠，主办方不可避免地要采取"价格战"的策略吸引客户，这不仅给参展方及展览公司带来不便，也影响了会展业的正常发展。

相比之下，德国一年的展会数量为140场左右，总展览面积达到690万平方米。中外展会数量与质量间的差距相当明显。自2005年起，国内一些城市和地区的政府和行业组织开始对会展业实施规范管理，合并办展，减少雷同，减少了资源浪费，使会展行业逐步走上成熟和良性的发展道路。例如，上海2005年举办的国际展览项目有276个，与2004年相比减少了2.8%；总展览面积达到376万平方米，比2004年增长了22.8%。可见，由于同类型主题国际展会合并等因素，展会数量虽有所减少，但在国际化、规模化、品牌化等方面均有较大提高。

第二节 会展举办时间策划

会展举办时间策划包括对举办周期、展览时间、展期、其他时间等的策划。一般来说，制造商和经销商会通过某行业展会进行交流、采购等，因此展会可以针对特定行业的产品或服务打造购买季。但在策划展会举办时间时也应遵循一定的规律，这样才有利于展会成功举办。

一、举办周期的策划

会展举办周期是指从本届会展活动举办到下届会展活动举办所经过的时间。如一年一届、两年一届、一年两届等。会展举办周期的确定要考虑所涉及题材、所在产业的特点等相关因素。

案例3-7

中国国际缝制设备展览会(CISMA)自1986年创办以来，举办周期为一年一届。自2000年后，中国进行缝制机械结构调整，企业需要花更多的时间、精力、成本研发具有自主知识产权的高精尖产品。参展企业尤其是大型企业普遍感到在精力、参展成本以及新产品开发速度上都面临越来越大的压力。那么，举办周期应该如何调整？

案例3-8

日用电子产品生产企业处于竞争激烈、技术革新迅速的市场环境中，需适时通过参加日用电子产品展销会投放新产品，进行产品营销。那么，展会周期应该如何确定？

案例3-9

进入21世纪后，中国市场对建筑机械领域产品的需求迅速增长，"中国国际建筑机械博览会"的周期为每四年举办一次，是否合理？

案例3-10

结合实际情况，"羽绒服博览会"一年举办两次，是否合理？

思考题：影响展会举办周期的因素是什么？

通过对以上案例进行分析，可得出以下结论。

案例3-7：由于展会所涉及的缝制机械题材的相关产业进行结构调整，以及经济发展进程减缓，展会举办周期需适当延长，可将一年一届改为两年一届，这样更适合其经济发展进程。

案例3-8：由于展会涉及的日用电子产品技术更新周期缩短，为适应其技术发展进程，展会周期也需缩短，可由一年一届改为一年两届。

案例3-9：由于中国房地产业对建筑机械领域产品的需求迅速增长，为适应市场旺盛的需求，展会的举办周期应适当缩短。

案例3-10：由于展会所涉及的羽绒服题材为季节性需求产品，无须一年两次，一年一届即可满足市场需求。

通过以上分析得出，在确定会展项目举办周期时需考虑以下因素。

1. 必须尽可能反映相关产业经济和技术的发展进程

若产业经济和技术发展缓慢，产品推陈出新时间延长，则该产业举办展会的周期就应延长；反之，该产业举办展会的周期就应缩短，举办频率应加快。

2. 考虑相关市场的需求

对于行业内部竞争激烈且市场需求旺盛的产品，其相关题材展会举办周期应缩短，以适应市场需求；反之，举办周期应延长。

3. 考虑顾客的订货周期

对某类产品，客户一般都有订货周期，一年一次或者一年几次。在明确举办周期时，要充分考虑顾客的订货周期，并与之相适应。如服装订货会一般根据季节变换，确定一年两次的订货周期，即冬末的春季服装订货会及夏末的秋冬季服装订货会。

二、展览时间的确定

展览时间是指展会从开幕到闭幕所经过的时间，即具体的开展日期。例如，××展的展览时间为3月27—29日，每天9：00—16：30。展览具体时间一般精确到"小时"和"分"。确定时间时，需考虑以下因素。

（一）所在行业的订货时效性

每个行业的订购均有其时效性，相关题材展会在展览时间的确定上要适应行业订货时效性特点，否则不利于会展活动的成功开展。例如，服装这一行业需求的季节性变化很大，时装展览会可以细分为春季、夏季、秋冬季，消费者在冬季货架上看到的商品，早在夏末已向公司的采购部门和人员展示，因此秋冬季节时装展交会等可安排在夏季末举办。又如，举办高校毕业生人才洽谈会应当充分考虑毕业生就业高峰期，可安排在学生毕业离校前。再如，假日经济等展销会一般迎合节庆日，以促进商品的销售，如年货节、三八妇女购物节等。

(二) 避免同题材展会时间冲突

对一些新成立、办展实力与规模均处于劣势的办展单位来说,要根据展会的定位,充分考虑同类展会对本展会可能产生的影响,原则上要避开国内外有重大影响的同类会展项目的举办时间,避免彼此在时间上产生冲突,否则会由于激烈竞争而造成参展商的流失,或因纷纷降低参展价格拉拢参展商而造成无序竞争,只会更加削弱自身实力。因此,一般两个同类展会的举办时间至少要相隔3个月。

案例3-11

上海图书交易会创建于2001年,举办时间为年终岁尾,与次年1月中下旬的北京图书订货会(创建于1986年)"撞车"。全国的出版机构与图书经销商在犹豫后大多会选择参加已具有一定影响力的北京图书订货会,这让上海的出版社也更加纠结。由于两个展会办展日期临近,上海图书交易会的展商规模不尽如人意,而北京图书订货会仍旧火爆。

思考题: 上海图书交易会应该如何调整才能避免同题材的时间冲突,引领新的销售周期呢?

(三) 借助相关联题材的展览时间

对竞争能力较弱的展会来说,可以借助相关联题材展会的展览时间,同期举办或接续举办。借助相关联题材的展览时间的做法可为展会及参展商等带来以下好处:一是借助相关联题材展会,可获得大批稳定且高质量的参展商及专业买家的观众资源;二是借助相关联题材展会,可提升知名度,使展会迅速成长;三是借助相关联展会,可打通产业链上中下游企业,互相促进,产生规模效应,获得"1+1>2"的效果;四是借助相关联题材展会,可共享社会资源,如媒体资源、服务资源等,减少成本支出。例如,"服装服饰博览会""纺织面料及辅料博览会""纱线展览会"三个相关联题材展会便可相继举办,以提升展会效果。

案例3-12

"中国香港国际建材及建筑机械展"举办时间为10月27—30日,与广州秋交会(简称广交会)第二期后部分展期相重叠,充分借用了广交会20万全球买家的巨大采购资源;此外,还与香港国际灯饰展、香港国际五金家居装饰展、香港国际环保展和香港国际家具展同期举办。

思考题: 分析香港国际建材及建筑机械展在时间安排上的巧妙之处。

(四) 气候

案例3-13

梅江会展中心2017年展会排期如表3-1所示。

表3-1 梅江会展中心2017年展会排期

编号	展会名称	展览时间
1	2017年中国(天津)国际美容美发化妆品博览会	2017-11-15 至 2017-11-17
2	华夏家博会	2017-10-27 至 2017-10-29
3	2017第十五届天津国际珠宝玉石首饰展览会	2017-10-26 至 2017-10-30
4	中国免疫学会第十二届全国免疫学学术大会	2017-10-26 至 2017-10-29
5	2017中国(天津)国际海工装备和港口机械交易博览会	2017-10-19 至 2017-10-21
6	第20届中国冰淇淋及冷冻食品产业博览会	2017-10-12 至 2017-10-14
7	第十六届天津国际汽车贸易展览会	2017-10-02 至 2017-10-07
8	第十四届中国制造业国际论坛	2017-09-27 至 2017-09-29
9	2017(第十九届)中国国际矿业大会	2017-09-23 至 2017-09-25
10	第四届梅江茶文化节	2017-09-14 至 2017-09-17
11	2017中国旅游产业博览会	2017-09-01 至 2017-09-04
12	华夏家博会	2017-08-18 至 2017-08-20
13	第十三届中国(天津)国际机械工业装备博览会	2017-08-11 至 2017-08-14
14	天津国际现代物流产业及技术装备展览会	2017-07-28 至 2017-07-30
15	中国婚博会	2017-07-15 至 2017-07-16
16	2017天津·台湾商品博览会	2017-07-06 至 2017-07-09
17	2017第五届天津广播电视台粉丝狂欢节	2017-06-23 至 2017-06-25
18	2017中国·天津华侨华人创业发展洽谈会暨世界侨商项目与商品博览会	2017-06-14 至 2017-06-16
19	2017中国·天津茶业及茶文化博览会	2017-06-08 至 2017-06-11
20	天津夏季心脏病学术会议	2017-06-02 至 2017-06-04
21	中国(天津)国际家具展览会	2017-05-28 至 2017-05-31
22	第十一届华夏家博会	2017-05-19 至 2017-05-21
23	2017中国·天津国际美博会(春季)	2017-05-19 至 2017-05-21
24	2017年中国·天津投资贸易洽谈会	2017-05-12 至 2017-05-16
25	2017中国(天津)国际汽车工业展览会	2017-04-28 至 2017-05-03
26	乐活游——第十二届中国天津国际温泉泳池沐浴SPA及养生健康产业博览会	2017-04-20 至 2017-04-22
27	2017第十四届天津国际珠宝玉石首饰展览会	2017-04-13 至 2017-04-17
28	2017关爱孕婴童春博会	2017-04-07 至 2017-04-09
29	2017(天津)国际客运交通装备与技术展览会	2017-03-30 至 2017-04-01
30	第十七届中国北方国际自行车电动车展览会	2017-03-24 至 2017-03-26
31	2017天津国际佛事用品展览会暨天津国际工艺礼品及红木家具展览会	2017-03-16 至 2017-03-19

(续表)

编号	展会名称	展览时间
32	第十四届中国(天津)国际装备制造业博览会	2017-03-09 至 2017-03-12
33	2017春季中国婚博会	2017-03-04 至 2017-03-05
34	华夏家博会	2017-02-24 至 2017-02-26
35	碧海(中国)2017年春季钓具产业博览会	2017-02-16 至 2017-02-19
36	2017梅江年货展销会	2017-01-14 至 2017-01-23

资料来源：天津梅江会展中心官网[EB/OL]. (2017-02-01)[2022-03-05]. http://www.onezh.com/hall/plan_218.html.

思考题： 会展活动大多在哪些月份举办？为什么？

从表3-1可以看出，会展活动一般选择在气候宜人的春秋两季举办。国际展和国内展的展会旺季一般在3—6月份和9—11月份。主要是因为春秋两季正值企业每年上半年或下半年的采购、销售和生产计划制订时期，企业参展意愿强烈；每年7—8月份和11—次年的2月份气候闷热或寒冷，不利于展品运输、人员参展，展馆使用空调也会增加办展成本，企业的采购、销售和生产计划已经执行或正在编制，参展意愿较弱。但在淡季可以多举办各种寒期休闲娱乐活动，12月份也可以多承办各种企业年会来扭转因展会少而使展馆空置的不利局面。初次赴海外或在国内举办国际展，办展时间确认一般应提前一年或一年以上，一是因为需要预订办展的展馆；二是方便国外参展商确定是否参展，编制参展预算。初次举办国内展，办展时间的确定也要提前半年到一年。

(五) 节假日

综合性展销会或房产展、图片展、人才招聘会等以个人观众消费、娱乐、参观为主的展会，一般可选择在"五一""十一""元旦"等节假日举办，方便大众参观。一些专业性的商贸展一般要避开诸如"春节""圣诞节""五一""十一"等重要节假日，因为此时许多国内外公司及团体放假，不利于参展商和观众参展或观展。适用于普通观众和专业观众的展会一般将最后一天安排在周末，以方便普通观众参观，带动展会人气。与公众生活关联不强的专业性展会可安排在非节假日，如化学仪器展、物流机械设备展等。

案例3-14

2006年中国(上海)国际石材产品及技术装备展览会(STONETECH 2006)原本准备在3月中旬举行，但恰恰与西方重要节日"复活节"相冲突。主办方在海外参展商的要求下及时调整展览时间，改至4月10—13日举办，保证了展会效果。如果展览时间不做调整，那么展会的海外展商和境外观众难以参加展会，将会错过进入中国市场的最佳时机；同时国内参展企业对这些信息不能有所觉察，不但会浪费参展费用，而且会失去进入国外市场的最佳契机，损失无法估量。

资料来源：九正建材网. 2006中国(上海)国际石材产品及技术装备展览会[EB/OL]. (2006-07-03)[2022-03-05]. http://news.jc001.cn/report/1459.html.

思考题：举办展会时，展览时间的确定与节假日有什么关系？

三、展期的确定

展期是指正式展出，即从展会开幕到闭幕的时间段。国际展的展期一般为3～4天，国内展的展期一般为3～5天，也会有特殊情况，根据规模和主题等的不同，展会延续时间也不同。例如，中国出口商品交易会(原广交会)自1957年春开始举办，每年两届，分春交会和秋交会，每届三期。2007年，"中国出口商品交易会"更名为"中国进出口商品交易会"。2007年春交会第一期为4月15—19日，第二期为4月23—27日，第三期为5月1—5日；秋交会第一期为10月15—19日，第二期为10月23—27日，第三期为10月31日—11月4日。展期为第一期5天，第二期5天，第三期5天。再如，一些为迎合假日经济而举办的展销会，如"迎国庆秋季商品展""迎三八妇女用品展"等展会一般情况下展期也较长。汽车展等公众较为关注的主题展会，因规模较大，展期也会较长。具体来说，展期的确定要考虑以下因素。

(一) 根据预计的观众人数确定展期

根据展会举办前的观众规模调研及会展组织工作的力度、进展等情况来预估观众人数，在场馆接待能力一定的情况下，观众人数多，则展期应适当延长，反之应缩短。例如，某展会预估有50万人次观展，最高峰日流量将超过12万人次，室内展示总面积为13万平方米，那么展期可为7～10天，以避免观众过于集中而造成服务质量下降。如果展会预估有10万人次观展，最高日流量为5万人次，展示面积不变，接待能力不变，那么此展会可缩短至3天。

(二) 根据场馆的接待能力确定展期

场馆的接待能力包括展会所拥有的展馆面积、停车位数量、餐饮数量及质量、门禁服务及通道数量、供水、网络、通信、附近交通等诸多方面。预计观众人数多而场馆接待能力无法满足，则展期应相对长一些。如果场馆经过改建，提高了接待能力，而观众人数预计变化不大，则可适当缩短展期。例如，预估某展会有50万人次观展，最高峰日流量将超过12万人次，室内展示总面积为10万平方米，再加上展馆的停车位、餐饮、馆前交通等的限制，展馆接待能力不能满足过于集中的观众日流量。因此，可延长展期，分散观众日流量，以缓解展馆接待能力的不足，提高展会服务质量。如果展览面积大幅增加，停车位、餐饮、交通等配套服务设施不断完善，并且增加了通道数量、提高了门禁服务效率等，展馆接待能力得到大幅提升,则可适当缩短展期。

(三) 根据成本预算确定展期

一般来说,展期越长,所需的各项支出越多,如劳务费、展馆租赁费等展会成本就越高,则展会收益就越低;反之,展期越短,各项支出越少,成本就会越低,效益就越高。因此,展会主办方及承办方应在考虑展馆接待能力及观众规模的前提下,根据展会预算合理确定展期。

四、其他时间的确定

(一) 布馆时间

布馆又称布展,即为主办方及参展商搭建展台。展会一般应有两天以上的布馆期,大型展览、机电设备展览需要的布馆时间应适当延长,以保证特装展台的打造和大型机械的进场安装调试。布馆时间应在展厅大门明示,参展商布置展品等布展工作必须在展览开幕前完成,如需超时加班,应向现场办公室提出申请,并向展馆及保安通报加班要求。布馆时间一般要精确到"小时"和"分",这样有利于参展商制订计划与做准备。举例来说,布展时间:2019年10月16—18日,每日9:00—20:00。布展时一定要充分考虑参展商的需要,也要考虑到展馆的实际条件。如果进出展馆的货物通道窄或数量少,为了使参展商展品进馆顺畅,不出现通道拥堵现象,应对参展商布展的展品分区域、分时段地加以控制,规定参展商该在什么时段运送展品进馆。

(二) 撤馆时间

撤馆是指展会闭幕后的工作,又称撤展,具体工作包括:展品装箱,移出展厅;拆除标准展台和特装展台,并将拆除物移出展厅,展厅恢复布馆前的状态。撤馆工作必须按"租馆协议"执行,一般从展出最后一天15:00—16:00开始。首先切断展馆总电源,以免发生意外,同时打开进出通道和大门,以便展览物流商把展品包装后运出展厅,展商把轻小展品带出展馆。撤馆时间与布展时间的规定相同,一般精确到"小时"和"分",一旦延期则可能产生额外的展馆租金。根据参展商要求及展馆实际条件,可分区域、分时段地控制出馆、撤出展品。如果参展商想要提前撤馆,将展品撤出馆外,需由组委会签署"出门登记表"。

(三) 开幕式和闭幕式时间

开幕式是为展会开幕而准备的仪式,一般程序有:宣布贵宾名单,领导致辞,主要领导剪彩(或摁下启动按钮)。一般在展期开始当天9:00以后举行,开幕式的时间一般不超过半个小时，大型节庆活动的开幕式一般时间较长。开幕式时间一般要精确到"小时"和"分"。

闭幕式是为展会结束而举行的仪式。大多数展会不设闭幕式，大型节庆活动有此类仪式，一般安排在节庆活动结束当天举行。

第三节 展会举办机构策划

展会举办机构主要分为主办单位、合办单位、承办单位、支持单位、发起或倡导单位、协办单位。其中，主办单位、承办单位是必不可少的办展机构，其他办展机构是否设立根据主办或承办单位的实际能力和展会的实际需要进行选择。办展机构可以是企业、行业协会、政府部门和新闻媒体等，各办展机构在展会策划到举办过程中起到不同的作用，对于一个展会的成功举办和长远发展有着十分重要的意义。

一、主办单位

主办单位是指拥有展会所有权并对展会承担主要法律责任的办展单位。在实际操作中，主办单位有以下三种形式。

(一) 自办单位

自办单位即拥有会展所有权，对会展承担主要法律责任，并负责会展的实际策划、组织、操作与管理的单位。国外展览会主办单位一般既是主办单位又是承办单位。例如，"国际医院及医疗设备用品展览会"由德国杜塞尔多夫展览公司主办并承办。主办单位主要负责以下事项。

(1) 展会的策划、招展、收费、支出和实施。

(2) 租用展馆，划分展区和分配展位。

(3) 选择、指定展会的相关服务商或承包商(展品运输、展台装修搭建、旅游服务商)。

(4) 负责与展会相关的会议、开幕式和礼宾活动。

(5) 负责处理与参展商、观众、媒体的关系。

财务分析：收益高，但需自行投资、自行办展，风险大。

(二) 名义主办单位(承担主要法律责任)

这种主办单位拥有会展所有权并对会展承担主要法律责任，但不参与会展的实际策划、组织、操作与管理的单位，由承办单位负责会展的实际策划、组织、操作与管理，但主办单位可凭借资源优势协助招展、招商、研讨等。如中国国际针纺织品博览会，主办单位是中国纺织品商业协会，承办单位是中纺联(北京)会展服务有限公司。这类主办单位在招展招商方面具有很大号召力，可以协助招展招商。

财务分析：收益较少，承担经营风险。

(三) 名义主办单位(不承担法律责任)

这种主办单位拥有会展所有权但不承担主要法律责任，也不参与会展的实际策划、组织、操作与管理。如有些主办单位是政府或政府部门，并不承担筹备展会的实际工作。例如，第二届中国(安徽)国际自行车电动车展览会，主办单位是合肥市人民政府和中国轻工业对外经济技术合作公司。再如，中国北京国际户外家具及休闲用品展览会，主办单位是中国住房和城乡建设部，承办单位是中国建筑文化中心和北京中建文博展览有限公司。

财务分析：收益较少，不承担经营风险。

二、合办单位

一些展会由两个或两个以上的主办单位联合举办，这样的单位称为合办单位。合办单位一般在某一方面有特定影响力，对业内厂商有号召力。之所以考虑邀请有关政府部门和有实力的行业协会作为合办单位，是因为中国的产业资源大多由这些部门和协会掌握或受其影响，有这些单位支持或合办，面对业内厂商就会有较大的号召力，有利于招展。这些单位也可协助主办单位处理与参展商发生的争议或纠纷。有些合办单位仅仅是名义上的主办单位，实际上并不负责业务运作，一般政府作为合办单位均是如此，这些合办单位比较普遍的做法是协助组织做好与展会相关的论坛(会中会)工作。本书介绍的合办方式主要着眼于市场主体，合办各方均有明确的分工、责任和义务，同时享有相应的权利。

(一) 合办方式的产生原因

1. 优势互补，发挥各方的特长和强项

海外的展览公司在中国举办国际展览会，往往与国内的展览机构(协会、商会、展览公司)联合主办，海外展览公司的优势在国外，对潜在的参展客户有较多的了解，联络招商也十分方便；中方合办单位对国内市场有深刻的了解，对展会的相关规定、渠道和方式十分熟悉，双方结合，会产生"1+1>2"的效果。例如，中国东盟博览会主办单位是中华人民共和国商务部及东盟各国商务主管部门及东盟秘书处，承办单位为广西南宁市人民政府。

随着中国市场化进程的加快，国外展览公司纷纷进入中国市场，想要承办或合办国内已有的展览品牌，合办展会是大势所趋。但中国国内展会大多产权不明晰，一个展会有很多主办方，不知道产权属于谁，因此难以开展深层次的合作。

国内许多行业的展会，尤其是办得比较好的展会大多是由行业协会组织承办的。如汽车展、住房展、IT展、服装展，都采取这种行业组织自己办或行业组织与大型展览公司合办的方式。这与在国外办展有很大的不同，但这也是中国会展经济的一个特点。实践证明，行业与展览公司合办的展会是在中国办得比较成功的展会，因行业协会掌握大量的信息，这些信息是全面且综合的，包括技术、管理、市场营销、企业经营等方面。因此在展会期间，展览公司都要组织与行业相关的系列活动。

2. 节省成本，减少风险

海外展览公司到国内办展，国际旅游费用高昂，为了节省成本，他们乐于与中方展览机构合作办展；同时考虑到办展方需承担巨大风险，采取合办方式能大大降低市场风险，因为合办双方利益与风险都是一致的(这与承办方式有所不同，承办方式下的中方基本上不承担风险，而合办方式下的中方需要承担相应的风险)。因此，从规避风险的角度考虑，海外展览公司亦乐于与中方展览机构合作办展。

(二) 合办类型

1. 行业协会(商会)与展览公司合办

行业协会(商会)是一种由会员自发成立的、以行业为标识的、非营利的、非政府性的、互益性的经济类社团法人。它是政府与企业之间的桥梁和纽带，承担沟通、监督、公正、自律、协调的职能，代表本行业全体企业的共同利益。

行业协会的主要作用：一是向政府传达企业的共同要求，协助政府制定和实施行业发展规划、产业政策、行政法规和有关法律；二是协调本行业企业之间的经营行为；三是对本行业产品和服务质量、竞争手段、经营作风进行严格监督，维护行业信誉，鼓励公平竞争，打击违法、违规行为；四是受政府委托，进行资格审查、签发证照，如市场准入资格认证，发放产地证、质量检验证、生产许可证和进出口许可证等；五是对本行业的基本情况进行统计、分析，并发布结果；六是开展对本国相关行业在国内外发展情况的基础调查，研究本行业面临的问题，提出建议，出版刊物，供企业和政府参考；七是对本行业企业提供信息、教育与培训、咨询、举办展览、组织会议等狭义服务。可见，行业协会拥有一定数量的会员，了解行业的发展信息、发展规划及相关政策，并在其行业内部具有一定的权威性和号召力。行业协会对于招展、会中会主题设定及嘉宾的邀请具有很强的优势，有些行业协会本身有一定的办展能力与办展经验，因此展览公司与行业协会合办行业题材展会，可以发挥各自的优势，有利于展会的成功。但也有一些协会缺乏办展能力，仅仅是名义上的合办，展会的工作重点不能依靠它们。从行业协会(商会)的创收效益来看，参与名义上的合办，收益较少，但不承担经营风险。

案例3-15 　　　　　**中国(深圳)国际黄金珠宝玉石展览会**

由中国黄金协会、博闻中国有限公司及中国国际展览中心集团公司合办的中国(深圳)国际黄金珠宝玉石展览会在深圳会展中心举办。除了一众独立参展商的支持，世界黄金协会今年的参展规模比去年还要大，它联合国内两家指定的K金供货商，即深圳市甘露珠宝首饰有限公司(爱得康首饰)和深圳市粤豪珠宝有限公司一同展出。同时展会获得三家国内主要行业协会的大力支持，它们组织买家团莅临参观。中国珠宝玉石首饰行业协会、深圳市黄金珠宝首饰行业协会、广东省金银首饰商会、广东省黄金协会、广东省金银珠宝玉器业厂商会等国内和国际知名的行业协会和机构代表也应邀出席。

展会还组织了一系列有关最新市场趋势和行业科技发展的专题研讨会及推广活动，包括：中国黄金协会主办的"中国黄金投资峰会论坛"；世界黄金协会主办的"金饰设计潮流暨K-gold时尚业界发布会"；由亚洲博闻、中国香港钻石总会及中国钻石厂商协会联合主办，《亚洲珠宝》协办，名为"珠宝零售特许经营模式的趋势与发展"的研讨会；由美国宝石学院主办的"钻石、红宝石和玉石处理及合成之研究发展"研讨会；由中国香港钻石总会主办的"香港钻石总会简介"和"香港钻石总会鉴定中心的认证制度与发展"研讨会。

资料来源：深圳国际黄金珠宝玉石展览会[EB/OL]. (2019-05-06)[2022-03-05]. https://www.shenzhenjewelleryfair.com/zh-cn/.

思考题：此案例中有几家协会参与？它们分别发挥了什么作用？

2. 地方政府合办

随着我国经济向市场化方向的发展，以往形成的行政经济被打破，邻近地区的经济互补形成了中国经济的区域化发展趋势。为了发展区域经济，加强合作，多个省市联合主办地区性展会。有的在一个城市定期举办，如广西南宁承办的"中国—东盟博览会"，四川成都举办的"中国西部博览会"，上海地区举办的"华东地区博览会"；有的在区域内不同城市巡回举办，如在郑州、武汉、南昌等地轮流举办的一年一届的"中国中部地区博览会"等，实现了各地区利益共享、优势互补。上述展览会除华东地区博览会外均由多个省市政府支持。由政府合办的展会，市场经济特点不明显，办展的效果有待一段时间后才能显现。

小资料3-1

中国—东盟博览会

中国—东盟博览会由中国和东盟10国政府及东盟秘书处共同主办，是唯一以中国—东盟自由贸易区为主题、以促进中国与东盟国家互利合作和共同发展为宗旨的国际经贸盛会。该博览会自2004年始每年于广西南宁举办，为推动中国与东盟经贸关系的发展发挥了重要作用。

2005年，中国—东盟博览会被评为"中国十大知名品牌展会"，博览会常设机构——中国—东盟博览会秘书处荣获中国会展业特别贡献奖。

2006年,中国—东盟博览会荣获"2006年中国十大最具影响力的政府主导型展会"称号。

2007年,中国—东盟博览会获得"2007年中国十大最具影响力的国家级品牌展会"称号。

2008年,中国—东盟博览会在第六届中国会展节事财富论坛上被评为"2008年度十大会展"。

2009年,中国—东盟博览会在第七届中国会展业高峰论坛上被评为"2009年中国十大国家级品牌展会"。

2010年,中国—东盟博览会荣获"中国会展产业金手指奖·十大影响力展览会""新世纪十年·中国会展杰出典范奖""新世纪十年·中国十大品牌展会""十大经贸博览类节庆最具魅力品牌奖""2010年中国十佳展览会""2010中国十大最具国际影响力展会""2010年'中国会展之星'品牌展会,中国十大政府主导型展会""2010中国十大影响力展会"。

2011年,中国—东盟博览会在广州会展经济论坛、中国会展经济年度研讨会上荣获"2011年中国十佳品牌展会"。

2012年,中国—东盟博览会在中国会展产业论坛荣获"2011—2012年度中国十大品牌展览会";在中国会展业年度研讨会上荣获"2012中国会展业年度十佳品牌展会项目";在中国会展行业年会上荣获"2012年度中国十大影响力展览会"。

2013年,中国—东盟博览会在南京中国会展产业论坛荣获"2012年度十大影响力会展"荣誉称号;在中国会展业年度研讨会上荣获"2013年度中国十佳品牌展会项目"。

2014年,中国—东盟博览会在中国会展业年度研讨会上荣获"2014年度中国十佳品牌会展项目"。中国—东盟博览会林木展荣获国家林业和草原局、中国农林水利工会全国委员会颁发的"2014年中国林业产业突出贡献奖"。

2015年,中国—东盟博览会荣获中国会展经济研究会颁发的"2015中国会展业年度十佳品牌展会项目"。

2016年12月9日,2016中国会展业年会暨沈阳会展经济论坛在沈阳举行。会上,中国—东盟博览会荣获"2016年度中国十佳品牌展会项目"大奖,南宁国际会展中心荣获"2016年度中国会展业十佳品牌会展中心"称号。

2017年4月22日,中国会展经济研究会第十二届年会暨中国城市会展(海口)论坛在海南海口召开。会上,广西国际博览事务局局长王雷荣获"2016年度中国会展城市(会展项目)管理机构优秀人物"奖。2017年12月11日,中国会展经济研究会2017中国会展业年会暨长沙会展经济论坛在湖南长沙召开。会上,中国—东盟博览会荣获"2017年度中国十佳品牌展会项目"奖。

2018年1月15日,广西国际博览事务局局长王雷荣获《中国会展》杂志颁发的"2017

年度会展十大新闻人物"奖。东博会获得"十六届中国会展行业年会2018中国十佳品牌展览会",王雷同志获得改革开放40年中国会展风云人物。

资料来源:中国—东盟博览会官网[EB/OL]. (2018-09-05)[2022-03-05]. http://www.caexpo.org/.

中国西部国际博览会

中国西部国际博览会(简称西博会)于2000年创办,由中华人民共和国商务部、国务院西部开发领导小组办公室、国家市场监督管理总局、中国国际贸易促进委员会、中国人民对外友好协会、中华全国工商业联合会、中华全国供销合作总社七部委和四川省、重庆市、贵州省、西藏自治区、云南省、陕西省、甘肃省、宁夏回族自治区、新疆维吾尔自治区、青海省、广西壮族自治区、内蒙古自治区12省市人民政府及新疆生产建设兵团共同主办。

资料来源:中国西部国际博览会[EB/OL]. (2016-11-04)[2022-03-05]. https://baike.so.com/doc/6612423-6826215.html.

中国中部投资贸易博览会

中国中部投资贸易博览会(简称中博会)于2006年创办,经国务院批准,由中华人民共和国商务部、税务总局、工商总局、广电总局、国家旅游局、中国贸促会、全国工商联、中国工业经济联合会以及山西、安徽、江西、河南、湖北、湖南6省人民政府共同主办,由中部6省轮流举办,每年一届。通过举办中博会,搭建中部与境内外交流合作平台,形成东西互动、优势互补、相互促进、区域经济协调发展的新格局。在有关各方共同努力下,前五届中博会分别在长沙、郑州、武汉、合肥、南昌成功举办。目前,中博会已成为我国中部地区规模大、规格高、影响深远、国内比较知名的展会之一。

资料来源:中部投资贸易博览会[EB/OL]. (2019-09-23)[2022-03-05]. https://baike.so.com/doc/2200147-2327941.html.

中国华东进出口商品交易会

中国华东进出口商品交易会(简称华交会)于1991年始办,每年3月1日—5日在上海举行。华交会是中国规模最大、客商最多、辐射面最广、成交额最高的区域性国际经贸盛会。该交易会由中华人民共和国商务部支持,上海市、江苏省、浙江省、安徽省、福建省、江西省、山东省、南京市、宁波市对外经济贸易合作厅(或局)或商务厅联合主办,展品主要为服装、家用纺织品、装饰品、日用消费品等。

资料来源:华交会(中国华东进出口商品交易会)[EB/OL]. (2020-11-10)[2022-03-05]. https://baike.baidu.com/item/%E5%8D%8E%E4%BA%A4%E4%BC%9A/26427?fr=aladdin.

3. 海内外展览机构合办

由海内外展览机构合办的展会,完全以市场为导向,大多数取得较明显的成果。20世纪90年代以前,多数中国香港展览公司选择与内地的展览公司合办展会,那时香港也是内地产品进入国际市场的主要渠道。进入21世纪以来,中国加入WTO后进一步发展与开放，国外展览巨头进入中国会展市场，因对国内市场不熟悉，大部分选择与中方展览公司合办展会。海外展览机构将其办展的先进理念与先进经验带入国内，并发挥其在国外市场的招展优势，使合办的展会规模更大，专业化、国际化程度增强，国内外市场号召力提高，软、硬件服务更加优质。目前，海内外展览机构合办的展会已占据国内专业展会一定比例的市场份额。

小资料3-2

国外展览巨头进入中国

汉诺威、法兰克福、杜塞尔多夫、科隆、慕尼黑等知名展览公司因不能直接面对国内企业进行招展，以展览咨询机构的名义在华开展业务，排兵布阵。2003年CEPA会议上，我国中央政府与香港特别行政区签订协议"允许香港公司以独资形式在内地提供会展服务"。2005年1月，开始执行《设立外商投资会议展览公司暂行规定》，中国首次允许外资会展企业在国内办展招商。外资公司独立办展权的获得无疑给它们进入中国市场注入了一支兴奋剂，国外巨头凭借多年的展览经验在中国采取了联合发展模式，纷纷开始与国内会展企业开展不同程度的合作。慕尼黑将其名牌展会——国际电子展、国际新型生活方式展移植中国；法兰克福(香港)展览公司与大连国际服装展览公司共同主办中国国际毛皮时装展览会；中国国际时尚家居用品展移居上海；广州光亚展览贸易有限公司与法兰克福展览公司合办的"广州国际照明+建筑电气技术"展览会目前已经发展成为亚洲最大、世界第二的国际性品牌展；汉诺威合办"成都国际汽车展览会"等11场展会；杜塞尔多夫展览(中国)有限公司与香港雅式展览服务有限公司合作在广东东莞举办"中国东莞国际鞋展、鞋机展"；中国五金制品协会与德国科隆国际展览有限公司签订协议，约定自2006年开始，长期在中国联合主办"中国国际五金展"(CIHS)；莱比锡、斯图加特、纽伦堡、汉堡这些德国会展业第一集团之外的中型国际会展公司也相继进入中国市场，德国展览公司终于以一个完整的阵容集体亮相；纽伦堡展览公司与中国绿色食品发展中心签署合作协议，从2006年开始全面参与举办中国国际有机食品博览会；纽伦堡全球展览公司与中国贸促会及7大国内展览公司合作，在纽伦堡首次举办了亚洲消费品、礼品及家庭用品贸易展(Asia Style)；汉堡展览公司与亚洲博闻合作，并为亚洲博闻在上海举办的上海国际酒店用品展进行海外招商；中国小商品城展览有限公司与德国汉堡会展中心合办第91届汉堡家居消费品采购博览会。

此外，法国的欧西玛特，荷兰的荷雅企龙，亚洲博闻，英国的励展，美国的克劳斯、IDG，新加坡的环球万通会展、国际展览集团，意大利的米兰国际展览中心、博洛尼亚集团，日本的康格株式会社、杰科姆会展服务公司等，也都在中国会展市场跑马圈地。

资料来源：中国商务部网站[EB/OL]. (2019-09-01)[2022-03-05]. http://www.mofcom.gov.cn.

4. 国内展览机构合办

这种方式主要是指展会由不同展览公司联合举办，以市场运作为主。有的展会规模很大，但国际度不高，或者会展策划与组织水平欠缺，往往会造成展会夭折或不成功；有的外地展览公司资信较差，对参展商夸大其词，甚至有欺诈行为，这给本地展会合办公司的声誉带来不良影响。例如，在广交会期间，一些骗展者为了降低经营成本，租用了租金较低的场地。但为了骗外地参展商，就在地理概念上大做文章，拼命往广交会会馆上靠。实际上，举办展会的场所离在琶洲举行广交会二期的广州会展中心少说也有20分钟的车程，可他们却"巧"用"珠江"的概念，在宣传资料上吹嘘展会举办地与广交会二期会展中心"隔江相望""一江之隔"，还吹嘘"由乘坐展会提供的专用巴士行经华南快速干线到广交会二期会展中心只需5分钟"等，参展商直到来了以后才知受骗。

案例3-16　　"骗展"——不同的展会名称、不同的门票、不同的邀请函

"2004中国(上海)绿色交通工具展览会"(邀请函名称)于2004年6月15日—17日在上海东亚展览馆举办，由于参展商认为受骗而与展会主办方之一"上海协申展览服务有限公司"(以下简称"协申公司")发生冲突，致使一位参展商被打伤。参展商的不满主要集中在两个方面：一是原先承诺的专业展会办成了"杂烩"，展会名称与合同名称不符，合同名称为"2004中国(上海)绿色交通工具展览会"，而现场展会名称为"2004中国(上海)绿色交通工具、地铁、轻轨及智能交通展览会"。实际上，主办方针对不同的企业，用不同的展会名称招展。二是原先说的"展位供不应求"完全是谎言，参展企业太少，而且几乎没有观众。招展时，协申公司承诺参展商招展规模为500～600个展位，且非常紧缺，展位价格为5000～7000元，而这种差异非因展位优劣造成。开幕当天，仅有58家企业参展，展位只租出去一百多个。参展商深感受骗，向协申公司要求退款，双方发生冲突，致使一位参展商打伤。最终，在徐汇区政府的干预下，退款工作才得以顺利进行。

资料来源：会展业亟待根除"骗展"[EB/OL]. (2004-08-26)[2022-03-05]. http://news.sina.com.cn/c/2004-08-26/06423496873s.shtml.

思考题：选择合办展会的公司时要注意哪些问题？

(三) 合办展会的要点

合办展会如果是政府主导，因不涉及主办各方利益，各方的责、权、利不好界定，在此不做细述，这里将论述重点放在以市场运作为主的合办方式上。

1. 明确合办各方的责、权、利

合办各方的责任、权力和利益在合同中要有明确的条款规定，而且是可以操作、可以核实的。

案例3-17　　　　**合办"国际礼品展"——海外参展商的资格认定**

某年在某地举办的"国际礼品展"由香港A公司与深圳B公司合办，在合办协议条款中规定：A公司负责招海外参展商，B公司负责招国内参展商。海外与国内如何区分其资格成为合办双方讨论的焦点。

思考题：一家法国公司在上海有代表处，向B公司报名参展，是否视为国内参展商？又如A公司招展时，某香港公司报名参展，但通过其深圳分公司交费，其资格是海外参展商吗？

在案例3-17中，如果参展商资格不能按统一标准进行确认，则无法分清是哪家公司负责招展，也就无法进行责任、权力和利益的分配，那么就会直接导致双方产生纠纷。此案例中可明确规定以展品是来自境内还是境外来确定参展商是国内参展商还是海外参展商，从而明确双方责任、权力和利益。

2. 及时沟通

各方应定期沟通展会进程，通报相关信息，特别是无法落实的或正在执行的条款应及时沟通，或修改协议，或采用变通办法解决，避免造成争议或纠纷。

案例3-18　　　　**"国际塑机展"用电负荷问题**

英国某展览公司与天津某展览机构合办"国际塑料机械展"。协议规定，由天津方负责展馆内所有硬件设施，为展会提供良好的服务，英方应及时提供海外参展商对展馆水、电、气等设施的要求。在展会开幕前两个月，已到招展截止期，展馆硬件条件符合参展商的要求。但在此后，英方又招到一家海外大型塑机公司，要求租用光地180平方米，而且明确要求提供电源接口××千瓦。天津方与展馆接洽后得知，如接受这家大型塑机参展，将导致展馆安全供电能力不足。

思考题：衡量利弊，是否让这家企业参展呢？怎么处理更好呢？

此案例中，如果不同意这家参展商参展，将会失去一个重要参展商及其所带来的可观利润；如允许其参展，一是过了招展期，二是用电需求超出展馆的供电能力，设施建设短期内也无法改变。最终，经合办机构双方沟通协商，允许此参展商参展，展馆采用分区分时段供电的方式解决供电不足的问题。

通过案例，我们需要明确一个理念：合作双方在展会进程中要定期沟通，及时解决展会过程中出现的问题。

3. 严格履约

协议或合同一经签署，各方均应严格履约，信守协议或合同。如有争议，应双方协商，协商不成，有错一方应稍作让步。

案例3-19　　合办"国际光学仪器展览会"的租馆争议问题

香港某展览机构与天津某机构合办"国际光学仪器展览会",原定会议地点为天津大礼堂。由于天津市政府在此开会,时间冲突,因此天津方提出更换地点到二宫,但香港方不同意。

思考题:案例中的问题应如何解决?

天津方更改展会地点,为有错一方,可在展位价格等方面做出让步,以保证展览会顺利举办。

4. 利益分配合理

展览机构合办展会涉及合办双方的利益分配问题,这就要求拟定展会合作协议时尽量考虑双方利益,条款要精细、严谨。拟定协议的总原则是:以标准展位为单位进行分成,按劳分配,费用各自承担。

1) 多劳多得,难劳多得

合办一方承担较多的责任,如一方负责展会的运营及部分招展工作,则应多分享利益,另一方则少分享利益。合办一方承担任务较难,如合办一方负责国外招展,招展成本较高,工作难度也大,应多分享利益;另一方负责国内事务,成本较低,难度相对较小,应少分享利益。

案例3-20　　合办"国际水利设施展览会"展位收入的分配方法

中国香港某公司与天津某公司在津合办"水利机械展",国外工作全部由香港某公司负责,国内工作包括租馆等展会运营均由天津某公司负责。由于国外招展难度大,国内招展相对简单,双方商定,国外展位收入香港公司分成70%,天津公司分成30%;国内事务涉及招展、租馆等展会运营事宜,展位收入全部归天津公司所有,香港公司不参与分成。

2) 分成比例确定

一般利益的计算以标准展位为单位,双方规定分成比例,进行合理分成,而费用各自承担;展位费以外的收益(如会中会、展商的佣金、广告收入等)由双方另行商定分成比例。

案例3-21　　合办"国际食品展览会"中的广告收入纠纷

香港某展览机构与天津某机构合办"国际食品展览会",合同规定广告收入合理分成。参展商委托天津该机构在天津发行量大的报纸上做广告宣传,并把广告费用汇入天津该机构账户,由天津该机构向报社支付广告费用。但对广告收入分成时,香港方不相信报社收取的广告费用占到全部广告费用的85%,认为自身分得的利益太少。

提示:此案例中,天津某机构接受的仅是代缴广告费用,收取一定的手续费,合同中应对广告收入的界定有明确规定。

各方在进行利益分配时,一般不采用总收入减去总成本后将所得毛利进行分成的办法。因为合作各方在展会招展、宣传过程中的成本不易控制和核实,除非双方事先经过精密测算,采用费用定额的办法;或者双方同意为展览开设专用账户,采取共同监管的办法。但这些办法太复杂,因此实际合办展览时很少采用。例如,香港某公司与内地××展览公司合办展览,合办协议中关于利润分配决定采用以下办法:"展位收入和其他收入作为总收入,招展招商和展览实施阶段的所有支出作为总支出,总收入减去总支出即为展览利润,港方与内地方按6∶4分成。"但在实际执行中,招展招商所产生的费用无法一一核实,特别是差旅费,双方差异更大。这一方式造成双方在结算时产生争议,导致双方的合作不欢而散。

三、承办单位

承办单位是指展览主题由主办方确定,受主办方授权或委托,双方签订明确的承办协议书,按照承办协议的相关条款,处理展览的具体事务的单位。承办单位应承担相关责任,并收取一定的承办费用。承办单位一般是展览公司或具有承办展览功能的中介机构,其工作涉及展览各个方面。

根据承办内容的多少与难易程度的不同,承办可分为不同的方式。

(一) 深度承办

深度承办是指承办单位受主办方授权或委托,双方签订明确的承办协议,需根据主办方的要求和总体思路,具体负责展览会的前期、中期、后期阶段的全部展会运营,承办内容最为繁杂。如某政府部门为了支持当地的现代服务业,创造更多的经济增长点,创造新的就业机会,策划了一个新的展览题目"文化创意产业展览会"。由于政府部门对会展运作不了解,而且也不便于具体操作经济事务,于是决定选择一家会展公司承办展览的具体事务。那么会展公司承办这一类展览,可称为"深度承办"或"紧密型承办",即除了展览题目的立项和总体思路由政府部门决定,其他方方面面的工作均需要这家会展公司去运作。因筹办会展工作量大,任务重,主办方要求高,会展公司必须投入相当的力量,才可能达到预定目标。

承办展览具有特别的优势:一是政府掌握许多资源可供利用,对招展、招商有力,也可充分利用当地媒体,对利益各方的协调较为方便,商务成本较低且可控,即使有超预算支出,主办方也会买单;二是投入产出有保证,政府的财政支持可作为筹展前期的资金来使用,而且这样的展会大多可以办成,一般不会夭折或无疾而终。

1. 承办单位的责任

(1) 市场调研和项目分析；

(2) 策划展览工作方案(包括展览和会中会两部分)；

(3) 设计一份切实可行的财务预算；

(4) 由政府出面宣传造势，大力开展招展、招商工作；

(5) 与展馆联络，协助主办方签订租赁合同；

(6) 委托展览服务商(分别负责展台搭建、展品运输和商务旅游)；

(7) 以政府名义邀请出席高层论坛和开幕式的贵宾(包括海外)，组织专业观众；

(8) 编印会刊、参观票和工作证；

(9) 负责实施展览和会中会的会场布置；

(10) 协助主办方举行开幕式和高层论坛。

2. 承办展览会注意事项

1) 明确主办方的责任

(1) 本地招展任务的落实；

(2) 由始至终宣传造势；

(3) 展会安保；

(4) 组织高层论坛和开幕式等礼宾活动。

2) 严格控制成本核算

(1) 前期宣传费用由主办方支付；

(2) 参展费用应汇入承办方账户；

(3) 展馆租金由承办方从参展收入中支付；

(4) 开幕式、高层论坛、接待费用应由主办方负担；

(5) 安保费用根据双方约定支付。

(二) 常规性承办

主办方对展览业务熟悉，招展招商、展览会的运行管理、财务收支均由主办方负责，需要承办方承办的事情不多，承办方应承担的风险也小。只要承办方把握好承办事宜的进度和费用，一般不会出问题。这种承办方式的业务内容有如下几方面。

(1) 与展馆联系，落实租用展馆的时间、面积和报价，最终由主办方与展馆订立租馆协议；

(2) 与当地公安部门联系，落实安保事宜及费用，由主办方支付；

(3) 协助主办方实施展览，负责参展商的报到、展品进展馆和站台的搭建等工作；

(4) 为外地参展商提供住宿、交通和预订返程车票(机票)等服务；

(5) 主办方委托的其他事宜。

采用这种承办方式,主办方应在展览开幕前向承办方支付80%的承办费用,并在展览结束后支付剩余的承办费。一般看来,这种承办方式下承办方的收益不会很大。

案例3-22

中国造纸工业协会在天津举办"国际造纸工业展览会"。因为造纸工业协会对展览业十分了解,在北京、上海均办过同类展览,所以在天津办展,仅委托天津贸促会协助联系展馆、公安、当地领导出席开幕式。其他重要事宜如招展、组织专业观众、举办会中会等均由协会全面负责,承办方仅给予必要的协助和协调即可。

思考题: 在此案例中,天津贸促会的承办属于哪种承办方式?这种承办方式与深度承办相比有哪些特点?

(三) 合作性承办

国外展览公司在中国举办展览,由于对中国办展环境不太了解,又想要节省成本,往往会在中国寻找本土展览机构来合作承办,即为合作性承办。之所以采用这种承办方式,是因为有许多事务性工作需承办方去运作。通常,这种承办方式的业务内容有如下几方面。

(1) 对展览主题所涉及的中国市场需求提供咨询意见;

(2) 与相关政府部门进行沟通与联络;

(3) 根据中国有关展览的规定,向政府有关部门提出展览申报并获得批准,向公安部门提出展览的安保申请;

(4) 与展馆洽谈展览相关事宜(时间、面积、报价),由主办方与展馆订立租馆协议,如主办方委托承办方与展馆订约,则必须保证租馆订金提前到账;

(5) 为国外展商办理来华展览的签证邀请函;

(6) 协助主办方邀请专业观众和特定嘉宾,具体方式有通过专业媒体广告宣传和通过邀请函特别邀请;

(7) 协助主办方筹办展览,具体事宜包括参展商报到、展品进场、展台搭建,以及协调与展馆、公安、海关和相关政府部门的关系;

(8) 中方参展商的参展手续一般由承办方负责,参展费用也由参展方收取,并按双方约定,向主办方支付一定比例的分摊费用;

(9) 为海外参展商提供可选择的地面服务(代订酒店、租车、旅游等);

(10) 为海外参展商在展期中提供代租(展具)、代购(物品)、代雇(工人、译员、操作工、讲解员等)服务。

财务分析: 这种承办方式是典型的国际展览承办方式,收益较好、风险小,但要求很高,承办方要严谨应对,提供高效服务,同时要求主办方在展览开幕前付清协议所列承办费。

(四) 简单承办

有些大企业单独举办促销活动,经常委托中介组织(协会、广告公司、展览公司等)承办相关事宜。这种承办方式较为简单,规模较小。通常,这种承办方式的业务内容有如下几个方面。

(1) 选择合适的展示场馆,如展览中心、大型商场、会议中心等面积在1000m^2以下的公众场所;

(2) 宣传造势,组织群众,吸引更多的人流,聚集人气;

(3) 做好安保工作,防止人多拥挤导致踩踏事故;

(4) 协助当地质量检查、知识产权、新闻等相关机构做好工作。

财务分析:大企业促销活动投入较大,承办方只要服务到位,能够取得较好收益。当然,这些企业要求甚高,对服务十分挑剔,承办方要十分注意细节。

案例3-23　　　　　　　**索尼公司的"多媒体展示会"**

在20世纪90年代初,国内对多媒体知之甚少。索尼公司在天津举办"多媒体展示会",负担租用展馆、邀请广电系统客户和展示现场的各项服务所需费用,只需承办方天津××公司负责联系安保、宣传和场馆等事宜。

思考题:天津××公司属于哪种承办?与常规性承办相比有哪些区别?

四、支持单位

案例3-24　　　　　　　**2022第五届北京餐饮采购展览会**

2022第五届北京餐饮采购展览会以采购诚信好产品为主题,为企业搭建以交友、学习、交流、宣传、销售为目的的平台,专注经销、订货、电商、创新、论坛及烹饪大赛,依托主办单位专业客户资源,立足北京,覆盖全国餐饮行业。

主办单位:

北京箸福展览有限公司

北京市中华厨艺研究会

华餐会-世界餐饮企业家俱乐部

中国烹饪大师名厨俱乐部

承办单位:

山东思创国际会展有限公司

特邀支持单位：

北京超市供应企业协会

北京冷冻冷藏食品经销商协会

资料来源：2022第五届北京餐饮采购展暨北京火锅及烧烤产业展[EB/OL]. (2022-04-01)[2022-04-25]. https://www.sohu.com/a/536953438_120828109.

思考题：支持单位的作用是什么？

支持单位是指对会展主办或承办单位的会展策划、组织、操作与管理，或者是招展、招商、宣传推广等工作起支持作用的办展单位。支持单位不承担展览经济上的责任，对展览只是名义上的支持，支持单位的设立主要有利于提高展览的档次与规格。

五、发起或倡导单位

案例3-25　　　　　　　　　　　**PECC国际博览会**

太平洋经济合作理事会(Pacific Economic Cooperation Council，PECC)是由太平洋区域的国家和地区的政府、工商企业界和学术界三方人士所组成的非政府间国际组织。1999年，由PECC倡导，唯一授权中国举办PECC国际博览会，并将天津作为永久举办地，每两年举办一次。倡导与主持单位为太平洋经济合作理事会(PECC)，主办单位是中华人民共和国商务部、天津市人民政府和与主题相关的国家某部委。例如，第四届PECC国际博览会主题是"人文、个性、和谐——现代城市建设与发展"，主办单位是中华人民共和国商务部、中华人民共和国建设部和天津市人民政府；第五届PECC国际博览会主题是"国际港口与现代物流"，主办单位是中华人民共和国商务部、中华人民共和国交通运输部和天津市人民政府；第六届PECC国际博览会主题是"设计未来——在自然与和谐中享受生活"，主办单位是中华人民共和国商务部、住房和城乡建设部、科学技术部和天津市人民政府。

资料来源：津洽会[EB/OL]. (2019-08-29)[2022-03-05]. https://baike.baidu.com/item/%E6%B4%A5%E6%B4%BD%E4%BC%9A/4617119?fr=aladdin.

发起或倡导单位，是一些规格(级别)很高的单位(组织)，本身不可以从事经济活动或商务活动，只对某个主题的展览表示倡导，并不承担实质性工作，也不承担展览经济责任。

六、协办单位

协办单位是协助主办单位和承办单位负责展会的部分策划、组织、操作与管理,承担部分招展、招商和宣传推广工作的办展单位。协办单位一般不承担财务责任,在实际操作中,较为常见的是承担部分招展、招商和宣传推广工作,对主办单位或承办单位的工作起协助作用。例如,有些行业协会、研究机构和政府主管部门等。尽管协助单位对展会不承担主要责任,但它们的作用往往是主办单位或承办单位所不具有的,但又是展会所必需的,不可小觑。在展会策划中,选择协办单位就是为了弥补主办单位(或者承办单位)的不足,加强主办单位(或者承办单位)的薄弱环节。

案例3-26　**第八届中国(上海)国际电池产业展览会暨技术交流会**

主办单位:中国电子学会、中国电子商会电源专业委员会、上海市通信制造业行业协会、中国香港扩展国际展览有限公司、上海国际广告展览有限公司

承办单位:上海扩展展览服务有限公司

协办单位:中国电子商会电源专业委员会

　　　　　电池电源系统工作委员会

　　　　　韩国电池协会

　　　　　国际锂电池协会

　　　　　中国台湾电池协会

海外协办单位:电池(组)制造商协会(IBMA)

　　　　　　　英国电池制造商协会(BBMA)

　　　　　　　欧洲轻便电池协会(EPBA)

　　　　　　　欧洲蓄电池制造商协会(UROBAT)

资料来源:中国国际电池技术交流会/展览会官网[EB/OL]. (2019-09-03)[2022-03-05]. http://www.cibf.org.cn/.

思考题: 协办单位的作用是什么?

提示: 有利于招展等工作的开展。

主办单位和承办单位是较为重要的核心办展机构,也是举办展会必不可少的办展机构;合办单位、发起或倡导单位、协办单位和支持单位对展会来说不是必不可少的,它们的设立与否往往要结合主办单位和承办单位的实际能力,并视展会的实际需要来决定。

在选择办展机构时,要处理好展览主题所在产业的政府主管部门和行业协会的关系,要与全国及海外在该产业有较大影响的机构建立合作伙伴或者招展组团代理的关系,并要与该行业各大专业媒体和社会公众媒体搞好关系。这些单位的支持不仅有利于提高展会的档次、规格和权威性,扩大展会的影响力,吸引媒体的关注,便于展开新闻宣传,还能提高展会的行业号召力,有利于展会组织目标客户参展和邀请目标买家参观。另外,它们还

能提示行业的发展状况和趋势，有效地形成展会品牌效应。

第四节 办展目标策划

办展目标策划即展会的目标定位，旨在说明展会期望的最终结果，明确将要完成什么任务。目标应包含5个要素：第一，目标必须明确，它必须准确地列出要完成的工作是什么；第二，目标是可测量的，这样才能评估它的生存能力和生产能力；第三，目标必须是可达成的，即它能在一段合理的时间内以合理的成本完成；第四，目标必须是现实的，即能以可利用的人力和财力来实现；第五，每一个目标必须有时间限制，必须规定一个截止点——完成日期。从主办单位的角度来说，举办一次具体的会展活动，其目标也是有层次的，具体包括以下三个层次。

一、基本目标

基本目标是展会必须达到的目标，又称微观目标，具体包括以下三个方面。
(1) 为参展商和观众提供良好的信息交流、商贸洽谈的平台及安全的环境；
(2) 通过出租展位、提供配套服务和售卖门票获得一定的经济收益；
(3) 在会议现场展示实物，将会议的听觉效果和展会的视觉效果结合起来，使会议效果倍增。

二、宏观目标

宏观目标即从较为广阔和较为深远的视角确定的目标，具体包括以下两方面。
(1) 显示本国、本地区或本单位的经济实力、科技成果、环境条件和发展前景，以招商引资，促进本地区的经济发展；
(2) 通过展示历史文化、先进事迹、反面案例等，弘扬民族精神，倡导社会道德，普及科学知识，教育、感化、鼓舞、鞭策观众。

三、战略目标

战略目标即主办方从企业的长远发展出发所制定的市场竞争目标，具体包括以下两方面。
(1) 加强同参展商和观众的沟通和联系，建立诚信合作体系，不断吸收新成员，扩大展会的影响力；

(2) 不断提高展览品位，努力打造知名品牌。

展会目标的三个层次是相互联系的，但在具体策划和实施时，可以根据展会的性质侧重于某一方面。

案例3-27　　　　第11届亚太兰花大会暨第21届中国兰花博览会办展目标

第11届亚太兰花大会暨第21届中国兰花博览会由重庆市人民政府和中国花卉协会主办，于3月20—24日在重庆国际会议展览中心举办。展会主题为"兰花聚巴渝 沁香飘世界"。办展目标是以"展示、交流、观摩、合作"为宗旨，充分展示亚洲太平洋地区国家(地区)的兰花资源，广泛开展兰花信息交流，推动我国兰花产业的国际化进程，促进中外兰花文化的交流与发展，把亚太兰花大会、中国兰花博览会办成规模大、创意新、影响广、效益佳，具有国际影响的兰花盛会。

资料来源：2012第11届亚太兰花大会暨第21届中国兰花博览会[EB/OL]. (2015-10-15)[2022-03-04]. https://baike.baidu.com/item/2012%E7%AC%AC11%E5%B1%8A%E4%BA%9A%E5%A4%AA%E5%85%B0%E8%8A%B1%E5%A4%A7%E4%BC%9A%E6%9A%A8%E7%AC%AC21%E5%B1%8A%E4%B8%AD%E5%9B%BD%E5%85%B0%E8%8A%B1%E5%8D%9A%E8%A7%88%E4%BC%9A/5320054?fr=aladdin.

思考题：第11届亚太兰花大会暨第21届中国兰花博览会的办展目标有哪几层？

第五节　展会规模策划

国际上一般依据展览面积划分展会规模。如汽车展览会，国际公认大型规模的展览面积为10万平方米左右。国内习惯用标准展位数衡量展会规模。一般而言，大型展会的展位数应在1000个以上，中型展会的展位数应为500～1000个，小型展会的展位数则在500个以下。因行业不同，展会的规模标准不甚相同。如航空展会因其展品规格大，所用展览面积自然较大；而珠宝展会因其展品玲珑，所用展览面积自然较小。具体来说，展会规模可从以下角度进行划分。

一、从区域角度分

从区域角度划分，展会可分为国际展览会、全国(国家)展览会、地区展览会和独展。

(一) 国际展览会

国际展览局在其公约中规定：国际展览会是指有两个或两个以上的国家和地区的厂商

参加的展览会。全球会展业协会(UFI，原国际展览协会)则提出一些硬性指标规定，如直接或间接外国参展商数量不少于总数量的20%、直接或间接外国参展商的展出净面积比例不少于总展出净面积的20%、外国观众数量不少于总观众数量的4%，才能称为国际展览会。境外展品须向海关申报并在展览会闭幕后向海关办理结关手续。随着经济全球化，商品的国别、产地也不再那么清晰，但从关税角度鉴别，还是可以理清的。

为什么要主办国际展览会？对展览会的主办方和举办城市来讲，有多种考量：一是可以提升知名度，即所谓的名片效应；二是能够带来较好的经济收益；三是国际同类企业、同类产品同场展出，有利于技术服务和款式方面的借鉴和提高；四是国际展览会可促进信息、资本和人才的交流和合作；五是可以吸引专业观众；六是可以提高展览从业人员的办展能力。

(二) 全国(国家)展览会

这类展会的特点是有一定影响力；参展商来自全国各地；展会主办单位是国家政府部门或全国性行业协会；观众来自全国主要省市。例如，在上海举办的中国现当代艺术展，在昆明举办的全国发明展览会。

(三) 地区展览会

这类展会的特点是影响力较小，展会主办者是地区政府或地区行业协会，或者展览公司，观众和参展商也以本地为主。例如，天津年货购物展、天津春季房交会、天津电子展览会暨环渤海电子周等。

(四) 独展

独展是指单个公司的独家展。它的特点是展会主办者为某公司，观众为专业观众，产品均为本公司产品。例如，某品牌时装发布会、某公司订货会等。

二、从定量角度分

(一) 展览面积

展览面积是反映展览会规模的直观指标。展览面积有实际使用面积和毛面积之分。实际使用面积是展会所有展位实际占用面积的总和，即可以供参展商单独使用的展览面积，包括所有标准展位和光地面积，不包括通道和展馆附属设施，也称净面积。净面积的大小反映了展览会的实际规模，据此也可估算展览收入。毛面积指展览会的总面积，包括实际使用面积加上展会通道、空地等面积，即展会组织者向展馆租用的全部面积。有的展馆出租展位以毛面积计租，每天每平方米的租金与毛面积的乘积即为一天的馆租。展览面积还有室内展览面积和室外展览面积之分。

(二) 参展单位数量

参展单位数量是指占用一定展位面积的参展企业的数量。参展单位可能是企业、行业协会、媒体、研究机构和其他单位等。在策划展会的过程中，需要对展出面积做出预测，预测根据就是可能招到的参展单位的数量与质量，在具体实行时也要尽量保证这些参展单位的数量与质量，因为只有保证了足够数量的参展单位才能使原先规划的展馆面积有意义。在某些情况下，部分参展单位是免交租金的，而那些向办展机构交付租金的参展单位才是展会最有价值的部分。

(三) 观众的数量

展会观众有专业观众和一般观众之分。专业观众是指那些与展会题材相关的、来自企事业单位的、有一定经营目的的人士；一般观众是指那些基本是为个人和家庭而参观会展的普通大众。专业观众往往能为参展企业带来大量的订单；而一般观众只是零星购买和参观。因此，对于专业展会来说，保证专业观众的数量是办展机构努力追求的目标，也是展会能够持续发展的基本保证。

展会规模受到展览题材所在产业的规模、市场容量和发展程度的制约。对于一个规模、容量都有限的产业来说，在该产业里举办展会，展会规模不会很大；而对一个发展前景十分有限的产业来说，要想举办大规模展会基本是不可能的。

展会的展览面积、参展商数量应与观众数量及质量相结合，如果盲目追求展览面积及参展数量，而忽略了观众数量和质量，就会造成"有人搭台唱戏而无人喝彩"或即使有一定观众数量，也无人下订单的尴尬局面。因此，展会的展览面积和参展商数量必须与可能的观众数量和质量相适应，不能贪大求全。

展会规模的大小还受到办展机构的办展策略的制约。例如，有的办展机构为了保证展会的档次和质量，采用"卖方市场"的办展策略，对参展商实施严格的"展会准入"审查，始终将展会规模限制在市场实际需求的规模以下。这样，就总有一些企业因拿不到展位而不能参展，使展位始终处于供不应求的状态，展会规模必然会受到一定的人为限制；而有的办展机构采用"买方市场"的办展策略，对参展企业来者不拒，从而扩大了展会的参展规模。

第六节 展品范围策划

展品范围是指计划在展会上展出的展览题材的范围。办展机构在策划展会过程中的一项关键任务是有效地界定展品范围，并将其清晰地呈现给参展商和观众。展品范围直接决定着展会将要展出什么商品、设备和技术，间接决定着展会的参展企业和观众范围，也影响着展会的长远发展。

在进行展品范围策划时，要依据会展产业链理论，从产业链的上游、中游、下游进行整体性思考。同时，展品范围要根据展会的定位、办展机构的优劣势和其他多种因素来综合确定。

一、与展会目标一致

展会展示的商品种类应与展会目标相一致，并且能够体现展会目标。如果不能体现展会目标，所展示的商品就没有意义，甚至会使展会目标发生偏离或破坏展会的专业性。例如，中国国际建筑装饰博览会秉承"为买家提供一个完整的采购平台，为参展商创造更多进入国际和国内分销市场机会"的办展理念，展会目标是将自身打造成为"全球最具影响力的建筑装饰行业盛会"。它的展品范围则包括建筑装饰行业的所有商品，涉及卫浴/厨房、建筑装饰五金、自动门及门控五金、玻璃、天花板、幕墙、墙纸及室内装饰、涂料、化学建材、陶瓷及石材、楼梯及各种地面铺装材料等。如果把"建筑机械设备"划入展品范围，则违背了展会目标，破坏了展会的专业性。

二、根据展会定位策划展品范围

展会定位就是要清晰地告诉参展企业和观众本展会"是什么"和"有什么"。具体地说，展会定位就是办展机构根据自身的资源条件和市场竞争状况，通过建立和发展展会的差异化竞争优势，使展会在参展企业和观众的心目中形成一个鲜明而独特的印象的过程。

根据展会定位，展品范围可以包括一个或者几个产业，也可以是一个产业中的一个或几个产品大类。例如，德国汉诺威工业博览会的定位是全球规模最大的国际工业盛会，其展出范围涉及工业领域的所有产业；德国法兰克福国际汽车展览会的展品范围涉及的产业就很少，仅汽车产业一个。

三、根据办展机构的优劣势策划展品范围

办展机构的优劣势也是策划展品范围时需要考虑的一个重要因素。展品范围的策划与确定是一项非常专业的工作。一般来说，每一个办展机构都有一些熟悉和擅长的产业，也有一些不了解的产业，每个办展机构都希望在擅长的产业领域选择展会题材，这样才能在确定展品范围和分类、挖掘展会题材及提供相关服务等方面游刃有余，成功举办展会的可能性也要大得多。如果对某一产业缺乏了解，那么确定展品范围则成为一项非常困难的工

作，最好请对该行业有相当了解的专业人士帮助，或向他们咨询。

第七节 财务预算策划

会展财务预算是对展会举办期间所需要的经费和预期收入进行的初步预算。它根据每项活动的签约商和供应商提供的准确报价形成，用来核算预期的收入和支出，并根据调研数据来保证每项支出记录在案。会展财务预算提供了展会筹备活动中费用支出的原则，从而确保各项财务支出充足、合理和高效。

一、会展收入预算

展会的性质、类型不同，收入的来源也不同。随着会展经济的迅速发展，会展经营开始趋向于市场化，越来越多的专业会展公司承担起各行各业展会的策划、组织和举办。会展规模有大有小，小型展会收入少，收入来源比较单一；而大型展会的收入来源通常比较多元化，主要有以下几种。

(一) 展位费收入

展位费收入是指向参展商收取的展位费及其他各项服务费的收入，包括国际展商的租金和国内展商的租金。展会不同，参展商性质不同，展位所在位置不同，展位类型不同(标准展位还是光地)，展位费收入也不同。例如，有的展馆标准展位销售价格为5000元，而有的展馆标准展位销售价格为8000元。国际展商与国内展商租金也不同，但总体来看，光地价格一般要低于标准展位价格；重要位置如"金角"与"银角"的展位价格要高于一般展位价格。例如，有的室内特装空地(空地不含任何展具，展商自行设计)的展位价格为680元/平方米；室外光地的展位价格为480元/平方米。

> **小资料3-3**　　　　　　　　　　　　展位类型
>
> **1. 标准展位**
>
> 标准展位(standard booth)习惯上称标准摊位，面积为9平方米，即宽3米、长3米的展出场地。三面用围板搭建，围板高2.5米，前面开口，楣板上标注参展商的名称及展位编号，展位内有一张咨询桌、两把椅子、一个电源插座、一个纸篓，还有两只照明灯具(射灯或管灯)，地面上铺地毯。
>
> 参展商可以选择订租一个标准展位，也可以订租两个或多个标准展位，展出时在展位

台展示产品、提供服务和进行洽谈。

2. 光地

光地(raw space)不带任何展台设施,即没有展板,也没有桌、椅、灯,由参展商自行设计及搭建,在展览闭幕时自行拆除。光地的定租面积一般在36平方米以上,或由主办方划定展区,面积有180平方米、360平方米,供参展商选租,展位搭建完成后,称其为特装展位。

案例3-28 　　　　　　　　　　　**某展会的展位费**

1. 标准展位

国内企业：5800元/个

三资企业：7200元/个

国外企业：1200美元/个

注：3米×3米标准展位设施配备：三面铝合金围板,两只射灯,两把折椅,一张问询桌和一个220V/500W的电源插座,楣板上标注公司名称。如需双面开口,展位费加收10%。

2. 2米×3米展位

国内企业：4200元/个

三资企业：5600元/个

国外企业：900美元/个

3. 光地

国内企业：620元/平方米

三资企业：720元/平方米

国外企业：150美元/平方米

注：最小租用面积为36平方米,光地不含任何展览设施。

拥有"中国名牌""中国驰名商标"荣誉的企业展位费可优惠20%,拥有"省级名牌""省市级著名商标"荣誉的企业的展位费可优惠10%。

(二) 门票收入

门票收入包括展会、技术交流会、研讨会、表演等门票的收入。例如,汽车展、招聘会、一些展销会、文博会以及会中会等均收取门票费用。

(三) 广告和企业赞助收入

一些大型展会活动由于意义重大、影响深远、知名高度、人气旺盛,不仅吸引了大量知名参展企业和专业观众,而且吸引相关媒体争相报道。行业内企业、行业内专业人士以及社会各界的集中关注,可提升展会的品牌价值,使自身品牌成为无形资产,也为参展企业加强企业新技术、新产品宣传推广提供了绝佳机会。

办展机构可通过广告和赞助等方式帮助企业提高知名度。

1. 展会本身的广告资源

(1) 证件广告；

(2) 入场券广告；

(3) 会刊广告；

(4) 现场广告，包括充气拱门、气球、条幅等；

(5) 各种手提袋广告；

(6) 专用信封、信纸广告；

(7) 媒体广告；

(8) 以收费的方式招揽参展商参加讲座；

(9) 其他形式的广告资源；

(10) 向参展商征收自带特殊广告宣传品(如充气拱门、气球、气模等)的管理费。

2. 企业赞助

企业赞助是指企业通过展会活动的名称、会徽、会旗、会歌、口号、吉祥物等资源，对展会进行资助。企业赞助有如下几种形式。

(1) 商品、商品包装或者容器；

(2) 商品交易文书；

(3) 服务项目；

(4) 宣传、商业展览、营业性演出以及其他商业活动；

(5) 展会活动指定使用的商品；

(6) 销售、进口和出口含有展会活动标志的商品；

(7) 制造或销售展会活动的标志。

案例3-29　第二届义乌自行车/休闲车/电动车/摩托车及配件用品交易会

1. 展会现场广告与收费

(1) 空飘气球：2000元/个

(2) 彩旗：25 000元/600幅

(3) 展馆前面3米×6米钢架喷绘广告：4000元/个

(4) 采购商参观证背面广告：5000元/万张

(5) 展馆序厅进口处上方3.1米×13米喷绘广告：12 000元/块。(共左右两块)

2. 印刷品广告与收费

(1) 会刊广告(会刊尺寸：130毫米×210毫米，如需做彩页，请在展位固定前20天内提供)：

◆ 封面：20 000元　　◆ 封底：18 000元

- ◆ 封底一：10 000元　　◆ 封底二：8000元
- ◆ 封二：15 000元　◆ 封三：12 000元
- ◆ 彩色整版：6000元　　◆ 黑白整版：3000元
- ◆ 邀请函：8000元/万张　◆ 入场券：3000元/万张

(邀请函、入场券20 000张起印)

(2) 礼品袋：25 000元/万只 (规格：高34.9厘米，宽10厘米，长25厘米)

3. 协办单位(每家50 000元)

(1) 展会宣传资料均署名为协办单位。

(2) 企业负责人应邀出席展会期间相关活动(剪彩、合影)。

(3) 赠展会标准展位4个。

(4) 免费提供展会会刊2P彩色广告版。

(5) 赠展会现场空飘气球1个。

(6) 提供展会门前广告牌1个(尺寸：3米×6米的钢架)。

(7) 赠送花篮1个。

(四) 其他相关收入

除以上主要收入，展会收入还有推荐参展商和观众入住酒店的佣金、展会管理费、会刊销售收入等。

二、会展支出费用预算

会展支出费用预算即举办一次展会活动所需支付的各项费用总和的预算，主要由以下几个方面组成。

(一) 展览场地费

展览场地费即租用展览场地以及由此而产生的各种费用，包括展览场地的租金、展馆空调费、展位特装费、标准展位搭建费、展馆地毯及铺设地毯的费用、展位装修费、加班费、安保费用等。展览业主通常有下列设备可供租赁：布展支架、视听设备、多媒体设备、装饰用品、小型搬运工具等。

参展商租借场地时要弄清楚场内哪些设施已经包含在场地费中，哪些设施需要另外收费。此外，要确认场外停车是否免费。

(二) 装饰费

装饰费即会场和展馆以内及周边环境的装饰费用，包括制作会标、会徽、吉祥物，购买或租借花卉、彩旗和气球等的费用。

(三) 会展宣传推广费

会展宣传推广费主要是展会宣传推广活动中支出的费用，如广告费、新闻发布会、展会资料(包括会刊、邀请函、工作证等)设计和印刷费、资料邮寄费等。

(四) 招商代理费用

招商代理费用包括国外代理租金、国内代理租金等。

(五) 开/闭幕式和酒会的费用

该项费用包括相关演出、仪式和采购等支出。

(六) 合办单位分成费用

该项费用根据协议支出。

(七) 差旅费

差旅费主要包括如下几项。

(1) 主办方邀请并承担的与会者(包括特邀嘉宾)赴会、赴展的差旅费，参观游览所需要的交通费、食宿费等；

(2) 展览期间的茶水、毛巾及相关服务费用；

(3) 茶歇时间的点心、饮料费用；

(4) 主办方会展工作人员所需的交通费和食宿费。

(八) 工作人员费用

工作人员费用是指展会从筹备到举办过程中，专职工作人员如项目经理、招展人员、招商人员等的花费。

(九) 人工费

人工费包括演讲嘉宾的酬金、专家的咨询费用或鉴定费、临时借用人员的报酬、特殊情况下发给与会者的补贴。

(十) 管理费用

管理费用是指为管理和组织展会而发生的各项费用。如业务招待费、培训费等。

(十一) 观光娱乐费

有些展览活动为了吸引参展商和客户，会安排一些观光娱乐活动。这部分费用一般是由参展商和客户自己承担，主办方主要承担演讲嘉宾、特邀嘉宾的费用。

(十二) 杂费

杂费是指举办展会过程中一些临时性安排产生的费用，包括打印、临时运输及装卸、纪念品、模特与礼仪服务、临时道具、传真及其他通信、快递服务、临时保障、翻译与向导、临时商务用车、汇兑等。杂费很难准确预算，通常可以在会务费用预算中增列不可预见费用作机动处理。

(十三) 税收

税收是指按有关规定缴纳的税费。

(十四) 不可预计费

不可预计费主要是指一些无法预见的临时性支出。

三、会展项目毛利

总收入减去总支出，即为毛利。表3-2为展会初步的财务预算。完成展会的财务预算后，我们就可以初步了解举办该展会的费用、收入和利润大约是多少并进行相应调整。例如，我们发现在各项费用中，展会宣传推广费用所占的比例较大，则可以对这一项费用支出进行调整。

表3-2 展会初步的财务预算

类别	项目	金额/万元	占总收入或总支出的比例/%
收入	展位费收入		
	门票收入		
	广告和企业赞助		
	其他相关收入		
	总收入		
支出	展览场地费		
	安保费用		
	展会宣传推广费		
	装饰费		
	招商代理费		
	开/闭幕式和酒会费		
	合办单位分成费		
	差旅费		
	工作人员费		
	人工费		
	管理费		
	观光娱乐费		
	杂费		

(续表)

类别	项目	金额/万元	占总收入或总支出的比例/%
支出	税费		
支出	不可预见费		
支出	总成本		
	利润		

第八节 会展时间进度策划

会展时间进度策划是指根据展会确定的工作任务和工作任务标准,在项目总体时间允许的情况下周密规划、统筹安排从会展策划到会展举办过程中的各项活动,以保证项目目标的实现。会展时间进度包括筹备阶段、招展招商阶段、会展现场实施阶段、总结阶段。有质量地完成一个会展项目的策划、实施、方案评估,一般需要两年以上的时间。主持策划工作的负责人应熟悉会展业务,并具备相应的专业知识。

一、筹备阶段

会展筹备阶段大致需要一年的时间,筹备阶段需完成如下工作。

1. 市场调查

市场调查的内容包括环境分析、确定展览题材、提出展会构想、进行可行性分析与研究。

市场是瞬息万变的,而市场调查作为一种管理工具,能够帮助会展企业在整个策划过程中了解市场环境、产业和市场现状与发展趋势等有关信息,从而把握有利于企业自身发展的市场机会。会展企业在市场调查与风险评估的基础上,根据自身办展条件与可用资源确定可行性,提出会展项目的可行性研究报告。报告一般由"项目背景""行业趋势""市场态势""展览会预期""经济效益分析""主要风险预估"和"结论"等内容构成。如"结论"意见为项目可行,还应提出"操作建议"。

会展项目可行性研究报告撰写完成后,应提交组织机构的决策层审议。根据审议形成的意见,主办方可以对报告进行修改或补充,使之完善。

2. 制定会展立项策划方案与报批并设立组织机构

制定会展立项策划方案,及时向主管部门申报并等候批准。如果是国际展览会,根据规模、规格大小,可分别向国务院、商务部或省级商务主管部门报批;如果是全国性展览会,可向国家行业主管部门报批;如果是地方性展览会(省、自治区、直辖市),可向举办地所在省、市的行业主管部门报批;国际会议则需实行国务院和省部级两级审批制度。一旦批文下达，即刻开始会展组委会的筹备工作。组委会要设立秘书处统一协调工作，秘书处下设招商部(或称市场部)、招展部(或客户服务部)、宣传部(或新闻部)、现场运营部、设计部、财务部、接待部等。

> **小资料3-4**
>
> **申请国际展览会需提交的材料**
>
> (1) 申请文件，内容包括展览会名称、内容、规模、时间、地点等。
> (2) 展览会总体方案。
> (3) 招商、招展方案。
> (4) 可行性分析报告。
> (5) 处理突发性事件的紧急预案。
> (6) 主办单位之间的协议(两个以上主办单位提供)。
> (7) 境外机构与境内单位联合主办的，需提交境外机构资信证明；境外机构委托境内单位举办的，需提交其委托办展协议。
> (8) 主办单位(非中央部属法人单位)所在地省级商务主管部门意见(主办单位跨省市区举办国际展览会)。
> (9) 上一届展会会刊(首次举办除外)。
> (10) 知识产权保护方案。
> (11) 审批部门需要的其他材料。
> 申请单位应在国际展览会开幕前一年不晚于6个月提交申请。
> 资料来源：商务部服务贸易和商贸服务业司.在境内举办对外经济技术展览会管理办法(修订稿)[EB/OL].(2014-08-13)[2022-03-05]. http://www.mofcom.gov.cn/article/b/g/201408/20140800695619.shtml.

3. 相关活动策划

展会相关活动策划是指在展会举办期间的相关活动的计划安排，比较常见的有商务旅行、会议、表演、比赛等，它们是展会成功举办的必要补充。

4. 展馆的租赁与场馆规划策划

展馆租赁包括选择展馆及展馆预订。展馆租赁旺季与展会举办旺季是相同的，均为3—6月和9—10月，一般需要提前一年预订。展馆往往会要求组展会在开展前一个月将全部场地租金付清，另外还需支付进馆押金。

展馆规划包括展区的整体布局和会议区的布局等。展区布局要体现展览的规模、规划和整体蓝图，这是开展各项后续工作的重要基础和依据。展馆的设施包括展馆内部设施和外部设施。内部设施包括展厅功能布局(展览区、商务洽谈区、商务办公区、会议区)

及配套办公设施、进出通道(展品出入通道、人员出入通道、浏览通道、消防通道等)、装卸设施、后勤设施、服务设施。外部设施包括外部配套设施和智能化系统设施，其中外部配套设施包括交通设施、宣传设施、指示设施、泊车设施、运输设施、分馆间通道；智能化系统设施主要包括楼宇自控系统、办公自动化系统、通信自动化系统、消防和安保系统等。

5. 会展服务商的确定方案

随着会展业的不断发展，会展服务愈发专业化，会展组织者为专心做好立项策划、招展、招商以及组织协调工作，将诸如展台搭建、展品运输、宣传广告、会展旅游、清洁保安等工作外包给专门的服务商，即服务承包商，从而能够更加有效地提供会展配套服务。选择服务商一般采用招标的方式，这就需要策划并确定从哪些方面考察会展服务商，另外要考虑招标书等如何撰写。

6. 招展、招商与宣传推广的策划

招展是保证参展商数量和质量的关键，如果参加展会的企业数量太少或者质量参差不齐，展会的档次就难以提高，展会的发展前景也难以保证，因此招展工作策划是展会整体策划的基础工作之一。招展工作策划内容主要包括建立目标参展商数据库、展会价格的确定、编制招展函、招展代理的确定与分工、编制和发放参展商手册、招展财务预算、招展总体进度安排等。

招商计划主要是吸引观众参观的各种策略、方法和措施。一定数量和高质量的观众能够提高参展企业的参展效益，同时提高参展企业持续参展的积极性，也是展会生存和发展的基础。招商和招展工作是相互影响、互相促进的。招商工作策划的内容主要包括建立目标观众数据库、编制观众邀请函、招商分工、招商财务预算、招商进度计划等内容。

会展宣传推广是围绕会展目标制定的、有目的、有计划的一系列促进招展、招商和建立展会形象的宣传推广活动。制订宣传推广计划时，应根据不同阶段的不同目标分别确定宣传推广策略、宣传推广渠道、宣传推广时间和地域安排以及宣传推广费用预算。

7. 现场服务的策划

展会现场服务的策划主要包括展会开幕管理计划、展会现场管理计划两部分内容。其中，展会现场管理计划又包括布展管理、展览期间的现场管理和撤展管理三部分内容。

二、招展、招商阶段

招展、招商阶段即开展前一年的时间，这一阶段需完成如下工作。

1. 招展、招商的实施

招展、招商的实施具体包括建立目标参展商和目标观众的数据库，根据预先策划的招展、招商渠道及分工进行招展、招商工作。

2. 参展指南与会刊的制作与发放

根据筹备阶段的方案制作参展指南与会刊并发放。

3. 招展函与赞助商手册的设计制作与发放

根据筹备阶段的方案设计制作招展函与赞助商手册并发放。

4. 专业观众的组织和媒体广告投放

根据筹备阶段的方案组织专业观众，进行媒体广告投放。

三、会展现场实施阶段

会展现场实施阶段主要指开展前两个月这一时间段，这一阶段的主要工作是现场服务与管理，具体包括以下3个方面。

1. 布展

展览会的现场搭建包括标准展位搭建和特装展位搭建。组委会确定的搭建服务承包商作为主场搭建公司，承担整个展馆标准展位的搭建工作，整个展馆的排线、地毯铺设、水电供应都由搭建服务承包商负责完成。特装展位或展区的搭建由参展商自行选择合适的搭建商，既可选择搭建服务承包商，也可选择其他搭建公司。搭建商和参展商进场布展需履行进场登记手续。

2. 开展

开展包括开/闭幕式组织与服务、观众登记入场、参展商服务、现场问卷调查、现场危机处理、宴会及相关活动服务等工作。

3. 撤展

在规定的时间内组织参展商和搭建商将展品及搭建材料运出馆外，如参展商提前撤馆，需开立出门证。

四、总结阶段

总结阶段是指展会结束后的一段时间内，这一阶段的主要任务是由组委会对工作进行评估总结。每次展会结束后，都应该及时进行评估总结。它的作用和意义在于为评判此次展览工作的效率和效果提供标准和结论，并为提高以后的展览工作效率和效果提供依据和经验，即发现问题、改进工作、提高效率的一系列过程。每个部门都要针对本部门的工作表现进行分析，既要看到此次展会的成功之处，更应认清不足所在，及时调整策略，为下一届展会策划与实施打好基础。财务部应提交一份展会收支情况报告，因为盈利结果在一定程度上能够客观地说明展会的成败。

第九节 会展主题策划

案例3-30 历届世博会主题

世博会的全称是世界博览会，它是由一个国家的政府主办、多个国家或国际组织参加的国际性大型博览会，是世界上最高级别的展览活动。每一届世博会都有鲜明的主题，融世界各国带来的新技术、新理念、新文化于一地，世博会让全世界的观众前来开阔眼界，进行学习交流，使思想发生碰撞，迸发出新的火花，从而激发新科技的竞争和进步。世博会与奥林匹克运动会、世界杯一起，并称"全球三大顶级盛事"。不过与奥运会、世界杯不同的是，举办世界博览会的目的在于教育大众，通过展示人类所掌握的新科技，来展现人类在某一个或多个领域经过奋斗所取得的进步，或展望未来的前景，其宗旨是促进各国人民更好地相互了解与沟通。在世博会的平台上，世界各国人民聚集在一起，平等，互相尊重，对话交流，增进了解，共同探讨改善人类生存状况、解决世界事务的方法，对维护世界和平、促进人类共同发展起到重大作用。历届世博会名称及主题如表3-3所示。

表3-3 历届世博会名称及主题

名称	国家	主题
1933芝加哥世博会	美国	一个世纪的进步
1935布鲁塞尔世博会	比利时	通过竞争获取和平
1937巴黎世博会	法国	现代世界的艺术和技术
1939旧金山世博会	美国	明日新世界
1958布鲁塞尔世博会	比利时	科学、文明和人性
1962西雅图世博会	美国	太空时代的人类
1964-1965纽约世博会	美国	通过理解走向和平
1967蒙特利尔世博会	加拿大	人类与世界
1968圣安东尼奥世博会	美国	美洲大陆的文化交流
1970大阪世博会	日本	人类的进步与和谐
1974斯波坎世博会	美国	无污染的进步
1975冲绳世博会	日本	海洋——充满希望的未来
1982诺克斯维世博会	美国	能源——世界的原动力
1984新奥尔良世博会	美国	河流的世界——水乃生命之源
1985筑波世博会	日本	居住与环境——人类家居科技
1986温哥华世博会	加拿大	交通与运输
1988布里斯班世博会	澳大利亚	科技时代的休闲生活
1990大阪世博会	日本	人类与自然
1992塞维利亚世博会	西班牙	发现的时代
1992热那亚世博会	意大利	哥伦布——船与海
1993大田世博会	韩国	新的起飞之路
1998里斯本世博会	葡萄牙	海洋——未来的财富
1999云南世博会	中国	人与自然——迈向21世纪

(续表)

名称	国家	主题
2000汉诺威世博会	德国	人类—自然—科技—发展
2005爱知世博会	日本	超越发展：大自然智慧的再发现
2010上海世博会	中国	城市，让生活更美好
2012丽水专业世博会	韩国	天然的海洋及海岸：资源多样性与可持续发展
2015米兰世博会	意大利	给养地球：生命的能源
2016唐山专业世博会	中国	都市与自然·凤凰涅槃
2019北京专业世博会	中国	绿色生活 美丽家园

资料来源：上海世博网. 历届世博会主题一览表[EB/OL]. (2002-11-21)[2022-03-05]. http://news.sohu.com/56/51/news204485156.shtml.
唐山世界园艺博览会官网[EB/OL]. (2016-03-04)[2022-03-05]. https://hb.jjj.qq.com/pc_zt/2016Q1/tssyh/index.htm.
北京世界园艺博览会官网[EB/OL]. (2019-09-01)[2022-03-05]. http://www.horti-expo2019.com/.

会展主题，又称会展的主题思想、主题概念，它是一个会展项目的灵魂，是会展主办者明确传达给参展商和公众的信息，同时也是社会了解会展的首要方面。广义的会展主题是针对一个新的会展项目而言的，其包含两个方面：一是展题(即会展名称，或称会展品种、展种)的选定，即组展方决定开发一个什么样的会展项目(新展种)；二是会展理念，即确定本届展会(或下届展会)将以什么理念来吸引目标客户，展会的目标客户主要是参展商和采购商(专业观众)，搭建商、运输商、赞助商等也属于展会的连带客户。会展理念是对会展指导思想、宗旨、目的、要求等最凝练的概括与表述，是统领会展各个环节的"纲"，是会展项目的中心思想，并贯穿会展项目始终。狭义的会展主题是针对老的会展项目而言的，具体指会展理念。

主题的作用是使展会目标客户明了展会的目的及内容，并在展会目标客户的脑海里留下深刻的印象，提升展会品牌形象。参展商根据展会主题决定是否参展，以及展会上将展示什么内容。参观者明了展会的有关信息后决定是否参观。因而，办展企业应该真正了解每一届展会、每一个客户的需求，制定合适的主题，量身定做，提供给参展商和参观者想要的东西。有效的主题设计是培植一个成功会展品牌的基础和核心。

一、会展名称的策划

会展名称一般包括三部分：基本部分、限定部分、补充部分。其中，基本部分和限定部分是会展名称的主体。

例如："第九届北方(国际)自行车 展览会 (3月26日—29日)"

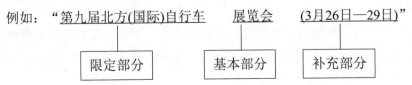

(一) 基本部分

基本部分主要用于表明会展的性质和特征，常用的词有展览会、展示会、博览会、展销会、交易会、洽谈会、订货会和"节"等。

1. 传统的集市与庙会

集市与庙会是传统形式的展览会。展品包括各种农产品和工业品，观众既有商人也有消费者。

(1) 集市。集市是在商品经济不发达的时代和地区普遍存在的一种具有固定地点、定期聚集进行商品交易的活动形式。集市有多种称法，比如市集、墟、场、会等。在中国古代，常被称为草市。在中国北方，一般称为集；在两广、福建等地称为墟；在川、黔、陕等地称为场；在江西称为圩。在集市上买卖的商品主要是农副产品、土特产品、日用品等，其性质以消费品为主。

(2) 庙会。庙会是指在寺庙或祭祀场所内或附近，于祭祀日或规定日期举办的祭神、娱乐和购物活动，又称庙市、节场或香会。广义的庙会还包括灯会、灯市、花会等。早期庙会仅是一种隆重的祭祀活动，商贩为供应游人信徒，百货云集，遂成庙会，于是庙会成了集宗教、文化、娱乐与购物于一体的传统展览形式。庙会的展览内容比集市要丰富，其性质仍属于消费类会展活动。

2. 展览会

集市和庙会发展到近代，分支出专业的展览，被称为exhibition，即展览会。展览会比集市和庙会的展品专业性更强，并利用现代理念与技术提高服务质量，扩大服务内容。如果说集市与庙会属于传统展览形式，那么展览会就属于现代展览形式，通常作为各种形式会展活动的总称，被广泛使用。

近代史上，法国政府为了展示、宣传国家工业实力，第一次举办了以宣传为主、不做贸易的展览会，称为exposition。因此，exposition便有了"宣传性质的展览会"的含义。其他国家也纷纷效仿，先后举办过具有宣传性质的exposition。由于世界两大展览会组织——国际博览会联盟和国际展览局的总部均设在法国，以及法语对世界一些地区的影响，exposition也被广泛地用于指代具有宣传性质的展览会。

3. 展示会

展示会(show)主要指以新产品、新技术、新工艺的展出和演示为主的展览活动，有时也可以进行洽谈和订货，如服装show。在美国、加拿大等国家，show已替代exhibition，即贸易展览会称为show，而宣传展览会被称为exhibition。

4. 博览会、交易会

博览会与交易会同被翻译成fair，但两者含义有所不同。博览会主要用于规模庞大、内容广泛、展出者和参观者众多的展览会，兼有展示、贸易、消费等特点，具有综合性。

如世博会的各国家场馆，均以巧妙构思开展各项活动，展示国家政治、经济、文化发展特色、历程与国家实力，以促进各国之间的交流与了解，兼具消费、贸易等功能。而交易会主要是指一个或数个相关的行业参与，以贸易和宣传为主要目的的现代形式的展览，其基本性质是贸易，如中国进出口商品交易会、中国丝绸春季交易会等。

5. 展销会

展销会(fairs)是指一个或数个行业参与，以零售为主要目的的现代形式的展览，其基本性质是消费，如天津迎三八服装展销会等。

6. 洽谈会

洽谈会(negociation)的本义是指集中时间和地点举行的各类谈判活动，可由双方或多方代表集中在一起，进行投资、贸易、人才、劳务、技术或文化等方面的商谈并签订交流、合作项目，其基本性质是贸易。

7. 订货会

订货会是交易会的一种，参与企业可以是一个，也可以由多个企业联合举办。展出的展品可以是一种，也可以是数种。观众一般是专业观众，且不对外开放。订货会往往用于企业展示和销售自己的产品或经营的商品，专业观众能实地考察产品的质量、规格、标准以及产品的生产过程，其基本性质是贸易。

(二) 限定部分

限定部分主要用来表明展览会的举办时间、地点、规模以及内容等。

1. 举办时间

举办时间常用的表示方法：届(如首届、第二届等)，如第九届；年份，如2022年；季，如春季时装展。

2. 举办地点

举办地点一般用所在的城市、省份、国家或区域名来表示。一般由国务院各部门、全国性行业组织举办的国际展览会，地点只写中国即可，如"中国国际××展览会"；省级以上人民政府单独或联合举办的国际展览会，地点需写"中国(地方名称或区域名称)+国际××展览会"；其他国际展览会，均使用地方性展览名称，即"展览地名称+国际××展览会"。

问题：

您能通过下列展会名称分析出哪些展会是由国家政府或行业组织举办的，哪些是由省级政府或其他组织举办的吗？

第八届中国(齐齐哈尔)国际小商品交易会

第十四届上海国际别墅及配套设施博览会

第六届中国国际整体壁柜、移门及橱柜展览会

3. 会展规模

会展规模一般用国际、国家、地区等表示。根据《国务院关于取消第一批行政审批项目的决定》(国发〔2002〕24号)文件精神，凡冠以"国际"名称的展览会由"申报审批制"改为由政府主管部门按"大型活动备案制"管理。在国际展览会中，又分为出国展览会和入境展览会。国际会展活动仍由商务部(或中国国际贸促会)、科技部按"项目申报审批制"管理；而不冠以"国际"名称的则为国内展览会。这一分类并非国际惯例，可视为中国特色，应提交行业主管部门批准。

例如，大连国际服装博览会中的"国际"表明该展会是一个国际展览会；2009(第四届)亚洲户外用品展览会，则是区域性展会；第十七届全国发明展览则为全国性展览会。

4. 会展内容

会展内容通常用一个产业的名称、产业中某类产品的名称或者不标识的内容来表示。

例如，汉诺威工业博览会，表明该会展内容是"工业"产业；2018年第九届中国(郑州)绿色灯饰智能照明展览会，表明该会展内容是电器产业中的"绿色灯饰智能照明电器"；第二届中国西部博览会，未标识具体展览内容。

(三) 补充部分

补充部分是对限定部分的补充，具体地说明展览会的时间、地点等内容，也可以加上组织单位的名称。例如，2008年中国(北京)环境清洁设备技术展览会。

二、会展理念

案例3-31

2004(第6届)上海国际工业博览会(以下简称上海工博会)的目标是用高新技术和国际先进技术改造我国传统工业，基本宗旨是加快提升我国工业的整体素质和国际竞争力，努力将信息化和工业化结合起来，充分发挥产品交易、产权交易和技术交易"三位一体"的交易功能，使上海工博会成为全球高新技术和我国用高新技术改造传统工业的产品展示中心、交易中心和评估中心，努力成为中国装备制造类最有影响力的国际品牌展。该博览会的主题是"以信息化带动工业化"，并划分出中国重大工程成就展，电子信息展，数字制造展，电力设备与控制技术展，汽车零部件展，环保、能源、新材料展，印刷与包装机械展，科技创新展等专业展区进行展示。另外，对展会的主题作了具体说明，具体解释了展会的目标。

第21届中国工博会于2019年9月17—21日在国家会展中心(上海)成功举办。本届中国工博会以"智能、互联——赋能产业新发展"为主题，划分九大专业展和创新展，具体包括数控机床与金属加工展、工业自动化展、节能环保技术与设备展、新一代信息技术与应用展、能源技术与设备展、新能源与智能网联汽车展、机器人展、新材料产业展、科技创新展。

资料来源：中国国际工业博览会官网[EB/OL]. (2004-12-11)[2022-03-05]. https://www.ciif-expo.com/.

(一) 会展理念的确立

1. 针对展会客户进行调研

(1) 龙头厂商的生产和市场营销情况。

(2) 龙头厂商的参展愿望推测。

(3) 潜在的中小参展商的整体实力。

(4) 大采购商的基本情况与愿望推测。

(5) 拟办展城市及其附近地区相关企业的数量和规模，以及营销习惯。

2. 针对行业进行调研

(1) 行业变化。找出从上届展会至今，该行业最大的变化，理清行业发展方向。

(2) 行业焦点。关注近期和未来该行业最振奋人心的焦点。

3. 以往经验调研

往届展会及国际、国内同类展会可借鉴学习的成功经验。

4. 专家意见

要向行业协会专家、政府主管部门官员、法律专家、政策专家咨询，如果多数专家并不看好拟推出的主题，一定要谨慎行事；较受专家肯定的预选方案应予以特别重视。

5. 确定会展理念

根据调研及专家咨询，确定会展理念。

(二) 会展理念的策划要求

1. 时效

会展传播的理念，必须符合当时的国际社会背景和社会流行思潮，所选择的主题要反映社会共同关注的问题。因此会展的主题要与时局的发展紧密结合，才能吸引目标客户的眼球。国际与国内所发生的一系列大事是全球政治、经济、文化的综合反映，关系到全人类的命运，也影响和改变着人们的生活，所以会展的主题思想应该反映世界宏观形势的变化和人们思想观念的转变。

2. 特色

策划的主题必须新颖、奇特、扣人心弦，使人产生新鲜有趣的感觉。现代社会被称为"信息爆炸的社会"，在科技发展日新月异的今天，对公众来说，很多信息已经陈旧。现代交通、通信和网络的发展，使人们对许多新鲜事物司空见惯，很难提起兴趣。所以会展理念必须新颖独特，避免陈词滥调或过度使用，否则无法吸引客户。会展理念只有有特色、有创意，才会吸引人们的眼球。

3. 言简意赅，易于传播

凡大道至简至易，简单的东西往往能深刻地反映事物的本质。会展理念也是如此，简单明快，通俗易懂，才易于被公众理解接受，才会得到广泛传播。

4. 能引发人们的丰富联想

会展理念要能激发人们的联想，从而使人们产生参展或参观的欲望。因此，会展理念应通过简单明快的语句给观众留下无限的遐想空间，激发起人们一定的好奇心。

5. 明确反映会展目标

会展理念应与会展目标保持一致，并能准确地反映会展目标。

案例3-32　　　　　　　2010上海世博会主题的确定

上海世博会的主题的确定经过了多方探讨。首先，由专家团队收集了自1933年以来历届世博会的主题及其基本背景，并在此基础上结合世界发展趋势和中国上海的发展实践，开始挖掘和比选主题关键词。其次，广泛听取国内外专家的意见和建议，征集了包括"城市""文明和文化""已知与未知""探索与创新""环境""信息"六大类三十多个题目。再次，研究小组经过多轮筛选，在国际展览局的支持下，最终锁定"城市"和"生活质量"作为上海申办主题的两个要素，由此形成了"新城市、新生活""更美好的城市、更高质量的生活""大都市高质量的生活"三个主题。然后，主题研究组咨询了国内外两百多位专家的意见，大多数人认为"城市"和"生活"作为2010年世博会主题符合人类社会发展总体趋势，能够引起世界各国的普遍关注，获得广泛的肯定。最后，经咨询英语专家，得出了"Better City，Better Life"的主题。专家们认为，Better这个词感情色彩比较强烈，而且应用比较灵活，含义明确，又具有一定的想象空间，且语意温馨、亲和力强，有利于英语国家的接受。

经过多方对主题近一年的探讨、选择和改进，确定将上海世博会的主题表述为"Better City，Better Life"，中文翻译为"城市，让生活更加美好"。这是一个科学的选择，是一个集体智慧的结晶。主题中的Better具有动感，具有发展、挑战的含义。2000年11月，上海世博会申办办公室以此向上海市政府请示并获同意。至此，上海世博会的主题表述获得最终认可。主题的表述获得了申办机构各级领导、国内外专家等的赞赏。

资料来源：世博会官网[EB/OL]. (2010-12-11)[2022-03-05]. http://www.expo.cn/#&c=home.

思考题：结合案例中上海世博会主题的确立过程，分析会展理念的策划要求。

(三) 会展理念的策划方法

不论是会展理念的内容，还是会展理念的形式，都要经过一定的艺术加工和提炼。经过提炼的理念，应简练、新颖、流畅、易记，并能很好地表达会展活动的意图。会展理念的策划方法有以下几种。

1. 借用法

借用熟知的名人名言、警句和现实生活中一些有特色的语言作为活动主题。例如，中国曲阜国际孔子文化节旨在纪念孔子对人类文化的杰出贡献，弘扬中华民族优秀传统文化，加强国际文化交流与合作，增强中华民族的文化认同感和凝聚力。2008中国曲阜国际孔子文化节主题是："走近孔子，感悟圣城。"祭孔大典主题："仁者爱人，自强不息。""仁"是孔子的核心思想；"自强不息"出自《周易·乾》，意思是人们努力向上、不松懈，这两句话概括了中华民族的精神。2009中国曲阜国际孔子文化节主题为："纪念先哲孔子，弘扬传统文化，实践科学发展，建设和谐社会。"祭孔大典主题为："和衷共济，讲信修睦。"

2. 归纳提炼法

归纳提炼法就是通过归纳总结会展的指导思想、目的要求、宗旨来提炼理念的方法。例如，2015中国曲阜国际孔子文化节主题为"弘扬优秀传统文化，建设文明首善之区"。

3. 加工提炼法

加工提炼法是在归纳的基础上，利用一些修辞知识优化主题的方法。这种方法可以使活动主题鲜明、动听、深刻、上口，而且有一定的内涵。例如，2018中国(曲阜)国际孔子文化节暨第五届尼山世界文明论坛主题为"同命同运 相融相通：文明的相融与人类命运共同体""用儒家文化讲好中国故事"。再如，美国宇航员1969年7月20日登上了月球，并向世界宣布："我现在走出登月舱了，这是个人的一小步，却是人类的一大步。"登月后的第二年即1970年在日本大阪举办世博会，即以"人类的进步与和谐"为主题，此主题就是采用加工提炼法得到的。

思考题

1. 策划展会举办周期需考虑哪些因素？
2. 策划展览时间需考虑哪些因素？
3. 展览题材有哪几种？它们的优劣势各有哪些？选择条件是什么？
4. 不同办展机构的作用是什么？
5. 合办展会与承办展会的主要区别是什么？
6. 展会规模从哪几个方面进行策划？
7. 展会收入项目和展会支出项目分别有哪些？
8. 展会时间进度分为哪几个阶段？时间节点是什么时候？
9. 会展名称的构成有哪几部分？其中的主体部分有哪些？
10. 会展理念的策划要求是什么？

能力训练

1. 某自行车展览会总展览面积为10万平方米，其中，儿童自行车的展览面积为2000平方米，电动自行车及其电池配套等展览面积为5万平方米。请问将儿童自行车题材分列出来，举办"××国际童车展"是否适宜？将电动自行车题材分列出来，举办"××国际锂电车及配套展览会"是否有可能？说明原因。

2. 第11届亚太兰花大会暨第21届中国兰花博览会由重庆市人民政府和中国花卉协会主办，3月20日—24日在重庆国际会议展览中心举办。展会主题为"兰花聚巴渝 沁香飘世界"；办展目标是以"展示、交流、观摩、合作"为宗旨，充分展示亚洲太平洋地区国家(地区)的兰花资源，广泛开展兰花信息交流，推动我国兰花产业的国际化进程，促进中外兰花文化的交流与发展，把亚太兰花大会、中国兰花博览会办成规模大、创意新、影响广、效益佳，具有国际影响的兰花盛会。请同学根据此目标策划其展品范围。

3. 比较分析下面三个会展名称与主题哪个最好。

(1) 名称：第八届世界计算机博览会

主题：数字技术创造新生活

(2) 名称：2004中国国际体育运动汽车摩托车博览会

主题：极速体验，极致魅力

(3) 名称：无线互联与移动商务·精英论坛

主题：引领移动商务·展望无线未来

4. 2003年，CeBIT Asia通信技术展在上海举办，展览时间与中国台湾的Computex、上海福布斯全球行政总裁高峰会议等更吸引眼球的业界盛会相冲突，直接导致参展商的数量从上一届的500余家减少到近400家，场馆面积也大幅缩水到只有两个展馆。业内人士分析认为，其中仅因为同中国台湾的Computex的直接冲突就使得潜在展商减少了近百家，紧随其后的上海福布斯全球行政总裁高峰会议以及北京电信展，更使很多高层专业观众和电信企业无法参展。请同学们分析从此案例中可获得哪些教训。

5. 了解本校举办的就业招聘会，请同学们撰写一份"项目建议书"。

第四章 会展相关活动策划

职业素养

1. 培养学生根据展会的主题和目标进行相关活动策划的能力；
2. 培养学生的创新能力和周密细致的工作作风。

能力目标

1. 了解会展相关活动策划包含的内容；
2. 掌握会展相关活动策划的原则和流程；
3. 明确举办会展相关活动的作用；
4. 能根据展会的目标、理念制定相关活动策划方案。

现代展会具有商贸洽谈、产品展示、信息传播和企业宣传四大基本功能，处于不同发展阶段的展会，功能重点也有所不同。主办方及参展商为了在有限时间内获得最大的价值回报，增强会展竞争力，会在展会举办期间组织各种相关活动，这种相关活动的组织已成为会展不可缺少的组成部分。

第一节 会展相关活动概述

案例4-1 国际水上运动及船艇展的相关活动

2005年1月，在杜赛尔多夫公司举办的国际水上运动及船艇展中，作为主办方的战略合作伙伴，德国LTU航空公司将其公司成立50周年的庆祝活动安排在展期举行，为观众准备了旅游目的地推介、公司业务推介、各项室内体育活动等多项活动，还在展厅内建造了沙滩足球场地、水球比赛场地，吸引了大批观众到场。该系列活动主题与本次会展主题

"体验水上激情"极为一致。

资料来源:杜塞尔多夫国际船艇及水上运动展[EB/OL]. (2018-04-21)[2022-03-05]. https://baike.baidu.com/item/%E6%9D%9C%E5%A1%9E%E5%B0%94%E5%A4%9A%E5%A4%AB%E5%9B%BD%E9%99%85%E8%88%B9%E8%89%87%E5%8F%8A%E6%B0%B4%E4%B8%8A%E8%BF%90%E5%8A%A8%E5%B1%95/15567932?fr=aladdin.

思考题: 杜塞尔多夫公司在展期组织了哪些相关活动?作用是什么?

一、会展相关活动的概念及内容

会展相关活动是指在会展活动期间,为营造会展现场气氛、吸引参展企业和观众、丰富会展功能而举办的各种活动。这些活动和会展融为一体,成为整个会展的重要组成部分。会展相关活动既可以是办展机构主办的,也可以是参展企业或其他相关单位主办的。近年来,随着我国市场化进程的加快,作为服务经济的会展业,为中国企业进入国际市场以及国际企业进入中国市场起到了重要的作用。随着国际展览企业的进入,我国的会展业也有了很大的发展,与世界其他会展业发达的国家之间的距离在逐渐缩短,会展相关活动也变得越来越丰富多彩、越来越新颖。会展相关活动主要有以下几项。

(一) 会议

会议是会展活动中较为常见的相关活动,现代会展越来越重视展览和会议的结合,重视"以会带展,以展带会"。在展览期间,往往会同期举办各种与展览相关的会议,邀请一些权威人士,如相关领域的专家、学者,企业和政府官员参加。展览同期的会议活动可以起到交流行业信息、传播新技术、介绍新项目、提倡新理念和新思维的作用,同时可以取得丰富会展内容、提高会展活动专业性的效果。

案例4-2 第十六届中国·天津投资贸易洽谈会的会中会

第十六届中国·天津投资贸易洽谈会(以下简称津洽会)由中华人民共和国商务部特别支持,天津市人民政府和中华全国归国华侨联合会、中国商业联合会、中国外商投资企业协会、中国对外经济贸易合作企业协会共同主办,北京市、河北省、山东省、辽宁省人民政府共同协办。展会主题是"着力扩大内需,促进招商引资,加强经贸合作,实现互利共赢"。展会举办期间共组织了由中央部委、兄弟省市、市部委办、各区县等20个单位分别举办的会中会达54个。在中华人民共和国商务部、中央台办举办的两场台资企业产品内销对接会和座谈会上,中华人民共和国商务部同时发布了支持台资企业产品内销的相关政策;环渤海房地产商会充分利用津洽会的平台,首次组织37个城市的房地产商和国内著名房地产业总裁、著名经济学家举行了"中国旅游休闲地产投资年会暨高峰论坛";天津市商务委、滨海新区管委会、中新生态城管委会、东疆保税港区管委会等部门分别举行了

"埃及苏伊士经贸合作区项目推介会""航天航空产业高峰论坛""中新生态城招商项目推介会""东疆保税港区招商项目推介会"等活动；天津市各区县也在津洽会期间举办了30余场不同形式的招商推介活动；山东省烟台、德州、滨州等市除了组团参展外，还举办了会中会活动，介绍投资环境，推介合作项目，宣传支持政策，争取洽谈和签署更多的投资项目；重庆市万州、新疆维吾尔自治区喀什等地政府也举办了投资环境和投资项目推介会，进一步扩大了招商引资与对内对外合作。

资料来源：天津投资贸易洽谈会官网[EB/OL]. (2019-02-05)[2022-03-05]. http://www.tjqth.cn/.

会中会的举办目的各有侧重，如展示经济发展成果，宣传良好投资环境，扩大政策推广宣传，推介投资合作项目，推动对内对外交流合作等。会中会有多种类型，主要包括如下几个。

1. 洽谈会

洽谈会的本义是指集中时间和地点举行的各类谈判活动。在今天，洽谈会是指由招商方、投资方、参展方、洽谈方等具有合作意向的政府机构、企业、民间组织以及个人参加的，在投资、贸易、人才、劳务、技术、文化等方面商谈、交流并签订合作项目的会展相关活动。洽谈会涉及的内容广泛，不仅可以洽谈商品买卖，还可以进行招商引资、人才招聘、文化交流等活动。常见的洽谈会形式有投资洽谈会、技术洽谈会、金融洽谈会、人才洽谈会、劳务洽谈会、商品对接会、商贸配对会等。

案例4-3　　第七届天津国际手机产业展览会暨论坛举办期间的商贸配对与海外买家会

1. 商贸配对

商贸配对服务是组委会为广大供应商与采购集团提供的"零距离、低成本、高效率"的采购贸易洽谈平台，采取提前预约、现场采购商专项逆向洽谈的高效商贸服务形式。

买家：整机厂商、设计公司、ODM、OEM等。

配套企业：电子元器件、机械类零部件、软件类、代工类、原材料等优秀供应商，特别是具有创新产品、创新技术、创新工艺的配套企业和高质量、低成本的配套企业。

方式：现场洽谈。

收费：采购商和参展供应商免费。

2. 海外买家会

海外买家会的宗旨是构建跨国贸易桥梁，帮助参展商进入手机跨国采购供应链。采用逆向采购方式，即海外买家设洽谈席，海内外供应商提前网上报名配对预约，现场一对一洽谈。辅以"海外买家采购会"网络视频通话，实现多维互动。组委会为参会的海外买家提供"参观工厂+参加展会+拜访协会+晚宴+旅游"的一条龙特色服务，同时有针对性地为每家参会供应商提供"预约—参会—参观—晚宴"的贴身服务,从而更好地为海外买家与国内供应商搭建贸易桥梁。

海外买家:来自中东、东南亚、南亚、东亚、非洲、美洲、澳大利亚、中国台湾及香港等地区的运营商、手机贸易商、手机零部件采购商。

目标企业:国内优秀整机厂、设计公司、ODM/OEM、手机零部件供应商。

参与形式:网上预约,现场一对一洽谈。

资料来源:中国企业通信协会[EB/OL]. (2019-05-03)[2022-03-05]. http://www.cace.org.cn/NEWS/COUNT?a=1144.

此案例中,商贸配对与海外买家会是天津手机展组委会对参展商提供的免费特色服务,为采购商与供应商之间、海外买家与国内供应商之间搭建了零距离、低成本、高效率的商贸平台,从而增强了展会的竞争力,得到参展商和专业观众的认可。

2. 论坛

论坛是近年来出现的新的会议名称,是以促进对话、交流与合作为宗旨的会议活动。"论坛"有两层含义:一是指可以自由发表各种观点、意见的讲坛,也就是我们平时所说的研讨会,展览会期间组织的论坛多属于此性质;二是指按一定的宗旨和一定的形式建立、以举行论坛为主要活动方式的会议组织,如亚欧论坛、博鳌论坛等。这类组织有章程、有固定的会员、有常设机构,定期举行会员大会以及各种研讨和培训、考察活动,性质有官方的,也有民间的和半官方、半民间的。论坛的特点是议题讨论反复且深入,一般由小组组长或演讲者来主持。它可以有许多听众参与,并可由专门小组成员与听众就问题的各方面发表意见和看法,两个或更多的讲演者对听众发表讲演,允许听众提问。论坛的内容通常具有前瞻性,反映行业发展趋势和行业焦点,把热点问题拿到论坛上来进行讨论、沟通以寻求共识。论坛的参与主体有专家学者、企业高层或政府官员;听众的构成则较为广泛,听众可在论坛上提问,充分参与会议的议程。

案例4-4 **2017广交会第一期主要会议论坛**

论坛一:中国家电电子品牌与创新高峰论坛——世界科技 中国创新行业高峰论坛

时间:4月17日14:00—17:00

地点:广交会展馆B区会议区B层8号会议室

活动:行业高峰论坛

出席嘉宾:Google开发技术推广部大中华区主管栾跃;UL能效项目总监董浩;GfK家电部全球副总裁彼得·古德曼;ARM加速器——安创空间科技联合创始人及CEO陈鹏;科沃斯机器人有限公司董事长助理高翔;合肥美菱股份有限公司技术总监李昱兵;北京引力互联科技有限公司CEO;谷歌开发者引力空间创始人夏东明

论坛二:汽车行业技术论坛(收费)

时间:4月16日14:00—17:00

地点：广交会威斯汀酒店三楼会展厅

活动：技术研发研讨会

出席嘉宾：SGS管理学院高级讲师汪东

资料来源：中国进出口商品交易品官网[EB/OL]. (2017-04-16)[2022-03-05]. http://www.cantonfair.org.cn/cn/index.aspx.

3. 研讨会、专家讨论会

研讨会、专家讨论会通常在主持人的主持下进行，研讨会通常由行业或专业人士参加，可以平等地就某一行业领域或某一具体主题交换意见、分享知识和经验。这类会议一般在相对较小的范围内进行，规模较小，与会者人数一般为50～200人，也可少于50人，可采取圆桌会议的形式，便于公平交流。专家讨论会是由行业领域的专家群体针对某一主题展开公平、公开的讨论，交流分享观念，并商议对策和形成相关决定的一种会议形式，是研讨会的一种。当规模较大时，就演变成论坛。

4. 座谈会、专题讨论会

座谈会是一种与会者自由平等发表意见、交流切磋的小型围坐式会议，气氛轻松，也称圆桌会议，通常设有主持人。专题讨论会指为处理专门问题或特殊分配任务而进行的小组会议，与会者就某一议题进行学习和讨论，分享知识、技能和对问题的看法。座谈会及专题讨论会的特点有以下几个。

(1) 用途广泛，可就某一主题如咨询论证、征求意见、调查情况、纪念悼念、学习取经、交流总结、庆祝表彰等展开座谈或专题讨论，对内对外均可。

(2) 座谈会或专题讨论会中每个与会者都有机会发言，规模较小，一般为十几人或几十人，至多上百人。

(3) 大多采取围坐的形式，除主持人外，一般不安排座次，随意就座，其目的是营造一种轻松、自然、平等的气氛。

5. 年会

年会是某些社会团体或企业周期性地就某一特定主题而聚会，主要目的是总结一年成绩、部署战略、制定目标、激扬士气、表彰先进，再加上聚餐、娱乐等活动，奏响新一年度的工作序曲。年会可单独召开，也可在展览会期间举行。多数年会是周期性的，较常见的周期是一年一次，通常包括一次全体会议和几个小组会议。参加年会的人员通常比较多，一般要租用大型宴会厅或者会议厅。小组会议讨论的是具体问题，所租用的是小型会议室。

案例4-5　中国(杭州)国际幼教产业贸易展览会的同期年会

中国(杭州)国际幼教产业贸易展览会由中国贸促会批准立项，引进国际国内先进幼教产品，成为具有国际代表性的幼教产业贸易展会，搭建起了世界幼教交流的桥梁。展会期间举办了第五届中国幼教年会。本届年会以"学前教育公平与质量——全球经验，中国焦点"为主题,通过"展览+会议"形式更好服务各方。通过参加中国(杭州)国际幼教产业贸易展览会,人们可以迅速、全面地了解市场行情。许多展商借助展览会这个渠道,不仅展会期间日进斗金,还可以向国内外客户试销新产品、推出品牌,同时通过与各地经销代理、幼儿园园长、幼教投资人的接触,定位客户群体,了解行业发展趋势,最终达到推销产品、占领市场的目的。

资料来源:中国日报网. 第五届中国幼教年会12月将在杭州举办[EB/OL]. (2019-09-19)[2022-03-05]. https://baijiahao.baidu.com/s?id=1612028398982441830&wfr=spider&for=pc.

6. 发布会

发布会是特定组织通过会议的方式向社会传达信息、与公众进行沟通的公关手段。组织之所以举行发布会,其根本目的就在于通过适当的传播渠道和方式直接与媒体和公众或者通过媒体向公众进行有效的沟通,以达到宣传方针政策、发布规章制度、传达意图、澄清事实、解释立场、纠正谬误、检讨失职、回答质询、介绍和推广产品与技术等目的。对特定组织而言,发布会是其公共关系日常事务中的重要组成部分。发布会的主要形式有如下几种。

(1) 新闻发布会。新闻发布会可通报会展进展、成果等情况,可单向发布信息。主要的参与者为媒体记者和一般公众,可不设主持人,有时也可安排提问。

(2) 记者招待会。记者招待会是由政府、企业等机构举办的一种信息发布活动,主要目的是向社会公众发布信息,并公开回答媒体记者的提问。参加人员主要由信息发布方的专职负责人和媒体记者组成。一般设主持人,以回答提问为主。

(3) 情况通报会。情况通报会是以介绍、说明某项事件或会展工作进展情况为主要内容的发布会,发布形式可单向也可双向,是新闻发布会的一种具体类型。

(4) 技术、产品推介会。技术、产品推介会又称技术发布会、产品发布会,即以介绍和推广某项技术或产品为主题的专题发布会。参会对象主要是相关的用户,也会邀请媒体记者参加。

(二) 表演

案例4-6   **第八届北方国际自行车展览会的表演活动**

第八届北方国际自行车展览会期间,主办方组织了自行车特技表演和"夕阳红"老年自行车骑行活动。浙江省奥斯电动车公司为打造奥斯强势品牌,在本届展会投入百万元巨资,于天津大礼堂(国际展览中心旁)隆重举办"奥斯之春"大型歌舞联谊会,邀请关牧村、孟广禄、屠洪刚等著名艺术家上台献艺,并在舞台上激情演唱"奥斯之歌"。

资料来源:邢纪骅. 精品纷呈,尽显两轮风采——第8届中国北方国际自行车展览会[J]. 电动自行车, 2008(4): 14-16.

思考题: 本次展会相关活动的组织者有何不同?作用有何不同?是否与展品有关?

各种表演是会展期间十分常见的活动，可根据表演活动的策划形式的不同进行分类。

1. 根据表演活动的组织者分类

(1) 办展机构组织的表演。由办展机构牵头组织的表演通常与会展在同一个地方举行，目的是将表演和会展融为一体，借表演扩大会展的影响力和吸引观众。办展机构组织的表演活动一般可以结合展会的主题、题材所在行业和举办地特点进行策划设计，如深圳茶博会上的"禅·茶·音乐"表演。

(2) 参展企业组织的表演。由参展企业牵头举办的表演，其举办场地可以按企业的需要自由安排，但从实际操作看，多数参展企业都倾向于把表演安排在会展现场，具体形式如操作、示范、文艺表演等。对参展企业在会展现场举办的表演活动，办展机构一般都要求他们事先向组委会通报审查，由会展组委会综合各企业的活动计划和时间安排，对各企业计划举办的表演活动从时间上加以统筹安排，以免在举办时间上彼此冲突，影响到其他参展企业的展出效果。如某航空航天展上，由于某参展企业展位设置在VIP入口位置，于是制作了动态沙盘在现场演示，吸引了大批观众驻足观看，导致通道堵塞，不仅影响了其他参展企业的展出效果，同时影响了其他观众的正常参观，组委会不得不对该参展企业的表演活动进行调整。

(3) 联合举办的表演。办展机构和参展企业联合举办的表演，其活动地点由组织者双方来决定。另外，有些行业协会和政府主管部门也会利用会展的影响，与办展机构合作，在会展期间举办一些表演活动。如第102届广交会由主办机构与厦门市政府协办开幕晚宴，酒桌全部以厦门的地方和企业来命名，通过这场名为"魅力厦门"的文艺演出，展示了厦门制造和厦门风采，为参展企业提供了更大的平台和更好的契机。

2. 根据表演活动的目的分类

(1) 文艺性表演活动。这类表演活动基本上是为了活跃会展气氛和扩大会展影响才举办的。如在开幕晚宴或闭幕答谢晚宴上会策划举办一些文艺表演助兴，或是在展览期间策划举办有著名歌星或影视明星参加的文艺晚会。

(2) 营销性表演活动。这类表演活动多是为了帮助产品营销和提升企业形象而举办的，并且举办者多为参展企业。营销性表演活动在内容和形式上可以灵活选择，如文艺表演、互动节目、产品演示等，但表演的内容必须与参展企业的产品密切相关，以达到宣传产品和提升形象的目的。如车展上专业车手的车辆特技表演，淋漓尽致地展示汽车变速箱、底盘系统和操控性能的优势。特技表演人员可边表演边讲解产品特点，也能起到宣传汽车品牌的目的。

(3) 程序性表演活动。程序性表演活动多依照行业惯例按行业程序举办，应与会展题材所在行业相吻合。如服装节，一般都有服装展示与表演。

3. 根据表演活动与展品的关联程度分类

(1) 与展品有关的表演。设置这种表演环节主要是为了介绍展品的功能、特点，采用操作、示范等形式，让观众能够对展品有更深入的了解，激发其参观、购买的兴趣。

(2) 与展品无关的表演。设置这种表演环节主要是为了营造良好的展出氛围、塑造参展商形象、吸引观众参观，主要形式有娱乐、纯文艺表演等。

(三) 比赛

展览使某个行业的相关企业齐聚一堂，同时吸引观众形成人群聚集，在此期间举办一些比赛活动效果显著，不但可以活跃会场气氛，而且可以吸引潜在观众。在会展期间举办的比赛活动有两种：一种是以大众观赏性为主要目的的比赛活动，基本都是在会展现场举办，如2008中国长春国际农业·食品博览(交易)会就曾举办农家乐体育赛事，包括赶猪、回娘家、抗旱提水、抱南瓜等趣味性比赛项目；另一种是以行业为特征的专业性比赛活动，基本都要开辟专门的场所和举办专门的活动。

案例4-7　　中国(大连)国际服装纺织品博览会的中国服装买手大赛

2017年9月26日，由中国服装协会、辽宁省纺织服装协会和中国(大连)国际服装纺织品博览会组委会主办，辽宁省服装设计师协会和大连市服装纺织协会承办的2017中国服装买手大赛在大连星海会展中心圆满落幕。

近年来，时尚买手日益成为服装界不可或缺的职业，他们用自己极富前瞻性的眼光与敏锐的时尚触角，为品牌和企业带来广阔的市场空间。"95后"新生代力量的崛起意味着消费零售新时代的到来，在这样的背景下，本届大赛的举办旨在挖掘和培养新一代服装行业时尚买手，引导服装专业学生就业方向，唤起业界对买手专业人才和买手机制的重视，不断推动服装产业的创新发展。

从7月28日开始，大赛共收到来自10余个省市地区的30余所院校团队的热情报名。通过层层选拔，来自20个代表队的百名时尚达人入围总决赛。赛前，组委会组织专家为选手们进行了专业系统的培训，包括陈列、采购、店铺陈列、财务管理、市场营销等方面的知识；此外，组委会还选出40余家货品供应商与买手团队进行对接，使店铺货品更具多样性和吸引力，也增进了选手对服装企业与品牌的了解。

大赛在买手实战的较量阶段，以"直播+导购"相结合的方式，使每个团队的能量得到最大发挥。从企业采购到店面设计和陈列，从实战销售到盘点总结，选手们真实体验到了时尚买手"把中意的服饰，变为潮流焦点"的全过程，全面提升了实际操作能力，丰富了团队协作经验。大赛不仅为全国服装专业高校的师生提供了施展才华的舞台，也为企业选拔优秀人才提供了机遇。

经过七天的激烈角逐，选手们付出汗水，收获了友谊与荣誉。大赛通过精英海选、初赛晋级、集中培训、团体决赛、现场答辩、动态推广等多项内容进行严格考评，最终决出各奖项获奖名单。冠军代表队为湖北美术学院；亚军代表队为长春大学旅游学院；季军代表队为辽宁师范大学；最佳陈列奖代表队为鲁迅美术学院；最佳买手潜质奖代表队为武汉设计工程学院；最佳买手创意奖代表队为辽宁轻工职业学院；优秀供应商代表获奖企业有大连杞弘服装有限公司、大连众邦服饰有限公司、大连卡斯琪贸易有限公司、普兰店长勇皮装厂。

资料来源：搜狐网. 2017中国服装买手大赛圆满落幕[EB/OL]. (2017-09-27)[2022-03-04]. https://www.sohu.com/a/194989058_610835.

(四) 其他相关活动

在会展期间，还可结合会展需要，本着为会展提供更好服务的目的而举办一些其他相关活动。如为与会人员家属安排娱乐活动或节目，为带子女的参展商或观众策划举办的托儿项目，项目招标活动，明星等公众人物与大众见面活动等。

二、会展相关活动策划的作用

会展主办方之所以在会展期间策划举办各种与会展相关的活动，是为了给办展单位、参展商、观众带来诸多实际利益，其作用具体表现为如下几点。

(一) 丰富会展的信息功能

会展现场是市场和行业信息的重要集散地，是一个名副其实的行业盛会，政府领导、行业人士与参展商、专业观众在这里云集，剖析国家政策、研究行业走势、共商问题对策、交流技术与信息等。很多观众参观会展主要是为了收集并了解行业的新产品、新技术、新能源、新材料等各种前沿信息，与会展相关活动的举办能极大地丰富会展的信息功能。例如，在会展期间举办一些专业研讨会、技术交流会和行业会议，与会的专家、学者和行业专业人士能将大量的信息带给会场观众，信息传播作用非常明显。

(二) 扩展会展的展示功能

会展是企业产品的重要展示平台，许多参展企业精心设计展位、精挑细选展品，主要是为了在展会上充分展示企业和产品的良好形象，树立和强化品牌。会展相关活动能很好地扩展这一功能，例如，在会展期间举办的产品展示会、操作示范、有关表演和比赛等，能使企业和产品的形象得到更好的展现，使观众对其产生更加深刻的印象。

(三) 强化会展的发布功能

在会展活动中，行业人士空前聚集，信息传播很快，在此发布新技术、新信息、新产品影响更大，会展也因此成为许多企业发布新产品的一个重要场所。有些会展专门组织新产品发布会、技术推介会等，有时与表演和比赛等活动结合起来举办，以此来强化会展的发布功能。

(四) 延伸会展的贸易功能

企业参展的主要目的是与客户达成贸易，而专业观众参观的主要目的则是寻找合适的供应商，因此会展活动也是个重要的贸易平台。会展相关活动还能延伸会展的贸易功能，如产品订货会、产品推介会、项目招标活动等。

(五) 提升会展档次、扩大会展影响

在现代会展活动中，行业信息高度集中，因此我们可以将会展活动看成一个商业平台。如果策划出的会展活动精彩、恰当，不仅能够进一步扩大会展的影响，还能极大地提升会展的档次。例如，行业会议、高水平的专业研讨会和技术交流会等的举办就能极大地提升会展的号召力。

(六) 活跃会展现场气氛，吸引更多的潜在参展企业和潜在观众

一些富有观赏性的相关活动以及一些大众参与性较强的相关活动能极大地调动现场观众的积极性，使会展现场气氛活跃，吸引观众驻足，为参展企业创造良好的现场氛围。而行业会议、项目招标、技术交流会等专业性较强的相关活动对吸引企业参展也有较大的帮助。

会展相关活动的举办是为会展服务的，不能脱离会展而存在。如果会展相关活动策划和组织不当，不仅起不到上述积极作用，还会干扰会展的正常进行，浪费财力物力。如有些参展商组织某些低俗表演，导致观众反感，会破坏企业或产品形象。

第二节 会议的策划

展览期间的会议是会展相关活动的重要组成部分，它能给参展商和观众带来新的思维体验与新视野，丰富了会展的信息发布、贸易等功能。有些会议在策划的内容、程序上有相同之处，因此本节将对论坛与发布会的策划做详细讲解。

一、论坛的策划

（一）论坛主题

1. 主题立意要高

对于专业性较强的展会，论坛具有较强的行业号召力和凝聚力，它的成功之处往往在于主题的立意高远，即具有前瞻性。立意高远并非好高骛远，而是要站在时代的高度，用科学发展观审视行业中急需解决的现实问题与行业发展趋势。因此，主题要体现行业或社会发展过程中出现的新问题、新情况、新发现、新成果、新思想和新方法。

案例4-8　　　　　　　　　第二届虹桥国际经济论坛

在第二届中国国际进口博览会期间举办了第二届虹桥国际经济论坛。本届论坛紧扣全球经济发展的新趋势，聚焦全球经济发展的新挑战，突出开放发展和创新引领，为全球政商学界提供高端对话平台，让大家共同面对挑战，积极建言献策，为世界经济找准航向提出"虹桥智慧"和"虹桥主张"，推动经济持续健康发展，为企业创造更好的营商环境，让人民获得更多实惠。

第二届虹桥国际经济论坛以"开放创新，合作共赢"为主题，包括1场主论坛和5场分论坛，旨在把脉全球经济发展新趋势，应对全球经济发展新挑战。5场分论坛议题分别为"开放、规制与营商环境：政府角色与跨国公司视角""人工智能与创新发展：理念、技术和市场""世贸组织改革与自由贸易协定：路径选择与前景展望""数字化时代与电子商务创新发展：开放平台和合作愿景""70年中国发展与人类命运共同体"。

资料来源：中国国际进口博览会官网[EB/OL]. (2019-05-06)[2022-03-05]. https://www.ciie.org/zbh/index.html.

2. 主题要有价值

主题要有的放矢，能够折射出行业发展中的热点和难点问题，不能脱离现实。同时主题也必须与通过论坛能够切实解决的问题有关，因此论坛一般要邀请有关权威人士出席，使论坛的讨论内容能够具有一定的导向性，否则主题将不具有价值。

3. 主题能够引起关注

主题要新颖，选择行业中各企业共同关注的热点问题和急于解决的关键问题，这样才能引起关注，提高公众对论坛的认同感，有助于树立论坛的良好形象。如果论坛主题没有对论坛的潜在听众产生强大的号召力，不能被论坛潜在听众所接受和关注，论坛就没有意义。

案例4-9　　　　　　　　中国·国际现代救援医学论坛

抗击"新冠"疫情，中国人民众志成城，体现出国家凝聚力和快速反应能力，同时体现出我国公共卫生体系和医疗体系、民众健康意识等一系列不足之处。为此，中央全面深化改革第十二次会议明确提出要健全国家公共卫生应急体系，优化重要应急物资产能保障和区域布局。"中国·国际现代救援医学论坛"是立足中国国情，结合国际急救医学进展及重大灾疫情医学救援态势的国际性学术平台。论坛创立于2003年"SARS"后，得到国务院及卫生部领导的大力支持和指导帮助，现已连续成功举办了十七届(2003—2019年)。论坛以视野全球、主题鲜明、学术权威、前瞻务实为特征，规格高、规模大、内容新，是享誉国内外，具有中国特色，链接全球的高层医学救援的行业学术大会。

为贯彻落实习近平总书记关于充分发挥我国应急管理体系特色和优势，积极推进我国应急管理体系和能力现代化，要加强航空应急救援能力建设的系列重要讲话精神，根据《中国民用航空局、国家卫生健康委员会关于印发〈航空医疗救护联合试点工作实施方案〉的通知》(民航发〔2019〕17号)、国家卫生健康委员会《突发事件紧急医学救援"十三五"规划(2016—2020年)》等文件的工作要求，交流国内外医学救援领域的新成就、新进展。本届论坛尤其着重于对"新冠"肺炎疫情防控救治等进行科学总结，以及对《健康中国》中的重要内容——心肺复苏、心血管急救(CPR & ECC)等国内外最新技术进展的介绍与讨论。

4. 主题要与会展的总主题相协调

论坛作为与展览同期举办的活动，目的是以会促展，是展览的重要组成部分，其主题一定要与会展的总主题相协调，使之成为总主题的一个有机组成部分。

为了更好地确定论坛的主题，办展机构可以在征求相关政府主管部门、科研机构、专家、行业企业意见后确立主题，一个论坛只能有一个主题。

小资料

历届夏季达沃斯论坛会议主题一览

第一届世界经济论坛新领军者年会于2007年9月4—9日在大连举行，会议的主题是"变化中的力量平衡"。内容涉及全球商业环境、中国经济发展、企业全球化以及能源等重要话题。这是世界经济论坛首次举行针对成长型企业的"新领军者年会"，而且将长期在中国举行，这是对中国经济发展的充分肯定。

第二届世界经济论坛新领军者年会于2008年9月27—28日在天津举行，会议的主题是"下一轮增长的浪潮"。会议议程基于下列主题：走向全球；驾驭风险；未来成长的动力；科技与创新：下一轮浪潮；中国：全球化的积极参与者。

第三届世界经济论坛新领军者年会于2009年9月10—12日在大连举行，会议的主题是"重振增长"。会议议程基于五大支柱："去杠杆化"世界中的新型商业模式；绿色经济中蕴藏的机遇；重新思考亚洲发展模式；以科技进步推动经济增长；以创新满足社会需求。

第四届世界经济论坛新领军者年会于2010年9月13—15日在天津举行,会议主题是"可持续增长"。内容涉及加快科技创新,以及发展低碳经济、循环经济、绿色生态经济等重要话题。

第五届世界经济论坛新领军者年会于2011年9月14—16日在大连举行,会议的主题是"关注增长质量,掌控经济格局"。强调从根本上反思现有增长模式,并分享领先的个人及企业保证高质量增长的重要经验。

第六届世界经济论坛新领军者年会于2012年9月11—13日在天津举行,会议主题是"塑造未来经济"。与会者将围绕创造性应对当前挑战、认识科技领域新前沿等议题展开讨论。

第七届世界经济论坛新领军者年会于2013年9月11—13日在大连举行,会议的主题是"创新:势在必行"。来自90个国家的1600余位嘉宾将共同研讨"改变行业生态系统、释放创新力量、打造社会抵御风险能力、连接不同市场"四大议题。

第八届世界经济论坛新领军者年会于2014年9月10—12日在天津举行,会议的主题为"推动创新创造价值"。来自全球的政界商界领袖、全球成长型公司、全球青年领袖、媒体领袖、技术先锋、青年科学家将围绕中国与新兴市场、可持续性与社会、创新与工业、科学与技术、创造力与文化等内容开展140场会议及互动式讨论。

第九届夏季达沃斯论坛以"描绘增长新蓝图"为主题,吸引了来自90多个国家和地区的1700余名政商领袖、专家学者,针对全球经济的现状和发展进行讨论和观点碰撞。

第十届夏季达沃斯论坛以"第四次工业革命——转型的力量"主题。结合论坛主题特点,党中央国务院要求,以及我国经济社会发展新特点、新动向3个方面,同时考虑与百姓生活的切实联系,确定了4条宣传口号,分别为"聚焦新常态 发现转型的力量""绿色工业革命 创新领军未来""新理念 新动能 新生活 新天津"和"凝聚全球智力 共享转型发展"。

第十一届夏季达沃斯论坛于2017年6月27—29日在大连举行,本届论坛的主题是"在第四次工业革命中实现包容性增长"。来自全球90多个国家和地区的各界代表共2000余人,就经济全球化挑战、共享经济、新技术应用等热门话题展开深入探讨。

第十二届世界经济论坛新领军者年会于2018年9月19—20日在天津举行,以"在第四次工业革命中打造创新型社会"为主题,吸引了4位国家元首或政府首脑,38位国家副元首、副总理、副首相或部长聚首津门,42个国家的将近200名政要出席,100多个国家的2000多名嘉宾参会。论坛围绕当前国际热议的工业革命等概念,共设置超过200个会议议题,具体包括气候变化、国际投资、智能制造等各行业热点话题。

第十三届新领军者年会于2019年7月1—3日在大连举行。本届年会主题为"领导力4.0:全球化新时代的成功之道"。来自政界、商界、学界及媒体的1800余名新领军者齐聚大连,参加这一兼具创新精神和企业家精神的全球盛会,共同探讨全球环境挑战、区域竞争、经济差距以及技术变革等问题。

资料来源：国际在线. 2019夏季达沃斯论坛[EB/OL]. (2019-07-03)[2022-03-07]. http://news.cri.cn/special/b200691c-286d-431a-970a-c7b682193088.html.

(二) 论坛议题

议题是主题的具体化，没有具体的议题，只有主题，任何会议都无法展开讨论。因此，主题应当统率议题，通过议题变得更加具体化；议题应当紧紧围绕主题，具体表现主题的思想内涵，并具有针对性和可讨论性。

案例4-10　**2019第十三届夏季达沃斯论坛的主题和议题**

第十三届世界经济论坛新领军者年会(夏季达沃斯论坛)于7月1—3日在大连举行。本次会议主题为"领导力4.0：全球化新时代的成功之道"，旨在激励与会领袖探寻新的战略模式，应对全球环境挑战、区域竞争、经济差距问题以及技术变革。针对会议主题，设定以下四大议题。

1. 实现技术领导力

相关场次的会议包括"推广战略性技术""技术权力竞争"和"负责任地使用5G"等。

2. 保持经济领导力

相关场次的会议包括"中国经济前景展望""超越贸易战"和"聚焦东盟：青年和就业前景"等。

3. 提升负责任领导力

重点探讨提升经济包容性和可持续性所需采取的行动举措，相关场次的会议包括"气候变化：下一场金融危机？""反思资本主义"和"如何对跨国企业征税"等。

4. 培育灵活行业领导力

该议题旨在帮助商业领袖和政策制定者充分利用技术的颠覆性力量，维持在第四次工业革命时代的竞争力。相关场次的会议包括"有机增长还可行吗""更智慧的产业政策"和"加快推进清洁技术转型"等。

资料来源：国际在线. 2019夏季达沃斯论坛[EB/OL]. (2019-07-03)[2022-03-08]. http://news.cri.cn/special/b200691c-286d-431a-970a-c7b682193088.html.

选取论坛议题时，应注意以下两个方面。

1. 议题能够提高论坛的效率

要提高论坛的效率，策划时要注意以下几点。

(1) 迫切性。凡提交论坛讨论的议题必须是必要的而且是需要立即讨论的，如果让没有必要性的议题占据讨论的主要部分，就会分散与会者的精力，浪费会议的时间。

(2) 适度性。论坛议题的数量要适度，避免因议题过多延长会议时间，使会议效率下降。如果需讨论的议题确实较多，可采取分段开会的办法，以控制一次会议的议题数量。

(3) 主次性。选择议题时要分清议题的主次轻重，明确中心议题或主要议题，以保证与会者能够把主要精力集中于最重要和最需要认真思考的问题上。判断议题主次轻重的标准主要是议题与中心工作的关系。凡是反映中心工作的议题，应当列为中心议题或主要议题。也可以说，明确中心议题或主要议题，实际上就是明确会议的主要目标和任务，就是抓住工作中的重点和难点。

(4) 充分性。议题准备一定要充分，在拟定议题的同时，还要提交相关的背景材料，有的还形成两个以上的备选方案，以便在讨论和决策时作为参考。这样既可以节省会议时间，也可以最大限度地提高会议的决策质量。

(5) 集中性。对内容相关的议题要适当进行集中或归并讨论，避免或最大限度地减少重复讨论，重复讨论将会使会议活动变得拖沓、没有效率，难以得到与会者的认同和好评。

2. 议题表述要准确

议题的表述要清楚、准确，避免含混或产生歧义，这就要求在确定和撰写会议主题时，要对文字和语义进行推敲。如某次会议的议题是"组织青少年支援甘肃采集树种"，乍看议题，还以为是要组织青少年去甘肃帮助采集树种，后来才明白是讨论如何组织青少年就地采集树种支援甘肃。由此可见，议题表述不准确、不清楚，会导致导向性或政策性的错误。

(三) 论坛参加对象

论坛的参加对象包括会议主讲人和听众两部分。论坛具有权威性的特点，因此论坛的主讲人对论坛的成功举办有着举足轻重的影响，知名的专家、学者、企业家及政府主管部门权威人士的演讲会使论坛光芒四射，提高论坛的权威性和导向性。论坛的主题和议题确定以后，要确定邀请一些对该主题和议题有深入研究的人士作为会议的主讲人，并及时向他们发出邀请。

论坛不能没有听众，要对论坛的目标听众做出分析和预测，要确定听众的来源和范围、听众参与的资格和入场的方式、会议现场可以容纳的听众数量等。确定论坛的参加对象应遵循以下原则。

1. 必要性

必要性即强调(明确)哪些对象必须或应当参加会议，具体要求做到以下几点。

(1) 根据论坛的主题确定对象。凡对实现论坛主题有帮助的对象应当列入邀请范围。

(2) 根据论坛的议题确定对象。论坛的议题所涉及的有关组织、单位或个人可以或必须作为参会对象出席或列席。

(3) 根据论坛公关需要确定对象。有时为了获得某些方面的支持，或者为了感谢某些单位的帮助，可以邀请他们作为嘉宾参加会议，如赞助商、上级领导、政府代表、东道主以及媒体等。

对于必须参加的单位或个人，通知名单上一个不能遗漏；而可参加可不参加的，不应当列入参加范围。

2. 明确性

(1) 明确参加对象的职务或级别。明确担任什么职务或级别的人员必须、应当或可以参加论坛。有的必须是正职干部才能出席，有的要求分管某项业务的人员才能参加，有的则规定一定级别以上的干部可以参加。

(2) 明确参加对象的资格。明确每一个对象以何种资格参加会议。对象的身份不同，参加论坛的提法也不一样：正式成员称为"出席"；列席成员称为"列席"；旁听成员称为"旁听"；特邀成员根据具体的对象，可称为"出席"，亦可称其为"列席"。当不需要对与会者的资格作区分时，也可以通用"参加会议"一词。当会议对象的资格不同时，应当在邀请书或会议通知中说明与会者的资格，或以"出席""列席"和"旁听"加以区分，以免产生误会。

3. 代表性

与会者的质量与数量是否具有代表性，是论坛是否具有价值的直接体现。与会者的代表性主要体现在：与会者的人数是否能够使论坛具有一定的规模；与会者的来源和基本构成是否能够反映论坛主题所在行业的基本情况；与会者的专业水准、权威程度是否处在行业内较高的水平上；等等。在代表性方面，质量和数量往往是相辅相成的，如果一个论坛规模很大，但与会者都是行业内较小企业、较低水平的工作人员，则论坛难以在业内形成有分量的影响；如果一个论坛邀请的与会者都是行业权威，但人数极少，那么这个论坛只能是小众性的论坛，其主题和讨论成果难以在业内推广。

(四) 论坛形式

论坛召开形式对论坛的举办也有较大的影响，应根据主题和议题、会议主讲人以及听众特点来确定论坛形式。从听众的参与程度来看，论坛的形式一般有封闭式、半开放式、开放式三种。

1. 封闭式

封闭式论坛是指论坛设置主持人和主讲人，主持人介绍主讲人情况、演讲主题及摘要，由主讲人进行演讲，听众在主讲人演讲完毕没有机会和时间提问。

2. 半开放式

半开放式论坛是指论坛设有主持人和主讲人，主持人介绍主讲人情况、演讲主题及摘要，由主讲人进行演讲，听众在主讲人演讲完毕有一定机会和时间提问。

3. 开放式

开放式论坛是指论坛只设有主持人，不设主讲人，听众能够和所有的与会人员就某一议题展开自由讨论。

案例4-11 **2014年APEC工商领导人峰会日程**

2014年APEC工商领导人峰会日程安排如表4-1所示。

表4-1 日程安排

时　间	内　容
2014年11月9日(国家会议中心)	
07：00 开始	代表入场
09：00—09：30	峰会开幕式
09：40—10：55	峰会讨论：亚太经济一体化与全球多边贸易体系
11：00—12：15	峰会讨论：区域合作新机遇
12：15—14：00	交流午餐
14：00—15：15	峰会讨论：世界经济评述
15：15—16：30	峰会讨论：聚焦经济改革
16：30—17：00	茶歇(地点：四层大会堂B厅)
17：00—18：15	峰会讨论：创新发展
19：00—21：00	2014年APEC工商领导人峰会晚宴
2014年11月10日(国家会议中心)	
07：00 开始	代表入场
09：00—10：15	峰会讨论：全球均衡化发展
10：15—11：30	把握全球金融走向：稳定国际金融秩序、恢复融资市场信心
11：30—12：45	峰会讨论：互联互通
12：45—14：30	交流午餐
14：30—15：00	APEC经济体领导人对话
15：00—16：15	峰会头脑风暴会：未来发展趋势
16：15—16：45	茶歇(地点：四层大会堂B厅)
16：45—17：15	APEC经济体领导人对话
17：15—17：30	峰会闭幕式

思考题：从APEC工商领导人峰会的日程安排来看，该论坛是什么形式的论坛？

(五) 论坛规模

论坛规模一般是指会议占有的空间，包括动用的人员和物资的总和。动用的人员和物资越多，规模就越大，其中主要因素是动用的人员，又以当中参加论坛的总人数为主要依据。确定论坛规模时应主要参考以下几方面因素。

1. 效果因素

论坛的规模应与论坛的预期效果相适应，根据论坛主题与议题内容确定参加人员与人数，使论坛规模能够与论坛的预期效果相匹配。人员太少，无法适应信息沟通的需要，且不利于论坛收益；但盲目追求规模，容易造成人员杂乱，降低论坛效果。

2. 效率因素

会议人数越少，会议所花费的组织与准备时间越少，效率越高；反之，会议人数越多，会议所花费的组织与准备时间越长。如果是半开放式或开放式论坛，则与会者发言人数越多，意见越不好集中，效率也越低。

3. 场地因素

在进行论坛规模策划时，除了需要考虑参会人数，还应考虑论坛举办地的场地资源。策划人员应列出并考察当地能够提供会议服务的会议中心等场所，对其接待能力、接待规格进行评价和比较，选择合适的场地。如果举办地的会议场馆资源少、场馆接待能力弱，论坛规模就会受到限制。一般而言，论坛的参与人数越多、规格越高，对场馆的要求就越高。

4. 成本因素

论坛规模与会议成本成正比关系，规模越大，动用的人力、物力、财力就越多，会议成本也就越高。

(六) 论坛时间、地点

1. 论坛时间

论坛时间包括两个方面：一是时机，即什么时候召开最为合适；二是会期，即论坛时间的长短。论坛时间策划应遵循以下几项原则。

(1) 时机原则。会中会一般安排在展会期间，提前预约并做好协调工作，保证领导、嘉宾、主讲人能在预定时间参加会议，要注意结合论坛各主讲人到会的时间对会议各议题的场次和日程进行安排。

(2) 需要原则。根据论坛的议程、主讲人发言时间、与会者的提问时间并预留一定的机动时间，确定会期。

(3) 成本和效率原则。会议时间长短与会议的成本和效率密切相关。一般情况下，会议的时间越短，成本越低，效率越高。因此，在满足需要原则的前提下，适当、合理地压缩会议时间，是降低会议成本、提高会议效率的有效手段。这就要求做到：会前对会期做好预测，在保证论坛效果的前提下，尽量做到长会短开；提倡准时开会、准时结束的会风；对发言时间进行适当的限制；控制参会人数。

2. 论坛地点

会中会的地点尽量安排在会展的同座展馆内，这样更有利于展览和会议的相互促进。如果同一座展馆内空间不够，则要尽量将会议地点安排在离会展比较近的地方，还要综合考虑会场环境及周边环境、场地大小、会场设备、通信设施、服务水平、费用等。

(七) 论坛议程、日程

议程是指针对议题开展活动的程序,即把一次会议的各项议题按照主次轻重的原则以及先报告、再讨论审议、后表决的次序编排并确定下来。一般先确定议题,再安排议程。日程是指每天的各项论坛活动按单位时间的具体落实与安排。议程编制应提前进行,一旦确定,就不应再变。论坛日程在时间、地点、人员等问题上如有变化,可相应调整,一般以简短文字或表格形式说明。

大中型论坛的议程一般为:开幕式;介绍与会嘉宾;由领导或嘉宾致辞;由代表针对议题进行大会发言;分组讨论或提问;会议总结;闭幕式等。会议原则上要定时召开,且时间不宜过长,避免与会人员感到疲劳。如遇多个议题,应按其重要程度排列,最重要的排列在最前面,并应尽量保证在最佳时间开会。8:00—11:30,15:00—17:30是人们精力最旺盛、思维能力及记忆力最佳的时间段。所以,安排会议议程和日程时要注意将全体会议安排在上午,将分组讨论安排在下午,晚上则安排一些文娱活动。

凡会期满一天的论坛都应制定论坛议程和日程,如果会期只有半天,且都是议题性活动,只需制定会议议程即可。

案例4-12　　　　　　　　**第××届××洽谈会议程**

(1) 主持人宣布会议开始,介绍与会嘉宾。
(2) 投资促进事务局××局长、世界创新研究院院长×××致辞。
(3) ××市高新区负责人演讲。
(4) ××市××产业园区负责人演讲。
(5) ××公司代表演讲。
(6) ××国××集团总裁演讲。
(7) 考察××产业园区和××高新区。
(8) 项目对接会。
(9) 闭幕式:××市副市长做会议总结,主持人宣布会议闭会。

第××届××洽谈会日程如表4-2所示。

表4-2　第××届××洽谈会日程

日期	时间	地点	内容	备注
9月10日	9:00—9:05	××会展中心多功能厅	××市商务委××部主任×××介绍与会嘉宾	
	9:05—9:10	××会展中心多功能厅	投资促进事务局××局长致辞	
	9:10—9:15	××会展中心多功能厅	世界创新研究院院长××致辞	
	9:15—9:35	××会展中心多功能厅	××市高新区负责人演讲,题目×××	
	9:35—9:55	××会展中心多功能厅	××市××产业园区负责人演讲,题目×××	

(续表)

日期	时间	地点	内容	备注
9月10日	9:55—10:10	二楼休闲区	茶歇	
	10:10—10:30	××会展中心多功能厅	××公司代表演讲,题目×××	
	10:30—10:50	××会展中心多功能厅	××国××集团总裁演讲,题目×××	
	10:55—11:30	会展中心××号馆门前集合	集体出发前往××产业园区	
	11:30—12:30		考察××产业园区	
	12:30—13:30	××饭店	午餐	
	13:30—14:00	××饭店门前集合	集体出发前往××高新区	
	14:00—15:00		考察××高新区	
	15:00—15:40		集体返回会展中心	
	15:40—16:00	会展中心二楼休闲区	茶歇	
	16:00—17:30	××会展中心多功能厅	项目对接、洽谈	
	17:30—17:40	××会展中心多功能厅	××市副市长××致闭幕词 主持人宣布会议闭会	
	18:00—19:30	××饭店	晚宴	

(八) 论坛预算

1. 收入

(1) 行政经费划拨。国家政府机关部门以及其他事业单位召开的论坛,可以从行政经费中划拨,或者获得财政支持。

(2) 参会者缴纳的费用,包括会务费、注册费、报名费、讲座费、入场费等。

(3) 赞助费。通过有效的会议公关,从企业、社会团体及个人那里获得的资金或物资赞助。

(4) 无形资产使用权转让的收益。一些大型论坛由于意义重大、影响深远、知名度高,具有多种无形资产。充分有效地开发和利用会议本身的无形资产,使其转化为合法的有偿转让行为,不仅能使商家因获得这种无形资产而受益,而且可以为会议筹得可观的经费,带来丰厚的经济利益。如授权商家使用会徽、会旗、会歌、口号、吉祥物等,商家可将其用于商品、商品包装或容器上,或用于商品交易文书上,或用于会议指定使用的商品上,或用于广告宣传、商业展览、营业性演出以及其他商业活动等,都可产生经济收益。

(5) 广告收入。论坛的广告资源十分丰富,如证件广告、入场券广告、会刊广告、现场广告、手提袋广告、专业信封及信纸广告、媒体广告等。

(6) 其他收入。如演讲、出版物收入等。

2. 支出

(1) 会场租金。根据会议规模确定会场的大小,会场越大、越多,费用越高。租借会场时，要问清会场内有哪些设备已包含在会场租金中，哪些需另行付费，以及停车场是否免费。

(2) 装饰费。装饰费即会场和展馆内以及周边环境的装饰费用，包括制作会标、会徽、吉祥物，以及购买或租借花卉、彩旗、气球等物品的费用。

(3) 设备费。设备费包括购买或租借印刷设备、视听设备、通信设备、计算机设备等的费用。

(4) 交通食宿费。主办方应承担以下费用：邀请的与会者(包括特邀嘉宾)赴会的差旅费和会议期间安排的接待、参观游览所需要的交通费、食宿费；会议期间的茶水、毛巾及相关服务费用；会议茶歇时间的点心、咖啡、饮料的费用；主办方会务工作人员所需的交通费和食宿费。

(5) 人工费。人工费包括报告人的酬金、专家的咨询费或鉴定费、临时借用人员的报酬、特殊情况下发给与会者的补贴；支付给会展公司策划、设计、搭建、运输、文印、礼仪、清洁等方面的服务费用。一般情况下，与会者的工资属于隐性成本，不列入人工费。主办单位会务工作人员的工资报酬视具体情况确定是否列入人工费支出项目。

(6) 公关与广告宣传费。包括有关论坛的广告费用、礼品费用、举行开/闭幕式的费用以及举行新闻发布会和酒会的费用等。

(7) 文具资料费，即制作各类论坛文件、证件、指示标牌、宣传手册、签到簿以及购买论坛易耗文具的费用。

(8) 不可预见费。事先无法预计的临时性支出。

(九) 发放邀请函

事先设计制作论坛的邀请函，将邀请函发送给拟邀请的参会者。发送邀请函可以通过邮政或快递，对于重要的参会者可以派专人专程送达，也可以发送传真版或电子邮件版的邀请函。

在发放邀请函之前，应先确定参会者名单及其详细信息，包括参会者的单位、姓名、职务、通信地址等，并对发送的批次、时间进行安排。在发送之后，应统计报名或回执的收取情况，如果有必要，还要再补发一两次。此外，还要及时掌握参会者职务、地址等的变更情况。

(十) 收集演讲资料

论坛活动中，各种发言、演讲是活动的重头戏，因此在论坛策划过程中收集、准备好各种演讲资料是一项必要的工作。演讲资料不局限于演讲的成稿，也包括演讲、发言、讨论中可能用到的各种专业资料、数据等。这些资料可以由论坛的策划人员依据论坛的主题、议题进行收集整理，然后提供给嘉宾；也可以由事先确定发言的专家、嘉宾提供，然后印发给其他参会者。

(十一) 论坛准备

论坛准备工作包括材料准备、设施准备、相关服务准备等。论坛的材料主要指论述论坛主题、议题所必需的文字、图像、视听及印刷材料；设施主要指论坛举办过程中所使用的桌椅、室内照明、视听设备等；相关服务包括论坛中所需的各种会议服务，如与会者签到、会场指引、卫生清洁、安全保卫、餐饮住宿、交通、秘书、翻译、通信、金融等。论坛材料、设施及服务的水平会直接影响参会者对论坛质量的评价，因此在准备时要确定标准、细致周到，以提高论坛的整体服务质量。

(十二) 论坛召开

论坛召开的标志性活动是论坛的开幕式，开幕式一般会邀请重要嘉宾和媒体记者出席，开宗明义，并进行相应的宣传。开幕式结束之后，就可按照论坛的实施方案和时间安排，按部就班地实施各种活动，也可根据论坛的具体情况，安排一两次特殊活动。

论坛召开期间，全部工作人员应该保持良好的精神状态和工作状态，以求活动能够达到预期的效果。为保证论坛的顺利举办，主办方应成立专门的管理部门，制定标准可行的管理规程，并在论坛召开过程中对各项准备事务随时进行监督和调整。

(十三) 会后总结

论坛结束之后，主办方应对论坛活动的开办效果、讨论成果进行总结，对服务质量进行评估，并征求与会者的意见和建议，作为未来论坛策划的参考，同时开始策划、筹备下一届论坛。

二、产品发布会或推荐会的策划

产品发布会或推荐会是会展活动中由参展商组织的较为常见的一种相关活动，主要目的是借助会展活动平台，向专业观众和其他参与者介绍本企业产品。产品发布会或推荐会上发布推荐的产品一般以企业新开发、研制的产品为主，所以有时也称为"新品发布会"。在进行产品发布会或推荐会的策划时，主要按照以下步骤实施。

1. 由参展单位提出会议申请

产品发布会或推荐会的主办者一般是企业或者行业协会，因此产品发布会或推荐会的策划方案是由有关企业或行业协会完成的，办展机构主要起穿针引线、提供展示平台和现场管理与服务的作用。为了使各参展商的产品发布会或推荐会有条不紊地如期举办，一般情况下，展会主办方会在展会策划方案和招展材料中体现产品发布会或推荐会的形式和申办要求，由参展单位自愿向展会主办方提出申请，由主办机构统一协调安排时间和地点，经批准之后方能举办。

2. 确定收费标准

产品发布会和推荐会能够为参展企业提供对外推介、宣传、树立良好形象的契机，同时能够达到增进参展效果的作用，因此，参展企业参加产品发布会或推荐会需要向主办方缴纳一定的费用。收费标准由展会主办方确定，一般可以参照发布会的时长、次数、场地大小、使用设备的多少以及主办方提供的服务类别进行定价。

3. 办展机构统筹发布会或推荐会的时间安排

发布会或推荐会虽然主要由参展商或相关协会发起，但发布会或推荐会在办展机构总体策划方案中属于会展相关活动范围。办展机构在策划会展相关活动总体方案时，要结合自身举办的相关活动统筹安排发布会或推荐会的时间，避免发布会或推荐会的时间安排与办展机构举办的相关活动时间相冲突。

4. 提供现场管理与服务

产品发布会或推荐会的现场管理和服务一般由办展机构负责。对于发布会的现场管理，首先，办展机构要在提供展示平台的基础上，按要求布置好发布会现场，并提供必要的道具，安排好合适和足够数量的服务人员；其次，办展机构要妥善安排各发布会或推荐会的时间顺序，避免因时间安排不当而引起冲突或者现场混乱；最后，如果发布会或推荐会在会展现场举行，办展机构要协助发布单位或推荐单位控制现场人流量和秩序，不能因为该发布会或推荐会而影响其他企业的展出。如办展机构承办产品发布会或推荐会的整体策划，则需要参照论坛策划内容进行整体策划。

三、会议场所的选择与布置

会议场所规划的首要目标是给与会者提供一个舒适的环境，满足与会者生理上和心理上的需求，使与会者之间的交流和互动更便捷，从而使会议更高效。

(一) 选择会议场所的基本准则

1. 会议场所面积适应与会人员数量

会议场所面积要和与会人员数量相适应，房间面积太小，与会人员过多，会使人产生幽闭、恐惧、嘈杂的感觉；而房间面积太大，与会人员过少，又会显得空旷冷清，让人无法专注于当前的会议主题。一般情况下，与会人员人均所占面积根据不同会议室类型应有所变化，要根据人均所占面积选择会议室的面积。例如，剧院式会议室：100人以下人均所占面积为1.2平方米，100人以上300人以下人均所占面积为1平方米，300人以上人均所占面积为0.9平方米，两排椅子之间至少保持一尺距离；课堂式会议室：100人以下人均所占面积为2平方米，100人以上300人以下人均所占面积为1.9平方米，300人以上人均所占面积为1.7

平方米。会场设计对一场会议能否开得生动活泼、与会者是否能积极参与起到关键作用。

2. 会议场所的物理品质影响环境氛围

(1) 天花板。天花板高度和悬挂物是两个要素。天花板的高度与会议室面积成正比，会议室面积越大，天花板应该越高，否则会显得压抑。一般天花板高度为3～6米，过低会限制投影屏幕的大小，同时也可能造成回音。室内悬挂物如装饰灯或其他照明设备向下突出，会降低高度。另外，天花板若采用吸音材质，通常隔音效果较好。

(2) 墙壁。主要考虑墙壁的隔音效果，实地考察时要加以测试。可利用可移动墙来重新划分会议室，有助于保持会议的机密性以及控制演讲效果。

(3) 地板。地板如果不铺设地毯，会节约成本，但当有人在会议室出入和走动时，会有声响，影响会议效果；铺设地毯会有一定的吸音效果，能减少房间的噪音，同时不易刮伤桌椅，因此地面铺设地毯要好于单纯是木质或混凝土的地面。

(4) 窗户。会场有安窗和不安窗两种。如果会场有窗户，而会议中必须使用投影设备等，必须配备遮光设备，以确保幻灯片放映时的投影效果；如无须配备投影设备，则保持自然光即可。此时还要考虑周边的环境，如果窗户面向繁忙的街道、建筑工地等，外界发出的噪音很可能会影响会议效果。如果无窗，要考虑是否有配套的通风设施与适合的照明设备。

(5) 出入口。主要考察会议室的出入口数量、开关门有无声音及门上是否安有窗户或猫眼。理想的出入口应在会议室的前面和后面各置一门，与会人员报到时从前门进入，会议开始后，迟到的入场者从后门进入，这样可不打断会议。同时还要考虑会议的门开关时的声音，会议期间，如有人出入，应保证会议室的门不发出声响，否则会影响会议效果；会议室门上如安有窗户或猫眼也会扰乱会议，不能保证会议的机密性。

(6) 音响系统。大多数会议场所都有硬接线的室内音响系统。如果采用多媒体，必须确保会议室内有足够的空间容纳各种所需设备，如配有灯光和音响的固定舞台或移动设备、整体通信系统、视听室等。还要考虑是否有个人控制板以调节光线，系统能否提供跟踪聚光灯，紧急情况下能否提供备用电力等。

3. 会议环境布置要以与会者的生理及心理需求为中心

与会者参加会议要求获得一种归属感，即感到自己是团队的一分子并能分享共同的经验，会场应该为增强这种凝聚力提供便利条件。会议室里的每一个人都有看得见、听得清、不受干扰的心理需求，因此选择会议室应该保证每个与会者能够看到和听到所有其他与会者的表现和发言，可以在不转移和扭动身体的情况下看到会议提供的视频及主讲人。任何人都希望在会议结束之前离开时不打扰其他人，因此，落座时座位之间应有足够的间距以保证不碰到前后左右。会议室的空调温度、环境布置与主题要相一致，让与会者感觉舒适。集中精力参与会议是与会人员的另一心理需求，主办方应在这方面进行考量。

4. 注意视听设备的安置

投影屏幕设置在房间的一角比在房间中间效果更好，这种安排既保证了观众对设备的关注度,又避免设备阻碍屏幕,这样才可以使坐在后排的与会者看到屏幕且不会太困难(后排观众观看屏幕困难是在设置越过头顶的投影设备时常出现的典型问题)。为保证最后一排观众和第一排观众都能够舒适地看清屏幕,对于屏幕高度和第一排会议桌椅摆放都有一定要求。如果会议室太大、与会人员较多、屏幕太小,最后一排观众将无法看清屏幕演示,因此保证屏幕高度合适尤为重要。正确的高度确定方法是:从屏幕到观众席最后一排座位的距离的1/6即为屏幕高度,第一排座位到屏幕的距离应大于2倍屏幕的高度,屏幕底部应离观众席所在地面至少122厘米。

(二) 会场布置

1. 会场布置内容

(1) 横幅。可将电子屏幕、布制横幅或提示板布置于来宾入口、酒店大堂或是会议主席台上方,以表示欢迎和明示主题,这是会场布置中较常用的装饰物料。从内容上可将其分为主题性标语横幅和礼仪性标语横幅两种。主题性标语横幅一般为宣传、烘托会议主题的大幅书面口号;礼仪性标语横幅一般为表达热诚欢迎和热烈祝贺之意的大幅书面口号,如"热烈欢迎参加×××会的国内外嘉宾""热烈祝贺×××大会隆重召开"。

(2) 指示标志。指示标志对于来宾迅速找到会场位置和座位非常重要,细节的安排往往也会使与会者更能体会到服务的周到。指示标志分为指示牌、坐签、桌签及座次图等。指示牌是为与会者方便找到会场而设置的,一般放置于主要通道与会议室门口。坐签也称席卡、名签,即每个与会者桌上放置的写有姓名的标签。坐签通常两面书写姓名,一面朝外,一面朝向与会者自己,既方便与会者寻找自己的位置,又方便相互辨识、结识。桌签适用于联欢会等采用分散式座位格局的会场,由于桌席较多,于是用桌签标识桌次。座次图是指印制的全场座位分布及具体座次的图表,通常张贴或悬挂于会场入口处,有助于与会者快速找到自己的位置。

(3) 胸牌。设置标识统一的胸牌,可用不同的颜色及文字区分会场人员的身份,使人员的识别和协调更加容易。

(4) 签到处。签到处是供来宾签到或咨询以及办理手续的地方,一般设置在会议室门口,需要摆放签到簿、笔、资料及资料袋等物。

(5) 签到处背景板。在签到处的后方设置签到处背景板,更能体现会议的专业性。背景板上的内容一般包括会议logo、会议名称、"签到处"三字。

(6) 会场主背景板/背景墙。会议主席台后方通常会搭建主题背景,上有会议主题、办会机构、赞助企业logo、会议的时间和地点等信息。

(7) 主席台。主席台区域通常搭建舞台,其具体尺寸及高度视会场具体情况而定。主席台前侧及后侧应摆放绿植及花卉等。

(8) 演讲台。一般情况下,演讲台只设一个,可设在主席台的中央,也可设在右前侧。如设在中央，位置应低于主席台，以免报告人挡住主席台上领导人的视线。如果是较大的会场，也可在会场的两侧设置演讲台，以方便台下的代表上台讲话。演讲台上应放置鲜花，以低矮型为宜。演讲台正面可镶会议logo。

（9）花摆装饰。VIP室周边、签到桌、餐桌及讲台等位置一般会放置鲜花，以营造优美的环境氛围。开业典礼及其他庆典往往还需要花篮、花门等来装点。

（10）其他装饰。比较复杂的会场往往还需要其他装饰及布景，例如气球、布艺、展示制作等。这就需要根据不同的场地情况和不同的主题要求进行配置，装饰风格力求体现大型会议的专业性，烘托服务的周到和人性化。

2. 会议室布置

（1）会议型。会议桌一般为圆形或长方形，与会者之间是等距的，同时每个人都能很方便地看到别人。圆形会议桌的会议布置可以营造一种协作、整体与平等的氛围，弱化会议主持者的重要性，而彰显所有与会者的重要性。长方形的会议桌常常会给人一种正式感，特别是当主持者坐在桌子尽头的时候，有时主持者为了便于掌控会议也可坐在长边一侧的中间位置，可以强化主持者的重要性。会议型布置一般适用于小型会议、座谈会、论坛、研讨会、讨论会等，如图4-1、图4-2、图4-3所示。

图4-1　椭圆形桌会议室

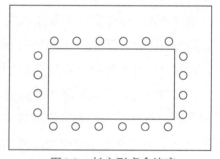

图4-2　长方形桌会议室

图4-3　圆形桌会议室

（2）U型。U型布局适用于所有会议类型。在这种布局里，与会者可以方便地阅读和书写，还可以方便地看到主持者和视觉媒介，并且可以与其他与会者面对面交流。此类会议布局更适合有视频演示环节的会议，如图4-4所示。

图4-4 U型布局

(3) 课堂型。课堂型(或称教学型或教室型)的会议布局适合大型团队，可以满足与会人数100人以上的会议。这种会议布局便于与会者看到讲台，但后排的与会者可能听不清发言人声音或看不清发言人。每个与会者前方均有课桌，可满足与会者记录会议内容的需要，如图4-5所示。这种布局适用于以主讲人演讲为主的会议，会间主讲人也可适当安排提问。一般情况下，论坛、新闻发布会、研讨会、培训等可采用此会议布局。

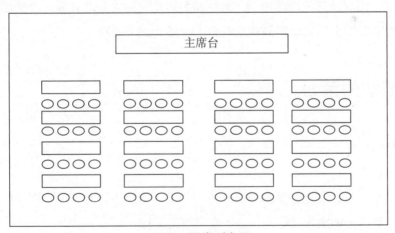

图4-5 课堂型布局

(4) 剧院型。剧院型(礼堂型)布局适用于与会者超过200人的情况，可进行多媒体演示。此种会议布局容量最大，能保证焦点集中在讲台，但每个与会者前一般不设置桌子，因此不方便与会者做会议记录，且没有地方放资料，如图4-6所示。后排与会者可能看不清视频演示，个人空间较小。这种会议布置适用于大型会议，以演讲人演讲为主，演讲人与听众不需交流。一般与会人数超过200人的新闻发布会、论坛、启动仪式等可采用剧院型布局。

图4-6 剧院型布局

第三节 表演、比赛与其他相关活动策划

在展会现场，办展机构及参展商会结合展会及营销活动的需要，举办一些与展会有一定关联的表演、比赛及其他相关活动。这些相关活动有的专业性较强，有的缺乏专业性，但都能很好地活跃展会气氛，提高观众兴趣，为展会锦上添花。

一、表演的策划

(一) 策划原则

1. 安全

对任何活动而言，安全保障都是第一位的。通常情况下，普通展会期间的表演可在室外场地举行，也可借助室内场馆的设施，在展馆内举行。

对在场馆外部举行的活动，应在正式开始前实地检测观众席与舞台、活动场地的距离，避免部分活动因过于激烈而引发安全事故。

案例4-13　　　　　　　　　展会中的安全隐患

新加坡某展会为吸引更多的年轻观众，在开展期间特意举办极限轮滑表演秀。在表演惊险动作时，一位表演者由于失去平衡冲向观众席，与一名7岁儿童相撞，导致儿童鼻骨被撞断，双眼也受到不同程度的损伤。经医院诊断左眼视网膜脱落，即便治愈，今后也会造成很多不便。这次意外给这位儿童及其父母带来了极大的痛苦。

对于在室内举办的表演活动，一般应注意防火、防盗，避免造成群体踩踏等事件。展馆内相对封闭，人员密度大，一旦引起火灾，后果不堪设想。因此，对于易造成火灾的活动，展馆有权予以取消，经济损失由主办方自己承担。

2. 经济与效果

策划表演活动时应本着"展会为主，活动为辅"的原则，切不可本末倒置。投入大量的人力、财力、物力去精心策划一场表演秀，必然会增加展会预算，进而增加各参展商的支出，从长远看不利于与参展商建立长期合作关系。此外，还要考虑表演资金的投入与会展效果。

例如，一场中型展会组织文艺晚会作为开幕式，邀请我国许多著名歌星前来捧场，虽然吸引了大批观众观看表演，但喧宾夺主，观众不一定会记住展会的品牌和内容。

3. 体现会展目标

活动的内容与形式应该符合展会的目标、主题，活动的内容不能与展会毫无联系，活动的形式不能脱离展会的实际。否则，活动不但起不到锦上添花的作用，反而会扰乱展会现场秩序，甚至给展会带来安全隐患。

案例4-14　　　　　　　十七届大连国际服装博览会的表演

(1) 功能定位：

一是成为服装企业的交易中心；

二是成为服饰、时尚信息交流发布中心；

三是成为时装品牌的孵化中心。

(2) 活动安排：

盛大隆重的开幕式暨大型广场艺术晚会；

巡游狂欢表演，展示现代、卡通、民族服饰；

精品竞秀的大连国际服装博览会暨中国服装出口洽谈会；

"大连杯"中国青年时装设计大赛；

大连世界名师时装展演；

举办国际服饰文化大连论坛；

商业企业品牌服装优惠促销——服装交易；

游园会——特色文化展示。

资料来源：中国服装网[EB/OL]. (2019-09-10)[2022-03-05]. http://www.efu.com.cn/topic/039/.

思考题：大连国际服装博览会的这些活动如何体现会展目标？

4. 方便观众参观

表演、比赛等形式的相关活动往往能营造热烈的现场气氛，吸引大量的观众围观和参与，这对活跃展会现场气氛有一定的帮助。但如果现场气氛过于热烈，导致观众围观、拥堵通道，就难免影响其他观众的参观路线或影响临近展位的洽谈与展出，甚至带来安全隐患。

(二) 策划流程

1. 确定表演目的

无论是办展机构组织的表演还是参展单位组织的表演，都有其具体目的。有的是为了提升展会的档次、体现文化底蕴、扩大展会影响，有的是为了展示企业产品和企业形象，有的是为了吸引潜在客户，还有的是为了活跃现场气氛。

2. 表演时间与地点

表演时间应由办展机构根据表演的题材、规模、目的进行统筹。与展览题材无关的表演，一般会被安排在展会开幕之初或是展会结束的前一天，一般应在展会现场以外的地方举行。如果是小型表演，可以穿插在展会开幕式期间举行，也可以安排在展会开幕晚宴上举行，还可以安排在展会结束前的答谢晚宴上举行。如果是较大型的表演，就要另外安排场地和时间，并且不能在展会开幕式或晚宴上演出。

对于那些与展览题材有关的表演，在时间上，一般安排在展会期间举行；在地点上，一般安排在展会现场，这样可以与参展商的展出计划紧密配合，更能烘托出展会的气氛和主题。如果该表演是由办展机构牵头、由某一参展企业主办的，就可以将它安排在相应参展企业的展位上或其附近演出；如果该表演是办展机构为整个展会组织的，就应该安排在展会的公共场所举行。

3. 表演形式与规模

表演形式指展会中表演活动具体采用的形式，如歌舞节目、语言节目、杂技表演等。形式决定了表演是否能受到观众的欢迎。本着活跃展会现场气氛、吸引观众参与的目的，表演形式可以多种多样，但展会的性质、主题等因素又对表演形式有一定的限制。例如，茶叶博览会上就更适合安排茶道表演、与茶文化相关的歌舞表演等，而不适合安排相声、杂技等表演。

表演规模指表演活动的持续时间、占地面积、演员人数以及观赏人数等。表演规模应依照展会规模来确定，规模太小，达不到烘托气氛的效果；规模过大，则可能喧宾夺主。

4. 确定节目

确定表演的形式和规模，相当于确定了表演活动的节目范围和大致基调。接下来要实施的就是确定具体的节目内容和形式。应选择观众喜闻乐见、易于接受的节目，尽量通俗易懂，便于观赏，而不要选择过于高深、晦涩的节目，以免曲高和寡，达不到预期的效果。

5. 确定表演嘉宾

表演嘉宾主要包含两部分人员：一是普通的演员；二是重要节目的表演者。前者主要指群体性节目或一般节目的表演者，可以通过一些演出机构、传媒公司等进行邀请；后者往往是整个表演的重要角色，如独唱演员等，如果安排知名度较高、受到大众欢迎的明星担任，会收到非常好的效果。

6. 财务预算

根据表演活动的形式、规模、具体内容以及所要邀请的嘉宾，策划人员可对即将发生的费用进行预算，并向财务主管部门申请相应款项。

7. 具体安排

表演活动的所有细节都确定下来之后，必须将表演的具体流程、详细时间表，所需准备的场地、设施、道具等，以及每一个具体环节的负责人都详细列出，以备实施过程中作为参考。

8. 现场准备

表演活动正式开始之前，必须提前进行场地布置和相关的准备工作。如果条件允许，还应进行彩排，以保证演出万无一失。

二、比赛的策划

在展会期间，可组织各种比赛活动来吸引观众。展会期间的比赛活动分为很多种，如关于展位设计和搭装以及展台布置的比赛，关于展会展品的比赛，关于其他展出内容的比赛等。其中，关于展会展品的比赛较为常见，这种比赛通常称为"评奖"。例如，第十一届北方国际自行车展期间举办的"首届华轮杯轻工技能擂台赛""2011中日极限单车精英挑战赛""2011自行车创意设计大赛"等。比赛的策划重点包括以下几点。

(一) 成立专家评审团

组织比赛活动事先应成立一个专家评审团，负责有关比赛的评比工作。在邀请专家组成专家评审团时，评审团的成员要有一定的代表性，并要向所有的参赛者公开，这样评出的比赛结果才更有说服力。

(二) 明确比赛范围和制定比赛规则

组织比赛活动应事先明确比赛范围和制定比赛规则，拟订一个评奖方法，并向所有参展商公开，由参展商自行决定是否参与比赛。一般来说，展会中针对参展商所举办的比赛在最后评比时都是只评好不评坏，因此参展商参与比赛的积极性比较高。如果在比赛中能获奖，对参展商来说就是一个很好的宣传机会；即便不能获奖，参展商也不会有什么损失。对于比赛规则以及评奖方法,要做到公正、公开和合理,不能有所偏颇。比赛规则以及评奖办法制定出来以后,可以先征求专家的意见,以求更加合理和完善。

(三) 确定评比结果揭晓时间

组织比赛时,要让所有比赛参与者事先知道比赛评比结果的揭晓时间。比赛评比结果的揭晓时间一般会安排在展会结束的前一天,这会让比赛充满悬念,并让比赛参与者有所期待,使他们对展会准备与展出活动更加投入,展会的整体展出效果也会更好。

(四) 策划颁奖仪式

在评奖结果揭晓时,一般需要组织公开的颁奖仪式,这样会使该项比赛更加正式和有影响力。要为所有的获奖者颁发一些有纪念意义的物品,如奖杯、奖状、获奖证书等。除此之外,还可以为获奖者颁发一定的奖金或给予其他方式的奖励,如免费给予下届展会一定面积的展位或对展位费进行打折等,这样可以鼓励参展商继续参加本展会。比赛奖金可以从会展利润中提取,也可以寻求企业赞助。

案例4-15　　　　　　　　**2016校园人气社团大赛策划方案**

1. 活动的背景

为了增加校园文化成果展的趣味性和影响力,提高同学们的参与程度,我们决定举办人气社团大赛,通过一系列的角逐选出人气最高的社团。对社团而言,这项比赛不仅能够加强社团内各成员之间的交流合作,充分展示社团的文化成果,还能提升社团自身的知名度;对观众而言,人气社团大赛为学生充分了解社团和评价社团提供了一个很好的平台。因此,人气社团大赛与我们的校园文化成果展的主题在本质上是一致的。

2. 活动简要

1) 活动时间

【前期宣传活动】2016年9月,由×××发出校园文化成果展以及人气社团大赛初赛暨社团微电影评比的通知。由×××负责组织策划比赛相关活动,校团委及以下各部门配合宣传。

【社团报名】即日起至2016年9月30日,各社团可提交社团微电影参选,按照社团总数的30%筛选,最终进入人气社团大赛决赛。

2) 材料要求

参赛社团需提交一份时长3~5分钟的微电影视频(rm或者rmvb格式),要求含有符合大赛"构筑魅力社团,共创青春校园"的主题,能够切实反映社团情况和社团精神,有社团独特性及创新性的内容,提交至×××邮箱即可。

【截止日期】2016年9月30日17:00。

3) 计划安排

【第一阶段(预选阶段)】

主办方根据要求对上交的作品进行预选，淘汰不符合材料基本要求的作品，确保作品符合时长、格式、主题、视频的完整性等硬性规定。

【第二阶段】

在2016年10月1日至10月14日，在学校以及社团各网络公共平台播放社团微电影，全体学生可以在各平台上观看自己感兴趣的微电影，并可以对此电影进行评分，根据分数的高低选出前30%的社团进入第三阶段，该阶段的成绩占总成绩的60%。

【第三阶段】

2016年10月14日19：00在×××进行人气社团大赛的最终角逐，入围的社团要进行文艺表演，主办方对社团的节目进行统一编排。

评分标准：邀请×××作为嘉宾评委和全场观众共同打分。其中，各位嘉宾评委现场进行纸质投票，其评分占演出成绩的60%；观众进行现场网投，评分占演出成绩的40%。(具体标准参照微电影评分标准)

注意事项：社团须以节目的形式，展现各社团的风采和文化，弘扬本社团的精神文化内涵。每个社团的节目不得超过8分钟。(歌舞、轮滑、话剧、诗歌朗读、小品、相声等多种表演方式均可)

参赛社团的最终成绩将依据微电影评比结果(占70%)与演出结果(占30%)得出。

【第四阶段(颁奖仪式)】

表演结束后，进行分数统计，最后举行颁奖仪式，颁发奖品和奖状，全体合影留念。

3. 奖项设置

最佳人气奖(1名)：人气最高社团最终拿到此奖，发放奖品和奖状。

二等奖(1名)：第二名的人气社团拿到此奖，发放奖品和奖状。

三等奖(2名)：第三名和第四名的人气社团拿到此奖，发放奖品和奖状。

优秀社团奖：其余进入第三阶段的社团拿到此奖，发放纪念奖奖品。

4. 颁奖流程

(1) 得出最终比赛结果后，主持人上台宣布获奖者，颁奖嘉宾依次上台，按礼仪要求呈上奖状和奖品，颁奖嘉宾与获奖者合影留念。(注意组织获奖者按顺序从指定方向上台，并提前告知在舞台中央站定)

(2) 获奖社团代表发表获奖感言。

(3) 主持人在获奖社团代表发言完毕表示感谢，并发表看法。

(4) 由×××上台总结发言。

(5) 主持人致闭幕词，对与会人员表示感谢，并邀请相关活动人员上台合影留念，组织出席人有秩序离场。

5. 预期效果

(略)

6. 预算

(略)

7. 应急方案设计

(1) 如遇到天气问题导致文艺演出不能如期举行，则根据情况推迟举行。

(2) 如遇到踩踏等紧急情况，需要疏散人群，由主办方工作人员组织学生有序离场。

(3) 如果遇到音响设备无法播放等异常情况，则使用备用音响。

(4) 如遇到团队选手出现身体不适，则及时送往医务室或医院。

(5) 如有参选团队不能如期演出，则及时调整演出顺序。

三、其他相关活动的策划

展会期间，除举行会议、表演或比赛之外，还可以根据展会内容、客户需要及地方特色等策划组织一些其他相关活动，如托儿服务项目、各种休闲项目等。无论是哪种相关活动，都会有风险因素的存在，因此策划时一定不要忽略细节，必要时可聘请这方面的专家来执行策划。

思考题

1. 会展活动期间举办的相关活动有哪些？作用是什么？
2. 简述会展活动中的会议类型。
3. 简述策划论坛主题的原则。
4. 简述策划表演、比赛时的注意事项。

能力训练

1. 您所在学院团委在"五四"青年节前后举办"优秀团员、优秀团干、优秀团支部表彰大会"，主题是"学先进工作者，树优良学风"。请结合您所在学院的具体情况，撰写一份完整的会议策划方案。

2. 会展经济与管理专业拟举办"学院院标创意设计大赛"，旨在通过大赛活动，激励会展经济与管理专业学生提高会展设计与策划水平，增强理论与实践相结合的能力，丰富和活跃校园会展文化，更好地培养优秀会展策划与设计人员。请各任务小组撰写比赛策划方案。

第五章
会展选址及场区规划

职业素养

1. 通过综合考评确定举办地点，培养学生综合分析能力；
2. 考察场区规划，培养学生对相关知识的自主学习与拓展能力。

能力目标

1. 掌握选择展会举办地点需考虑的因素，并能根据展会题材确定举办地点；
2. 明确场区规划需考虑的因素，并能根据展会实际进行场区规划。

第一节 会展选址

会展选址对于会展的成功举办至关重要，应结合展览题材和展会定位而定。可以说，展会的地点在某种程度上决定了展会的生命力和影响力，而展会的影响力是保障参展商收益的根本，所以选择参展地点对参展商来说是件利益攸关的大事，一个合适的展会地点有助于提高客户和合作伙伴的参展意愿。

会展选址的关键是会展场馆的选取。会展场馆是具有多种属性的综合体，包括物理属性、社会属性和使用属性。会展场馆的物理属性表明会展场馆是一座建筑物，即不动产，既然是不动产就应该有投资者，具有投资大的特点，同时具有保值增值的功能。会展场馆的社会属性表明会展场馆往往是一个城市的标志性建筑，是展示城市的一个窗口，能体现城市的风貌，同时也是城市经济发展的助推器。会展场馆的使用属性表明会展场馆是多功能的稀缺资源，既是企业的，又是社会的。会展场馆是有收入的经济体，社会需要有偿使用会展场馆。会展场馆的产品特性具体表现在其核心产品应满足使用者的使用需求；有形产品是场地；附加产品是多种服务和保障。会展场馆为使用者提供其所需的服务，满足使用者的需要，是会展场馆的核心价值。

会展选址的影响因素包括以下几方面。

一、会展内容影响选址

会展选址时应该考虑会展题材是否与举办地的产业特色相符合，这样才能够满足会展项目的目标市场需求。举办地的区位是否适合会展项目应该是选址时首先要考虑的问题。例如，天津滨海新区已形成航空航天、石油化工、装备制造、电子信息、生物医药、新能源新材料、轻纺和国防科技八大主导产业以及现代服务业集聚优势，因此相关题材展会可选择在天津滨海新区举办。天津滨海新区拥有天津保税区和天津港，作为物流集散地，一些贸易型展会也可选在此地举办。再如，在成都很难看到大型机械展，因为大件物品运输成本很高，且成都当地的制造业水平有限，属于典型的消费型城市，所以对此类展商缺乏吸引力。但由于成都人口众多、生活休闲，使得它很适合成为大众消费品展会的举办地，食品行业的参展商可以在这里参与顶级的糖、烟、酒商品交易会。又如，科技类的展会应选择在北京和深圳举办，如中国北京国际科技产业博览会和中国高新技术成果交易会等。

二、会展类型影响选址

消费型展会更倾向于吸引本地市场，可能在一定时间内多次举办，观众一般都在当天往返，因此要求展馆在地理位置上与人口众多的城市中心毗邻，且交通便捷。商贸型展会吸引的是专业参展商与专业观众，他们更关心商贸活动的有效性、信息的获得、新产品的推介等，展馆可以选在繁荣的产业基地、商业中心或旅游城市等。这些展会无论是对观展者还是对参展商而言，持续时间基本都超过一天，因此，展馆所在地的公共交通系统(如机场、火车站)的便捷性以及当地住宿、餐饮、娱乐设施的齐备与否对展馆选址都是非常重要的影响因素。

案例5-1

2003年的上海CeBIT Asia通信技术展，是国际展览中心从上海市中心转移到刚落成的上海新国际博览中心后承办的第一届展事。本届展会场面冷清，除当年资讯市场发展不景气，市民对去新展址的往来线路不太熟悉，也是展会人气不旺的主因之一。

三、政策法规、时局政治影响选址

一般地方主办的展会首先考虑在各自所在区域举办，但政策法规、时局政治也会对展会选址产生影响。例如，北京奥运会举办前的2008年3—9月，北京不准许举办任何大型会展活动，一些会展活动只能转移到天津、廊坊等地举办，这无疑会给这两个地区的会展经济发展带来契机。此外，消防、建筑等一系列法规，地方针对会展业制定的一系列保险、税收、展位费用减免等政策也对会展选址有一定影响。如天津滨海国际会展中心的优惠政策，其中对展位数量为200～300个的品牌展会和专业展会减免600元/展期/展位，展位数量超过300个的减免800元/展期/展位。这些政策对于办展机构而言具有很大的吸引力。

四、商务休闲影响选址

除考虑经济发展因素，会展选址还会考虑当地自然旅游资源和人文景观的吸引力。这是因为大型会展活动会聚集大批商务人士，这对交通、食宿、购物、游览、文娱等提出较高的要求。因此，拥有完好的旅游基础设施、优越的自然旅游资源和人文景观、独特的购物环境及美食文化且能提供优质服务的城市将成为会展活动举办地的首选。具体来说，包括食、住、行、游、娱、购六大要素。

五、展馆的基础设施影响选址

为了保证会展活动的安全和成功，在进行会展选址时必须了解展馆相应的基础设施与设备是否符合展会需要。

(一) 展厅

1. 总面积

展馆的总面积应能满足展会需求，如果不能满足，附近要有其他展馆为其扩展空间。如果展馆总面积远远超过展会面积，要考虑展馆空间区域是否可以进行分割；如果不能分割，必然造成展会成本的增加；即使不增加成本，也不利于展会效果的实现。例如，某会展中心展馆室内展览面积4万平方米，共分为9个分馆，一层展位共868个，二层会议区专项展厅展位共80个，后部综合楼展位共256个。9个分馆可根据展会的展位面积进行空间区域分割，同期举办不同的展会也不会互相干扰。

2. 限制高度

展会不同，其展台搭建高度也会有所不同，如大型机械展与珠宝展对展馆高度要求是不同的。因此，展馆高度是否适合展品高度是确定展馆的重要因素之一。一些较高的展品有可能碰撞到管道系统、装饰灯以及照明设备，应选择限制高度较高的展馆。另外，展馆高度也限制了展商的展台搭建高度，一般现代展馆有6～11米的高度，有的超过15米，基本能满足各类展会对高度的需求，而传统展馆则面临硬件上的挑战。国家会展中心(上海)的1～3号馆长度270米，穹顶跨度108米，净高32米。4～8号馆一层展厅净高12米，柱网27

米×36米；二层展厅净高17米，柱网54米×36米，整个展厅立柱共计8根。一些大型展品的展台搭建高度有可能受到此高度的限制。

3. 地面载重能力

展馆地面载重能力是确定场馆的又一项考察内容，办展前要严格考察展馆地面载重能力能否达到展会要求。一些特殊展会，如大型机械展，展品单位重量对地面载重能力有一定要求，如果不符合展品需要，展馆地面会受到损害。当前展馆较为普遍的载重能力是1.5吨/平方米或者更高，较高的楼层在设计中通常会明确最大负载量，一般小于300公斤/平方米。此外，地板的成分多为加固的混凝土，但可能覆有其他材料，如地毯等。虽然地毯较为舒适且能减少周围的噪声，但限制了色彩搭配方案，同时还对过往的运输(例如展品的内部运输)有一定的限制。如果展品中有重型器械或其他载重量大的部件，会展组展方在规划布局以前要与展馆方共同做载重能力分析。

4. 障碍物

选址时要考察展馆内是否分布柱子或设备端口等障碍物，以免阻碍展品顺畅地进入各个楼层的展区。如果有障碍物，要由办展方与展馆一起寻求解决方案。另外，障碍物还会影响到展区及展位划分，这些障碍物要在楼层平面图上标明，以备展位划分时绕过。例如，天津滨海国际会展中心的整体建筑采用世界先进的多种幕墙形式及复杂的大跨度空间桁架形式，障碍物少；天津梅江会展中心展馆内分布消防栓等柱体设施，展位划分时应绕开这些障碍物。

5. 出入口——行人通行和货物进出

现代展会要求展馆的观众出入口与货物出入口是分开的，这样做便于人员与货物的管理。因此，在确定展馆时，要考察展馆的观众出入口与货物出入口是否分开。如果是分开的，那么进一步考察货物出入口的实际开放尺寸是多少，是否便于展品通过，有没有使用限制。如果有，要制定保证展品顺畅并如期进入展馆的方案；如果不能确定，则要放弃选择此展馆。最后要考察所有的观众出入口是否都配有紧急逃生设备，以防范事故的发生。

6. 货物装卸区

选址时要考察展馆是否允许运输展品的车辆直接驶入。如果允许，如何管理？如果不允许，是否配有货物装卸区？装卸数量是多少？所有的装卸处是共同使用还是保留一部分专供自身使用？装卸处不靠街的通道情况怎么样？在搭建和拆卸会场布置的时候会有交通问题吗？是否有装配场地？是否有专供拖车停泊的车位？这些问题都会影响展品的装卸，进而会影响展品能否如期进出展馆，因此应重点关注。

7. 仓库

展馆内一般要有放置存货和承包商设施的地方，如果没有则不便于展位管理。如果有仓库，要考察展馆仓库对物品的存放种类有哪些限制；对于存货的处理，例如破损的存货、集装架上皱缩的箱子等，有哪些特殊规定，以考察仓库能否为展会所用。例如，天津滨海国际会展中心不负责保全储存贵重物品，且储存物品不得高于2米。

8. 通风系统

展馆有无空调直接关系到展览环境的舒适与否及能否为展品提供适宜的温度。如有空调，还要考察是整个建筑配有中央空调系统还是各个分场馆各自配备空调，这关系到展览成本的核算。还要考虑其他设施的配备情况，如是否有配套的排气系统或是否有专门区域以供烹饪等表演活动使用。

9. 水、电、气设施设备

要考察展馆内照明设备的类型和亮度如何，是否能保证展览照明；展厅可用的最大电力为多少，能否满足展商的需要；是否能为表演舞台提供特殊的电力及照明设备；是否提供特殊装置、特殊调色设备或其他控制设施。此外，还要明确会场内是否配有供排水和天然气的线路和连接装置，是否有气压和供排水的调节装置。

10. 通信系统

要考察展馆内是否有电话服务设施与设备，是否能给会场内的所有参展商使用；是否有公共传播系统，以及该系统是在整个展馆设施内部还是单独适用于某一分展馆；是否配备有线装置来传播声音，能否通过外部信号处理声音/声频；会议设施是否能够兼容新的信息技术系统，能否实现有线及无线网络连接。

11. 可用的会展服务

展馆是否提供专业的会展服务，如横幅悬挂、铲车和吊车、设备租赁、舞台和升降台以及十字转门等。如果场馆本身没有提供租赁的服务内容，可以采取外包的方式，由其他服务供应商提供。

案例5-2　　　　　　　**国家会展中心(上海)可提供的会展服务**

1. 会展场馆服务

1) 超大展览面积

国家会展中心可展览面积近60万平方米，包括近50万平方米的室内展厅和10万平方米的室外展场。综合体共17个展厅，包括15个单位面积为3万平方米的大展厅，和2个单位面积为1万平方米的多功能展厅，货车均可直达。全方位满足大中小型展会对展馆的使用需求。

2) 超强承重能力

一层北区的4个大展馆(1.1、2.1、3.1、4.1号馆)地面荷载高达每平方米5吨，是目前世界上承重能力最强的展厅。一层南区的4个双层大展馆(5.1、6.1、7.1、8.1号馆)和北区1个小展厅(北厅NH)地面荷载每平方米3.5吨。二层的7个大展馆(1.2、2.2、4.2、5.2、6.2、7.2、8.2号馆)和一个小展厅(虹馆EH)地面荷载每平方米1.5吨。即使是对展厅承重能力要求最高的重型机械，国家会展中心亦可轻松负载。

3) 超高展示空间

国家会展中心单层无柱展厅3号馆，拥有无与伦比的展示空间，净高32米。1号馆、2

号馆以及4至8号馆为双层大展厅，其中一层大展厅净高12米，二层大展厅净高17米，为各类搭建和使用提供无限可能。

4) 超大展示场馆

国家会展中心拥有两个1万平方米的多功能场馆、1万平方米的中央广场、10万平方米的室外展场等多处富于变化的空间和场地，适合举办各种规模的商业推广、文艺演出、论坛年会、文化展示、时尚娱乐等活动。位于东厅的演艺馆"虹馆"，总面积1万平方米，拥有近8000个座位，是虹桥地区面积最大的文娱演艺平台，适合举办大中型演艺活动，亦可用于展会会议服务。

5) 完善的配套服务

国家会展中心还拥有丰富的会议场地和先进的会议组织体系，从几十人的小型聚会到大型国际会议，均能轻松应对。其中，90~400平方米的小型会议室40个，400~600平方米的中型会议室7个。室内软件功能完善，硬件设施齐备，会议环境舒适。

2. 国家会议中心(上海)服务

国家会议中心(上海)，是以中国国际进口博览会开幕式、虹桥国际经济论坛举办地为代表，由78个大中小型会议室、共计5.6万平方米会议面积组成的国际化现代会议设施"群落"，是中国上海会场面积最大、数量最多的主场外交会议场地，也是各方举办会议、活动、宴会以及精品展览的期许之地。自建成运营以来，国家会议中心(上海)以其在会场规格、室内面积、会场数量、会务能力、区位交通等方面的领先优势，成为服务进博会、服务长三角、服务会议产业发展的重要平台，也成为国家会展中心挺进会议产业的具体行动。

1) 主会场

主会场是国家会议中心主会场，体现大国气派的"主舞台"。国家会议中心主会场包括迎宾厅、共享厅、会议大厅、南北交流厅、南北二层会议室。

(1) 迎宾厅：主场外交展示区和传统文化艺术殿堂。

国家会议中心(上海)迎宾厅面积1000平方米，素雅端庄，体现大国风范，中国单幅面积最大的东阳木雕"锦绣中华"，刻画了北方的雄伟长城和逶迤群山，凝聚了中华民族生生不息、历久弥新的时代精神；中国单幅面积最大的青绿山水画"春风又绿江南岸"，渲染着钱塘江、太湖、京杭大运河水系春意盎然的美景，与进口博览会的全球贸易古今呼应；中国单幅面积最大的苏绣作品"玉兰飘香"与"锦绣中华"互为背景居于中间，500朵上海"市花"白玉兰、9只和平鸽，寓示中国人民对和平发展的期待和开放胸怀；以"绽放"为主题的宏大顶灯、以"祥云"为底色的红色地毯，寓意中国传统的"天圆地方"理念和新时代政通人和的景象，勾画了一幅"天地、南北、山水、人和"的图景，展示着博大厚重的中国传统文化，寓意新时代中国对外开放的勃勃生机，构建了一座瑰丽的艺术殿堂。

(2) 共享厅：体现共享发展的体验区和艺术长廊。

位于迎宾厅、主会场之间的共享厅，面积697平方米，内有中国山东菏泽巨野农民绘制的巨幅牡丹"锦绣春光"，138朵盛开的"国花"牡丹，寓意世界各国共同建设美好世界，共同享有和谐、安宁、富裕的美好生活。

(3) 会议大厅：体现大国主场外交气魄的会议厅。

面积3600平方米、高11米，可容纳2500余人的主会场，庄严肃穆、气势磅礴，展现着大国主场外交的宏大气魄，现代化的灯光、空调、调温设施一应俱全，国际一流的会议环境、会议设施和会议服务，为各类会议举办提供了坚实保障。

(4) 南北交流厅：商务交流空间。

位于主会场南北两侧、面积1000余平米的南北耳厅，构成了天然的商务交流空间，可用于会议咨询、会场演奏、茶歇等。

(5) 南北二层会议室：尊享会议洽谈区。

位于主会场南北两侧、电梯直达的二层会场，共配备12个高规格中小会议室，可用于会议室、同传间、随员室、化妆间等，安静、安全、无打扰，是难得的尊享会议洽谈区。

2) 平行会场

平行会场是开放合作共赢的新平台。平行会场是虹桥国际经贸论坛平行论坛举办地，由包括A、B、C、D(各1642平方米)4个会议厅及8个贵宾室、E厅(1851平方米)、圆厅(935平方米)和1.5万平方米的公共区域组成。整体面积3万平方米，空间畅达、大气稳重、视野开阔、功能多元，既体现出中华传统文化"外圆内方、四平八稳"的持重平和，也寓意着新时代对外开放的宏大气象。

(1) A、B、C、D厅：理想会议举办地。

A、B、C、D厅均可分隔为2个单独会议厅，会务系统、会议灯光、电力配备、同传间配备等一应俱全，每个会议厅可容纳1000人，是举办大型会议活动的理想地。虹桥国际经贸论坛的"贸易与开放""贸易与创新""贸易与投资"三场论坛、虹桥国际财经媒体和智库论坛都在这里隆重举行，重点探讨当前全球经贸发展和经济构建的关键问题，由20多位外国政要发表演讲，30多位企业家、学者和国际组织负责人参与互动，3000多名代表出席，成为探讨全球重大问题的又一重要平台。

(2) E厅：多功能宴会大厅。

E会议厅同时可用作宴请、团餐、酒会、冷餐会等活动的举办场所。可根据主办方要求，提供各类安全、优质、可口、高端的宴会餐饮服务，组织各种等级的会议、餐会等形式的活动。

(3) 圆厅：国礼文化展示区和VIP交流区、休息区。

圆厅为国礼文化展示区和VIP交流区、休息区，数十件进口博览会期间各国赠送的国礼一字排开，见证了进口博览会的繁华与辉煌。同时，圆厅还可用于会见会谈、闭门会议、新闻采访、午间休息等。

(4) 公共区域。

面积为1.5万平方米，由横纵过道组成的平行会场公共区域，最长达180米，最宽26米，是高规格展览展示、演艺、茶歇、交流的理想区域。

3) 配套会场

配套会场以国家会议中心(上海)为代表，有序分布在国家会展中心场馆之间的70余间大中小型各类会议室，可举办容纳100～300人的各类会议活动，为各类型会议提供了全天候场地。比如，首届进口博览会期间，有关国际组织、国家和地区、世界500强企业共举办300余场高端配套活动，如世贸组织举办《2018年世界贸易报告》中文版发布活动，联合国工发组织举办"中国质量基础设施体系促进贸易发展与合作"论坛，欧盟举办"欧洲联盟——农业及农村发展会议"等重要活动，中国有关方面还就人民币国际化、中央企业国际合作、打击侵权假冒等进行政策解读和行业研讨。这些，都成为进口博览会的重要内容。

资料来源：国家会展中心官网[EB/OL]. (2020-09-03)[2022-03-02]. https://www.neccsh.com/cecsh.

国家会议中心官网[EB/OL]. (2020-09-03)[2022-03-02]. http://nccsh.neccsh.com/cms/neccsh/index.html.

12. 会议室数量及设施

展会举办期间，办展机构及参展商会出于营销、展示、交流信息等目的举办各类会议，如论坛、洽谈会、新闻发布会、新品推荐会、研讨会、行业会议等，因此对会议室的数量及设施有一定要求。会议室数量、面积能否满足会议需要，设施能否满足需要，其费用已计入展馆租借成本还是需另外付费等，都需进行细致考核。

(二) 公共服务区域

1. 洗手间

注意展会期间可用的洗手间的位置和数量；明确洗手间是否有残疾人专用通道及专用设施，如果没有，是不允许举办国际展会的；还应清楚在会展期间由谁负责清洁和维护工作，是展馆负责还是需请专门的保洁公司。

2. 检票登记处

检票登记处的数量和位置应满足需求。另外，还应明确是否有专人检修设备、所有区域是否均方便残疾人进入、是否有专门进出口。

3. 餐饮服务区

考察展馆是否有足够的餐位满足预估的参展商及参观人员的就餐需求；考察是否有专人负责打扫和处理垃圾；考察菜单是否具有一定的灵活性。

4. 附加服务

考察展馆是否提供附加服务。例如，是否配备医务室急救中心，考察其位置及相关人员安排；是否有自动取款机，位置在哪里；是否有免费的儿童看护，等等。

(三) 行政区

1. 物业规定

考察展馆有关会期保证以及消防安全保卫有哪些规定、有哪些应急措施。另外，要考察各种设施如电梯等的使用规定以及有关悬挂或张贴标志和户外广告的规定等是否完善与合理。

2. 保险要求

展馆有时会要求办展方及参展商投保，因此应明确展馆对展会展品和艺术品保险、财产保险、馆内工作保险、综合责任保险等有何强制性规定等。

3. 执照要求

考察展馆对召开某一展会是否有办理特殊许可证的要求，并明确是否同意出租场地。

六、其他考虑因素

除以上因素，还要考察展馆的租赁价格，会议室的隔音效果、环境、投影屏幕大小等其他条件。

第二节 场区规划

一、影响场区规划的因素

(一) 现行规划方案

许多展会年复一年地采用相同的场馆规划，某些参展商可能乐于每年使用相同的展位，但大部分参展商会认为这样的展会缺乏变化，会使参展商与观众产生审美疲劳。会展场馆规划应成为有力的销售工具，吸引新的参展商加入。因此要对现行的场馆规划方案进行评估，分析现行规划方案的优势和劣势，对劣势进行改进。可通过巡展，评估展区划分是否合理，是否给参展商、观展者造成混乱或不便，现行规划方案可能带来怎样的人员流动，展台布置或参展商活动是否会造成部分区域客流拥挤等，找出可能对客流、展品装卸、登记以及买卖双方的交流产生不利影响的潜在因素。还可通过对参展商和观展者的调查,了解他们的反馈意见及好恶,从而对下届展会的场馆规划方案加以改进。

案例5-3

天津手机展组委会将2008年展会分设时尚科技、核心模组、配套系列、设备制造、增值服务五大展区,导致展会出现一系列的展区混乱问题,组委会对此积极改进并有针对性地提出了解决办法,使展区划分成为2009年展会的一大特色——2009年展会将展区分为运营商和移动终端、核心模组、供应商、制造产业四大专区。

(二) 场馆硬件

1. 对整个场馆的硬件设施进行考察

对整个场馆的硬件设施进行全面细致的考察,并将展馆的所有硬件要素列在表上,找出优势与劣势,尽最大可能动用所有的硬件设施为展会服务。

例如,场馆中遍布圆柱,圆柱对最大化利用展厅空间是不利因素,那么应怎样把这些柱子转变为场馆规划中的有利条件呢?可以把柱子开发为广告载体,参展商可以通过付费在柱子上悬挂横幅广告,为自己造势。再如,较高的展厅架构可以允许参展商采用双层展台设计,同时高处可以悬挂横幅等来增强视觉效果,甚至可以联系一家赞助商,使用企业标准色和标志来装饰这些横幅。通过这种场馆规划可将不利因素变为有利因素,从而增加会展收入或扩大会展影响。

2. 参照已往的会展规划方案

向场馆方索要已往的会展规划方案,并与这些会展组织者沟通,确定可行性方案。

3. 整合资源,利用场馆硬件要素为场馆规划方案服务

充分利用展馆内外各种可用的硬件要素,因地制宜,进行合理规划,既要考虑展会整体,也要满足参展商需要,尽量不出现闲置的死角。例如,某展馆原四号馆为餐厅,因展会面积扩大的需要,改为展厅,可将餐厅挪至馆外大棚。再如,楼梯下面的空地可设置为展会资料宣传区等。

(三) 参展商及其行业特点

每个行业都有其特定的技术要求和展示需要,因此应了解该行业的特点,以及该行业所有可能出现在会展上的产品和服务。一般情况下,可将同类展品安排在同一区域里展出。某些展品对场地要求比较特殊,例如某些超高、超重展品对馆内高度、地面承载大小有特别要求,可进行特别划区。如果展会的国际参展商很多,也可以划分"国际馆"区,不受专业题材限制,然后根据各区特点为其提供服务。不同行业及参展商对展台规格、展位位置的要求也不同。例如,汽车展中整车生产企业以特装展位居多,展台面积要求相对较大;而汽车零配件企业以标准展位居多,展台面积要求相对较小。再如,珠宝的行业特点使其对展台面积要求相对较小。总之，要根据行业及参展商的特点来设计展台规格，选择恰当的附属服务项目，有效利用空间创造最大利益。此外，场馆规划方案也要适合展示参展商的产品，应起到帮助其拓展业务的作用。

(四) 展位分配方法

许多办展机构采用展位单元销售法或整体分配法分配展位。在大部分情况下，有着多年办展经验并对展位销售控制良好的办展机构均采取展位单元销售法。因此，场馆规划时应考虑以下几点。

1. 充分满足长期选择相同位置、相同规格展台的参展商

长期客户一般对展位位置及规格都有固定的要求，除非特殊情况，一般不变更位置及规格。对于优势企业、成交业绩好的企业可助其适当调整展位位置及展位面积。

2. 当展会规模扩大时，能够满足新的参展商的需求

当展会号召力逐步增强，展会规模也会不断扩大，有两方面原因：一是原参展商可能会增加展出面积；二是展会会吸引新的参展商加入。这可能涉及展区的重新划分及展位的重新确定，办展机构要能够适应参展商需求，对展区进行合理划分，增加展位数量、面积的供给。

3. 灵活应对展台销售状况的变化

无论是展台未能全部售出还是要为新增的参展商扩大展区，都需保证已定的展台分配方案不会受到冲击、客流控制以及出入系统不会受到不良影响。

展位分配的一般性原则是总体布局、统筹安排、先付款先分配，即根据展区的总体划分，最大限度地兼顾办展机构、参展商、观众以及展会服务商等各方面的利益和便利，按照先付款先分配的原则进行展位分配。也有的展会根据参展面积、展台类别、参展记录确定分配次序，即参展面积大可优先选位，特装展台可优先选位，老参展商可优先选位。若两个或两个以上参展商条件相同，则以公开抽签的方式选择展位。

(五) 美学与视觉吸引力

在场馆规划中，美学和视觉吸引力不仅关系到会场装饰的美观度，还会从美学上担负起控制和引导观众的任务。应保证观众在赏心悦目的同时，能够顺畅地穿行于过道和展区之间，避免遇到障碍，避免迂回绕道。在增强视觉吸引力的同时，要考虑场馆规划对促进客流起到的作用。

1. 展馆入口处

在登记区和展厅间设立通道，引导观众直接进入展厅，通道中要有明确标志以提供会展信息，展厅入口的外观设计方案应能够提高观众对会展内容的兴趣，从而让目标参展商了解组展方对于视觉系统价值的认识程度，了解组展方综合利用各种视觉效果为会展目的服务的能力。

2. 展厅内部展位的规划

展位的规划各不相同，特别是小展位，如果把很多小展台排成一列，通常不够醒目，相较于大型展台或者孤岛式展台，视觉效果明显不好。另外，还应明确展示相关产品或服务的展台是集中在一起，还是分布在整个场馆中。集中展示能为观展者提供方便，但集中所带来的竞争，又会对参展商造成不利影响。

3. 场馆的整体布局

场馆规划方案中各部分要相互支持，对于展览区、特别功能区和餐饮服务区的规划，要有助于买卖双方的交流互动和调控客流量。比如，展览区内一个或几个标准展位夹在一些特装展位之中，标准展位将变得非常不显眼；如果将一些次要题材放在场馆最好的位置，展会的整体效果将大打折扣；特别功能区如新品区等本身具有吸引观众的能力，因此可考虑较为偏僻的位置；餐饮服务区根据展会规模要考虑集中设置还是分散设置，要方便展商和观众，不要造成过分拥堵。总体而言，场馆整体布局要充分考虑到美学和视觉吸引力、展出效果及方便观众参观和集聚等要素。

(六) 客流规模与特点

客流是指特定区域内，人群在两点间移动的情况。对会展场馆规划而言，客流受展位的数量和规模、通道宽度、特别展示区的设置、出口和入口设计、观展者习惯的影响。

1. 展位的数量和规模

展位的数量和规模是影响会展客流量的主要因素。会展一般要追求最大客流量，应尽可能减少通道的交叉以及满足参展商的具体需要。

在我国，大部分展位都是由3米×3米的单元构成的。每个标准展位(见图5-1)左右相接成一排，两排背靠背排列，每一排之前都有参观通道。把多个标准展位单元组合在一起，可以形成孤岛式展位(见图5-2)和半孤岛式展位(见图5-3)。可以将4个标准展位组合成6米×6米的孤岛，或将9个标准展位组合成9米×9米的孤岛，甚至可以设计出更大规格的孤岛。孤岛式展位有很多交叉通道，过多的孤岛式展位会造成客流量减少；而标准展位沿着主干道成行排列，两者数量应该保持平衡，因为观众不愿意一直在孤岛和大型展位周围兜圈子，也不会喜欢过于单一的展位设计。

图5-1　标准展位

图5-2 孤岛式展位

图5-3 半孤岛式展位

2. 通道宽度

大部分会展场馆的标准展位为3米×3米，按照国际惯例和国内消防要求，展位之间通道的宽度不应小于3米。通道宽度的变化通常受以下两个因素制约。

(1) 符合各级政府的规定。各级政府制定的消防法规一般都有关于公共设施以及公众集会场所的规定，由于通道空间不能创造利润，大部分组展方都会把通道宽度控制在法律许可的最小范围内。场馆规划必须达到法律、法规可接受的最低标准，并取得消防部门的许可。如果有展台设施妨碍了火灾警报或其他安全装置的正常工作，以至于整个方案无法达到消防安全法规的最低要求，那么这部分设施有可能被拆除，或整个会展有可能被取消。有的地区规定：对于一类展览，即日观众流量3万人次以上、展位面积5万平方米以上、参展商数量400个以上的，属于中上级高风险展览，室内展览区内的安全主通道，宽度不得小于5米，一般安全通道的宽度也不得小于3.5米。

(2) 实际参展的人数。通常接待10万人次以上观众的大型会展，会相应拓宽通道。例如，大型人才招聘会的通道宽度通常在6米以上。

3. 特别展示区的设置

(1) 参展商的特别展示。许多参展商在会展活动计划中都会有特别展示的安排，而这些特别展示会吸引观众拥堵在展台附近的通道中，继而影响整个展馆的客流量。须知，通道属于整个会展，每个参展商都有责任保证通道的畅通，使客流得到良好的控制。如果参展商在场馆内有大量的特别展示，那么展位设计要能够容纳可能增加的观众，以免堵塞通道。

(2) 组展方的特别展示区。有些组展方会专门设计一些特别展示区，有意识地吸引观众的注意力。为充分利用场馆空间，可在场馆架构较低、采光不足或者不那么显眼的地方，设立新产品陈列区或者餐馆服务区，从而扬长避短，增强对观众的吸引力。

(3) 多个展厅的特别展示区。有些会展活动的展示空间可能分布在不同的展厅，或者有些会展实际需要的空间超出计划，需要在主要展区外另辟会场。事实上，在每个展厅中，都要设置出色的特别展示区，吸引观众参观各个展厅，但同时要保证特别展示区的展位设计不能喧宾夺主，影响观众对其他普通展位的关注度。

4. 出口和入口设计

场馆入口设计对进馆客流量有着显著的影响。一般在正式进入展厅前均会设置会展序幕大厅，设置展馆、展区和展位分布平面图、各服务网点分布图、各参展企业及其展位号一览表和名录牌、会展简介牌、展区参观路线指示牌、会展宣传推广报道牌、会展相关活动告示牌等。序幕大厅的布置要与整个会展的气氛相协调，并且要醒目、容易辨认。

会展场馆一般采用以下两种入口模式。

(1) 多重入口，即允许观展者从多个不同的入口进入展厅。这种模式的优点是较少造成人员堵塞，同时允许更多的观众进入展厅，但也存在指向性不强的弊端，观众难以分辨各个入口的关系及自己在展厅中的方位。

(2) 单一入口，即所有观展者在购票之后，通过唯一的入口进入展厅，然后各自选择参观路线，分散开来。这种模式的优点是指示性强，缺点是在入口处有可能发生堵塞。

为保证展厅入口到出口全线畅通，展厅从入口到出口均要设置指示标识。用各种易于识别和理解的标识物、横幅、柱形界标之类，指明通道、特别展示区、出口、其他展厅入口等，以便观众迅速找到自己的路线，从而保证在展馆内畅通无阻。

5. 观展者习惯

观展者均有一定的观展习惯。对会展不熟悉的新观众，通常喜欢向右转，即进入展厅后就向右转，沿着通道参观所有的展位；而已经参观过展会的观众往往向左转，从较远的一端开始参观，从而避开入口处的拥挤。这些观展者的共同点在于：都会采取"S"形路线，即沿着一条通道，从展厅的一端走到另一端，在通道的尽头转入下一条通道，这样来回往复，以便参观到所有的展位。还有一些观众，如事先有明确的参观意图或参观时间不够，则会事先关注会展对外发布的信息，结合自己的观展目的，在会展平面示意图上标出自己要重点参观的部分。可见，观众的参观路线完全取决于不同的观展目的。

作为会展组织者，要从细节着手，经过周密计划，使得展厅内的参观路线能够最大限度地满足观展者的需要，并为参展商和会展创利。

(七) 安全及消防限制

展厅内的各种布局规划和设施都有可能给参展商及观众带来安全方面的影响。因此，要注意以下几点。

1. 要注意保证安全设施的正常使用

安全设施包括消防设施、紧急救生标识以及紧急出口等。场馆在布局时要保证通道有足够宽度，且不能有障碍物，保证消防车能顺利出入；控制器材高度，避免挡住紧急疏散引导标识，并保持紧急出口畅通。

2. 要避免干扰通风、照明和能源系统

电路采用明线，紧急情况下要能够切断电源。展览分隔墙和悬挂的横幅等不要妨碍紧急出口处的照明系统正常工作。

3. 要避免特别展示或产品示范可能带来的安全隐患

有些特别展示或产品示范，需使用动态器材，包含可能带来危险的环节，那么一定要设置防护栏以避免对观众造成伤害，因此要计算好专门放置防护栏的空间，并配备专用的安全器材。防护栏和专用器材绝不能占据通道的空间，以免造成堵塞或人身伤害。具有潜在危险的产品示范需要事前经过当地消防部门的许可。遵守安全消防法规，是对所有会展参与者的安全负责。

二、制定场区规划

(一) 自主设计

会展规模较小，同时没有任何特殊任务，只需要一个基本框架，或者是参展商要求相当特别，一般的承包商无法满足其需求的情况下，会展组织者可考虑自己来完成场区规划的设计任务。一般应先参考在此场馆举办过的会展场馆规划方案，然后实地考察并参考举办地政府的消防与安全规定等，最后制定场区规划。

场区规划包含以下内容。

1. 固定参数

(1) 展厅准确的尺寸。

(2) 内部设施：门、能源开关、通风系统、走廊、紧急出口、消防器材及警报系统、卫生设施、电梯、柱子及其他不可变的结构性元素。

2. 可变参数

可变参数涉及基本的展位单元、展位布局、通道、休息室、餐馆服务区、特别展示区、其他可控和有权更改的元素(如存包处、小卖部、新闻中心、医务处等)。

在规划可变参数部分时,要充分利用取得的信息,由大到小规划空间,并反复修正规划,直到能够满足所有参展商的需求,符合所有的安全条例,形成最佳的客流量布局并且能够最大限度地创造利润。

完成规划后,交由消防部门审查与审批,然后根据招展招商计划通过销售人员向目标参展商推广场馆规划方案,并销售展位。

(二) 方案外包

场区规划方案可交给专门的展览公司即服务承包商负责,专门的服务承包商每年会在同一场馆中完成多个会展项目,因此对展馆硬件设施非常熟悉,从而能够设计出最佳的场馆规划方案。但会展组织者在进行方案外包时还要做好以下几项工作。

1. 实地考察

无论由谁来设计场区规划,会展组织者都要对场地非常熟悉,因此要对展馆内外的基础设施与设备、展馆周边配套环境等进行实地考察,做到心中有数。

2. 了解所有相关的消防和安全条例

会展组织者必须对展会负责,也就是谁的规划谁负责,因此要了解举办地所有相关的消防和安全条例,保证所有的安全规定得到落实,使展馆规划设计能通过消防局的审查与审批。

3. 对影响会展场馆布置方案的因素进行评估,并知会外包服务商

要对影响会展场馆布置方案的因素进行评估,即现行规划方案、场馆硬件、参展商及其行业特点、展位分配方法、美学与视觉吸引力、客流规模和特点、安全与消防限制,并把详细评估结果及特别要求知会外包服务承包商的相关人员。例如,特别展示区设计、产品示范表演、可能进场的大型器材等,特别是对展厅可用面积的要求,得知这些信息后,负责场区规划的展览公司即服务承包商才能准确无误地实现您的要求。

4. 对服务承包商的方案进行审阅并提出意见

对服务承包商完成的场区规划方案进行审阅,看是否符合展会的整体需求,并提出修改意见,后交由服务承包商修订,最终得到满意方案。

5. 通过消防部门审查与审批

将场区规划方案提交消防部门,经消防部门审查并审批后方可办展。

🚴 思考题

1. 选择会展活动举办场馆时应考虑哪些因素?
2. 场区规划时应考虑哪些因素?
3. 展位分配时应考虑哪些因素?分配原则是什么?
4. 选择会议室时应遵循哪些基本准则?

5. 会场布局应包含哪些内容？

6. 会议室分为哪几种类型？

能力训练

1. 国际航空航天贸易展洽会起源于法国航空基地城市图卢兹，于1996年首次举办，每年一届，至2009年已举办13届。自2009年始，此展洽会移至天津滨海国际会展中心举办，并将天津定为长久举办地。请调查相关材料，解释为何此展洽会选址在天津滨海国际会展中心举办。

2. 考察当地的主要展馆，比较各展馆接待展会时在基础设施、地理位置、租金价格、政策扶持等方面各有何优缺点。

3. 上海、北京两个城市轮流举办国际车展，上海为单数年，北京为双数年。上海和北京车展均在4月份举办，时间为9天。上海既是汽车消费中心又是汽车产业中心，北京非汽车产业中心，上海人均GDP高于北京人均GDP，在上海举办车展的效果应该要好于在北京举办车展，而情况并非如此。据有关资料，上海2003年家庭私车拥有率只有4.25%，而北京则是30.5%。上海车展面向的目标客户群是汽车业内人士以及长三角地区的中高端消费者，展馆设在了上海新国际博览中心，远离闹市，限制了非目标观众的大量涌入；而北京车展面向的是普通大众，展馆设在了北京国际展览中心和全国农业展览馆，更像一个全民的"嘉年华"。为什么同一展会在不同地点举办会有如此差别呢？(提示：请同学们在两地政策、展会类型方面进行分析)不同举办地点对展会又有何影响？

第六章 会展服务承包商的确定

职业素养

1. 培养学生对会展服务承包商的组织能力及与其沟通的能力；
2. 培养学生撰写招标文件的能力。

能力目标

1. 熟悉会展服务承包商的概念、作用及种类；
2. 掌握会展服务承包商的选择标准；
3. 根据展会需要，撰写会展服务承包商的招标文件。

第一节 会展服务承包商概述

案例6-1

某小型会展公司有10人，主要承办家居装饰博览会。由于公司人员有限，同时不太了解展台搭建、展品运输、外地展商来津的食宿旅游等具体事务以及购买展览会上需要烘托氛围的花木盆栽等事项，公司总经理就想将这些专业性服务外包给专业的公司。他已经和几家展览公司、物流公司、旅游公司进行了初步交谈，价格倒是挺好商量，但该公司对这些专业公司的业务能力不了解，真不知道该信谁，也不知道到底选哪一家。其实很多会展公司负责人都对这个问题深感头疼。为了保证展会效果，当然要进行充分比较之后再做出决定，会展公司总经理陷入了困惑……

思考题：从例6-1可见，对展览会来说会展服务承包商是多么重要，从中你能分析出会展服务承包商有哪些类型吗？

一、会展服务承包商的分类

会展服务承包商是为组展方和参展商提供产品或服务的公司或个人,会展活动的成功举办依赖于这些服务承包商所提供的强有力的产品或服务。一个承包商可以为会展活动提供所有的外部服务,也可以提供任何一项专门产品或服务。会展服务承包商主要有会展承建服务承包商、会展物流服务承包商、会展旅游服务代理商等。

(一) 会展承建服务承包商

会展承建服务承包商即主场搭建商,是指由组展方指定的负责整场展览的展台搭建、展具租赁、大会制作(包括会展拱门、指示牌、名录板等的制作)、水电气等动力设备的预订及安装和提供其他相关现场服务的企业,同时它还可以满足参展商提出的一些如标摊变异、紧急加装、撤展等特殊服务要求。一般在参展指南中会详细列明主场搭建商所应提供的服务,这些服务因展览会的组展方不同而各有不同。一般来说,一场展览会只能有一个主场搭建商,但如果举办一些大型展览会,组展方也会视展览会的布展情况分别指定多个主场搭建商。

1. 主场搭建商的分类

主场搭建还可分为标摊主场和特装主场两大类。

(1) 标摊主场主要是指标准展台及标摊变异展台。标准展台习惯上也叫标准摊位,一般是9平方米,即宽3米、长3米的展出场地(面积),三面用围板搭建,围板高2.5米,前面开口,上有展览商的名称,展位内有一张咨询桌、两把椅子、一个电源插座、一个纸篓、两支照明灯具(射灯或管灯),地面铺地毯。标摊变异是指变异的标准展台,即改变传统标准展台的装饰和色彩,以增强视觉效果的展台(见图6-1)。

图6-1 标摊变异展台

(2) 特装主场是指搭建特装展台的搭建商,也就是特装搭建商。特装展台又称光地,不带任何展台设施,即没有展板,也没有桌、椅、灯,一般由参展商自己负责设计、搭建展位,在展览闭幕后自行拆除。光地的定租面积一般在36平方米以上,或由主办方划定展区,如180平方米、360平方米等,供参展商选租。组展方只推荐特装搭建商,不指定。

2. 展位搭建的环节

展位搭建包括展位设计和施工两个环节。

(1) 展位设计。对于参展商而言,展位设计不仅可以选择组展方指定的设计公司,也可以自己委托展览会搭建公司、普通广告公司或室内装饰设计公司,具体选择哪一种设计公司取决于所租用的展位大小、对展位变化灵活性的要求、设计公司的资质以及成本预算等。对于面积不大的展位,可以聘请室内装饰设计师进行设计,然后委托装修公司进行搭建。若要有效拓展市场,须聘请那些经验丰富、讲究实效、售后服务完善的展览会搭建工程公司来设计。参展商参加展会的目的决定了如何选择展位设计,如果参展目的仅是展示形象,展位设计应注重公司产品的高质量;如果参展目的是开拓新市场,那么展位设计应该着重突出所展示的产品,并让人感觉到强烈的推销意念。

(2) 展位施工。展位是展示公司形象和影响产品定位的直接体现,因此最好选择信誉比较好的主场搭建商。在举办展会时,组展方基本上都会事先选择一到几家主场搭建商来具体负责这项工作。主场搭建商可以通过招标和专家推荐两种方式选定,招标选定主场搭建商是较为常见的方式。通常组展方与主场搭建商签订合同并对其进行监督和管理。

3. 会展承建服务承包商的总体要求

(1) 技术是否全面,主要从室内设计与装潢技术、工程结构知识、绘图绘画和模型方面的知识、照明知识、文图和图表知识、工具和材料知识、给排水知识、电子和机械知识等方面进行判断。

(2) 经验是否丰富,主要从展位设计的目的性、展位设计的艺术性、展位设计的功能性和展位设计的主题性等方面进行判断。

(3) 价格是否合理。价格是选择会展承建服务承包商的重要影响因素。

(4) 对展览场地及其设施的熟悉程度。可以从场地的布局和结构、配套设施、对展位搭建的限制性要求、对展具和展架的使用规定、有关通道和公共用地的规定、消防和安保方面的规定等方面进行判断。

(5) 是否能提供展位维护和保障服务。会展承建服务承包商的售后服务很重要,这也是选择会展承建服务承包商的一个重要标准。

(二) 会展物流服务承包商

会展物流服务承包商简称物流承包商,是指由组展方指定,为满足参展商展品展览的特殊需要,将展品等特殊商品及时、准确地从参展商所在国(地)转移到参展目的地,展览结束后再将展品从展览地运回,包括展览前后的仓储、包装、国内运输、进出口报关和清关、国际运输、展览中的装卸和搬运,以及在此过程中提供信息流动的企业。根据会展举办方提供的信息,物流承包商与参展商进行联系,洽谈具体的物流服务需求,提供物流方案并实施。参展商可以使用组展方指定的物流承包商,也可以自己选择物流承包商。

1. 国内运输代理

(1) 工作分类。国内运输代理的工作分为来程运输和回程运输。来程运输是指将参展商的展品及相关物资自参展商所在地运至展会现场之间的运输;回程运输是指展会结束后,将展品及相关物资自展位运至参展商指定的其他地点的运输工作。

(2) 详细工作内容(以来程运输为例)。

第一,展品集中。这是集体展出、统一安排运输的特点。在确定一个合理的展品集中日期后,参展者将各自的展品、道具运到指定的集中地点。展品集中后,由集体展出的组织方或受委托的人理货,根据展品数量安排运输箱及运输事宜,然后将展品箱拼装装入运输箱内。

第二,装车。装车指在展品集中地将运输箱装上卡车,运往港口、机场或车站。此阶段需要注意:装车日期与下一程的长途发运日期应衔接好;装车要做好现场记录;核对箱数、监督装车、办理手续;发车后立即通知装货港口、机场或车站的运输代理准备接货。

第三,交接。安排运输的人员可能不参加展会,因此要将有关情况交代给指定的展台负责人。由于运输环节多,因此要交代仔细。为确保清晰、准确,有关工作和情况可以列成表格。

第四,接运。接运是指在目的地接受展品,办理有关手续,并将展品安排到展馆的过程。展品发出后,应委托或派人在目的地接运。要了解展品到达情况,如有延误,立即采取措施,与运输公司、运输代理、港务局、展会组织者等有关单位联系,商量办法,争取提前靠港卸货并尽快运到展场。此阶段要了解装卸设备、办事效率、手续环节等情况,提前做好卸货及运抵展场的安排工作。

第五,掏箱。掏箱指将展品箱从运输箱中掏出或卸下,并搬运到指定的展台位置。可以委托运输代理安排,也可以安排展台人员做。如果委托运输代理安排,展台人员也应予以协助。要事先安排好掏箱时间、设备和工作流程,并考虑开箱、走动、搬运、布置等工作,确定道具、展品箱卸放位置和地点。

第六,开箱。开箱指开展品箱。开箱工作一般由展台人员自己做,特殊展品可以安排专业人员开箱。开箱次序要根据展台布置进度和展场情况事先安排好,一般顺序为先开道具箱,其次开大件展品箱,后开贵重物品和小件物品箱。

2. 国外运输代理

国外运输代理与国内运输代理最大的不同在于运输方式、有关文件和海关报关三方面。

(1) 运输方式。国外运输路线分三段:第一段,参展商所在地将展品及展具路运到参展商所在国的港口;第二段,从参展商所在国的港口运到展会所在国的港口;第三段,从展会所在国的港口运到展会所在地。国外运输的运输方式有水运(海运、内陆水运)、空运、陆运(火车、汽车)、邮递、快递、自带等。国外运输代理应了解海关规定、当地对展品进口的处理办法和规定、当地是否有免费进口宣传品和自用品的规定等。

(2) 有关文件。国外运输代理要明确告知参展商提供各种文件的类型和提交的具体时间。这些文件主要包括以下几类：展览文件、运输单证、海关单证和保险单证。展览文件是指有关展品及相关物品的证明和文件，主要有展品及相关物品清单、展品安排指示书、需送海关审查的特殊物品样本和清单、发票等。运输单证是办理货物运输所需要的证明文件，主要有装运委托书、装箱单、集装箱配装明细表、提单、运费结算单、委托回运通知书(需回运)等。海关单证是指办理货物海关报关时需要的证明文件，主要有报关函、报关单、清册、进口许可证、发票等。保险单证是为展品安全运输所投保的保险级别的有关证明文件，主要有展品和道具险、第三责任险、展出人员险、一切险(运输)等。

(3) 海关报关。国际展商的展品进口报关的方式主要有ATA单证册方式、保税方式、再出口方式、进口方式。ATA单证册(ATA carnet)是一份国际通用的海关文件，它是世界海关组织为暂准进口货物而专门创设的。ATA单证册已经成为暂准进口货物使用的最重要的海关文件。ATA单证册方式只在ATA公约成员国之间使用，展会结束后货物必须回运。这种方式能缩短报关时间，简化手续，节约成本。保税方式需经海关批准，暂不征税。海关在展会现场设立临时监管区，进行监督检查，展品不能带出保税现场。再出口方式要预先交纳和关税相同的保证金，展会结束货物再出口后，取回保证金，货物不能随意出售或处理。进口方式是按进口商品处理，交纳关税。采用进口方式，参展商可以随意处理展品。

3. 组展方在选择国内物流承包商时需考虑的因素

(1) 时间安排。运输时间的安排相当重要，尤其是海运，时间比较长，而且受天气影响大，遇到恶劣天气时可能会延误以至于影响展品参展，因此组展方要提早安排展品和相关物资的运输时间并及时向参展商公布。时间安排包括交箱日期、办理手续日期、发运日期、抵达目的地日期、到达会展场馆日期、回运日期等。

参展商对产品运输时间的安排要适当留有余地，展品到达时间过早，会产生额外的仓储费用；到达过晚，会延误展览日期。权衡起来，多花仓储费用总比耽误布展要好。

(2) 运输路线和方式。为了保证参展商的展品能够高效、顺利地到达，组展方要督促物流服务承包商为参展商安排最佳运输路线和运输方式，尽量选择直运和使用集装箱等安全的运输方式。此外，一定要明确告诉参展商采用不同运输方式运送展品到达目的地的注意事项。

(3) 包装要求。包装标志是用文字或简略图形，或按照有关部门的包装储运指示标志刷写在包装上的说明事项，以及货物在运输、存储、装卸时的注意事项，以便识别一批货物。由于在同一个大型展馆可能同时举办多场展会，或者一个物流服务承包商也有可能运送多家参展单位的展品，为了使展品不被混淆和便于在展览现场搬运和装卸，组展方可以和物流承包商共同安排好展品的运输包装要求，如包装标志要注明展会名称、展位号、收货人名称和地址等信息，同时要对展品本身的信息进行标记。对一些易碎展品要在标明其信息的同时，提醒物流服务承包商在运输过程中要特别小心。

(4) 费用问题。为防止物流承包商收取的费用过高，组展方要督促物流承包商向参展商提供合理的运费和杂费的收费标准。同时组展方还要和物流承包商商定陆运、水运和空运的基本费率,以及迟到附加费、早到存放费、码头/机场费等附加费率及自选服务的费率,并将这些费率明确告知参展商。

(5) 保险。展品在运输过程中很容易发生事故,一旦发生事故,参展商势必会要求索赔,因此给展品上保险是必要的。展览所涉及的保险包括责任险、火灾险、盗窃险和破损险等。组展方要督促物流承包商提醒参展商在运输时为展品上相应的保险。

案例6-2 **运输过程中展品的包装问题**

在某届国际木工类机械展览会上,首次参展的一家国外公司发运了1个40英尺集装箱的海运展品。展品进馆前,检疫人员邀参展商一同去展览中心的监管仓库对货物进行查验。在检查过程中,检疫人员发现5件木工加工机械没有外包装箱,均为裸装展品。前两件展品完好无损,第三件展品右侧外腿好像因重物撞击而产生凹陷。参展商当即表示,在出厂安检时机器外观完好无损,出现损坏很有可能是发运出境时由国外的运输公司在装箱时造成的。虽然进馆调试后机器还能正常运转,但参展商还是对没有给机器打外包装感到非常遗憾,展机的破损也使展览会期间许多原本有意购买展机的厂家最后都放弃了购买。

无独有偶,在某届北京国际汽车展中,也存在包装物证明、包装材料不符合中国检疫部门要求的现象。在展览会开幕前,检疫人员在物流运输商的帮助下开箱检验时发现,国外展品大部分使用垫木固定汽车的4个轮子。虽然物流运输商事先已经通知美、日、韩及欧盟国家的参展商,如果使用原木材料作为垫木,务必提供熏蒸证明原件及官方检疫证书并建议使用人造板材作为填垫物,但还是有些参展商对物流运输商的通知没有引起重视。我方检疫人员在进馆检查一个德国参展商发运的9个40英尺的展架材料及3个40英尺集装箱的展车时发现,其无法提供相应的关于在该国境内进行熏蒸消毒的官方证明文件,因而展品被我方检疫人员扣留并要求其退运出境。由于即将开展,该参展商保证以此为戒并表示只要能够参展,他们愿意接受中国检验检疫局的任何处罚及对其的处理方式,在组展方与检疫部门的再三联系协调下,有关部门同意将其展品在中国境内进行熏蒸消毒并接受常规性消毒检查,在对其进行经济制裁后允许其展品进馆。

资料来源:展品运输中的包装问题[EB/OL]. (2013-05-03)[2022-03-05]. https://wenku.baidu.com/view/efd4ae3ab90d6c85ec3ac6d4.html.

思考题:上述案例中包装的哪个环节出了问题?应该由谁承担责任?

案例6-3 **赴俄运输展品的失败**

2003年6月4—8日,俄罗斯圣彼得堡举办国际消费品展览会。福建汇源商务会展有限公司获准组织27家企业、30个展位参展,参展人员为49人。为了做好该展览的筹备工作,该公司曾于2002年10月派人对圣彼得堡展览会进行考察,就展位申请、样品运输、展期酒店预订等方面与组委会进行了沟通。考虑到俄罗斯样品运输的复杂性，他们选定德国德讯公司为参展样品承运商(主要原因是德讯公司在莫斯科、圣彼得堡设有办事处)，要求德讯公司保证2003年6月2日上午9点将展品运到展台，并于2003年4月3日与德讯公司签订了"如展品未按时到会，德讯公司将承担由此产生的一切后果"的运输代理协议。

2003年5月16日，汇源公司收到德讯公司的通知，样品于2003年5月22日到达圣彼得堡，2003年6月3日上午9点样品送达展馆。由于圣彼得堡建城300周年大庆，2003年5月27日—6月1日机场关闭，汇源公司先遣工作人员于2003年6月2日到达圣彼得堡，大批参展人员于6月3日顺利抵达。2003年6月3日上午，先遣人员到达展台，见展品未到，当即与德讯公司驻圣城办事处联系，德讯公司表示因报关原因，样品4日下午会到。汇源公司工作人员随即安排参展人员4日晚上布展，可是到了晚上，全体人员到达现场，展品仍未到。经与德讯公司紧急协商，德讯公司表示5日一定会解决。5日下午，全体参展商再次到展台一直等候到晚上7点，后得知展品不能到位，这引起了全体参展商的强烈不满，并表示不要样品，拒绝参展，随即提出索赔要求，还联名写了一份索赔书。

2003年6月5日上午，中国驻圣城总领事馆经济商务领事陈俊岭到展览会展位参观，发现展品未到，指示展团工作人员，为了维护中国形象，不管样品何时到达，都应继续参展。直到2003年6月6日晚6点45分，展品才到达展览馆门口。经工作人员协调，参展企业统一于2003年6月7日布展，中方企业坚持参展。其后，汇源公司在后期做了一些补救工作，例如，组织企业带样品到莫斯科拜访客户，在一定程度上弥补了因参展延误带来的损失。

回国后，经汇源公司与德讯公司协商并征求参展商同意，决定给予参展企业每个展位5万元人民币的补偿。

资料来源：空白格. 赴俄运输展品的失败[EB/OL]. (2013-05-10)[2022-03-02]. https://www.doc88.com/p-538714702381.html.

思考题：赴俄运输展品为什么会失败？

(三) 会展旅游服务代理商

参展商和观众对会展旅游的需求在展会开幕前后都有，一般在展会结束之后较多。例如，有些参展商和观众为了能在展会中以更合理的价格成交，他们会在展会开幕前和展会进行中到著名的专业市场或大型商场进行实地考察，收集市场信息和了解市场行情；有些参展商和观众会在开展前或展中到客户工厂或生产地进行实地考察，以便更准确地了解客户的相关信息和实力，有助于做出正确决策；另有许多参展商和观众来自不同国家和地区，会在展会结束后了解当地的风土人情、参观名胜古迹。

无论是展前、展中还是展后，参展商和观众对会展旅游的需求主要源于两个目的：一是商务考察；二是观光休闲。从总体上来看，展前和展中的会展旅游主要是商务考察，展后的会展旅游中，商务考察和观光休闲都有。这就需要有特定的会展旅游服务代理商(简称旅游代理商)为他们提供周到的服务。

会展旅游服务代理商是指由组展方指定，在会展活动过程中负责对客户(包括参展商和观众)的食、住、行、游、购、娱、商务考察等各方面提供会展接待和旅游服务的旅游企业。会展旅游代理商同餐饮、交通、娱乐等相关企业合作为参展商、与会者和观众提供会展接待、商务考察、观光旅游线路制定等服务，这些服务主要包括会展旅游的整体促销、提供会展旅游主体配套服务及负责后续旅游产品的开发等。会展旅游业的组织机构分为会展旅游的购买者、专业中介组织和供应商三类。

从上述会展旅游服务代理商的定义中可以看出，客户是会展旅游的购买者，餐饮、交通、娱乐等相关企业是会展旅游的供应商，因此会展旅游服务代理商是会展旅游组织机构中的专业中介组织，主要包括会展旅游经销商、奖励旅游公司等。会展旅游经销商是为客户提供服务的旅行社。这类旅行社为方便接近客户，一般在酒店或高档写字楼内办公，他们提供的服务主要有票务预订(预订机票、火车票、长途汽车票和船票)、房间预订、组织和策划会展商务考察和观光休闲的旅游活动等。

奖励旅游公司目前已成为一个独立的、重要的产业部门。"奖励旅游"源于20世纪前半叶的美国，奖励旅游是对协助企业达到特定目标的优秀员工，给予一个尽情享受的旅游假期作为奖励，并达到进一步调动员工积极性、增强企业凝聚力等目的。它具有鲜明的企业文化特征，奖励旅游公司要根据企业组织该活动的意图与宗旨，安排诸如颁奖仪式、主题晚宴、先进事迹报告、企业发展战略研讨、工作计划讨论等会议活动，同时精心策划和设计活动日程与内容，要衬托出企业文化，要营造出满足员工成就感和荣誉感的氛围，既要达到企业(单位)举办活动的目的，又要让参加者留下难忘的美好回忆。

另外有一些规模较大的会展旅游代理商，为了服务方便，在其主要公司客户的办公室里设有专职人员为其提供会展旅游服务，或者由会展旅游业务较多的大公司聘请大旅行社的工作人员作为旅游顾问为其提供服务。

除了上述会展承建服务承包商、会展物流服务承包商和会展旅游服务代理商之外，还有一些为会展活动提供其他专门服务的公司，如办公设备租赁公司、花木公司、现场登记服务公司、装饰品服务公司等。

二、会展服务承包商的作用

(一) 提供专业化、高质量的服务

会展活动是一个系统工程，涉及多个相关行业。要想成功举办一场会展活动，只依靠组展方的策划与组织是不够的，还需要各个相关行业的配合和支持。如在展览会前期的招展和招商过程中，仅靠组展方的力量招展招商效果不会很理想，招展招商代理有广泛的人

脉，可以招到比较理想的参展商和观众；在展品运输时也要依靠会展物流服务承包商，他们懂得运输过程中的规定及海关报关和清关的相关知识；在展台设计和搭建过程中更是如此，展示效果是观众对展览会的第一印象，所以展位外观设计效果在很高程度上会影响到展览会的整体形象和参展商展品的展示效果；会展旅游活动的组织也离不开会展旅游服务代理商，这些代理商有很好的创意，能够满足会展旅游者的好奇心理，同时能够很好地组织游客外出旅游和处理旅游过程中出现的意外事件等。

综上所述，会展服务承包商和组展方应相互促进，共同发展。一方面，会展服务承包商可以利用及发挥各自的优势为会展活动提供方便、快捷、专业化的服务，不但可以提高自身服务质量、减少会展成本，而且可以丰富自身的经验和赢得好的口碑；另一方面，组展方将专业化的会展服务外包给会展服务承包商，可以节省自身的人力、物力、财力等，从而大大提高管理效率。

(二) 提升展览会品牌，打造专业展览会

会展服务承包商尤其是展览会服务承包商为展览会提供了专业服务，一方面提升了展览会品牌，另一方面为打造专业展览会作出了贡献。专业展览会对促进行业发展和参展企业发展都起到了重要作用。

专业展览会对行业发展的促进作用主要体现在：①专业展览会对行业信息的传播和宣传作用。展览会的本质就是信息交流，在专业展览会上，一般会展示体现时代特色的或是科技前沿的展品，这些展品本身包含各种先进的信息。同时在专业展览会上还会举办一些论坛等，这些活动在一定程度上促进了行业信息的宣传与传播。②专业展览会对行业产业升级的推动作用。展览会上展示的新产品、新工艺、新技术、新趋势、新应用反映了行业科技进步的最新成果，从而带动技术进步走向市场，促进产业的升级，特别是当今社会，全球经济发展方式发生深刻变化，科技创新孕育新的突破，绿色、智能和可持续发展成为新的发展趋势，展览会也在与时俱进地从多方面推崇绿色生态、低碳经济、循环经济的理念。

专业展览会对企业的促进作用表现在：启示和带动了众多企业进行产品结构调整、技术创新、营销手段及管理模式的创新，使企业更加明确自己的市场定位，明确自己的核心竞争力所在，从而提升企业的综合实力，使企业更健康地发展。

第二节 会展服务承包商的选择标准

对组展方来说，每次举办会展活动，都希望有尽可能多的国内外参展商(或与会者)和

观众来参与，希望通过为观众提供全面而高效的专业化服务，来提高展览会的品牌效应。组展方通常需要选择会展服务承包商来提供整体或部分的专业服务，在选择服务承包商时，一般可参考以下几个标准。

一、专业化水平高

专业化水平是组展方选择会展服务承包商的重要标准。前文已经提及专业展览会的作用，要想做成专业展览会，必须要有专业的服务，而会展承包商想要提供专业服务，一定要具备专业化的水平。例如，主场搭建商需具有室内设计和装潢、工程结构、绘图绘画、模型制作、展架展具、施工材料、施工技术以及排水、照明、电子、机械和消防等方面的知识和技术；为保证展品的完好与合理的运输时间，物流承包商应具有根据展品的特性与展览时间合理安排展品与展具的装卸、运输、包装、搬运、储存等方面的能力，同时还要具有展览品报关与清关的知识与能力等；旅游承包商应具有较强的商务旅游与观光旅游的策划、组织与接待的知识与能力，具有较强的食、宿、行、游、购、娱等方面的接待服务能力与技巧；招展招商代理则应该有一定的客户基础，熟悉展览会的主题、程序、服务等内容，具有较强的服务意识、沟通能力与组织能力。

二、经验丰富

会展服务承包商应具备丰富的经验、良好的业绩和较好的口碑，可以为会展活动提供高效、周到、快捷的服务。例如，有经验的主场搭建商可以顺利地搭建展位，能熟练使用展具展架，能理解展览会现场施工要求，能合理预估展览会观众流量，能处理参展商的展示要求，能更好地处理设计方面的问题，保证展位设计的目的性和艺术性。例如，能避免忽视展位的设计功能，搭建出中看不中用的展台，或者是只考虑展台展示效果的华丽而忽视展商的参展主题，造成华而不实的现象。有经验的物流服务承包商可以顺利地将参展商的展品运送到目的地，圆满处理展品丢失、破损及国内外展品报关和清关等问题。有经验的旅游服务代理商能够策划与组织会展旅游活动，提升客户体验。这些经验丰富的会展服务承包商在处理服务中的问题尤其是突发事件时能做到游刃有余，可以大大减少风险。

三、价格合理

价格是影响组展方选择会展服务承包商的一个重要因素，组展方和参展商的成本的高低在一定程度上取决于会展服务承包商的价格的高低。会展服务承包商提出的价格应该合理，不能太高也不能太低。俗话说"一分价钱一分货"，对于那些实力比较强、工作质量及服务有保证并值得信赖的服务承包商，价格通常会高一些，但不能高得离谱；当然，价格也不是越低越好，如价格很低，服务承包商的服务质量可能降低。

四、熟悉会展活动内容

会展服务承包商就像组展方的左膀右臂，对会展活动的举办起着举足轻重的作用。为了更好地为会展活动服务，会展服务承包商要熟悉会展活动的主题、程序、服务等工作内容，以便更好地提出专业性意见。例如，主场搭建商熟悉场馆的硬件设施，可以根据会展的主题对场馆规划提出专业意见；会展物流承包商熟悉会展活动内容、展品情况，可以提出合理化运输的建议；会展旅游代理商熟悉会展主题、会展举办地等信息，可以合理安排商贸旅游和观光旅游的内容与线路，并做好各项接待工作；会展招展招商代理为更好地解答参展商和观众的问题，需要熟悉会展各项工作内容。

五、信誉良好

商业信誉是商业企业通过诚实经营取得的信任和名誉，是商业企业在多次的商品交换中形成的消费者对商品经营者包括商品生产者在内的一种信赖。它存在于经营者之间、商品卖者和买者之间，因顾客、市场、商品和价格等因素的变化而变化。良好的商业信誉是经济伙伴在相关经济活动中合作成功的基础。诚信不仅是人的一种道德品质，同时也是企业文化的核心价值观。对于企业来说，诚信更是不可或缺。企业对内部员工讲诚信，能够把企业在长期奋斗中形成的优良品质、顽强作风挖掘和提炼出来，成为员工认同和遵从的价值观，有助于把各级员工对企业的朴素情感升华为强烈的责任心和自豪感，把敬业爱岗的自发意识转化为员工的自觉行动，使个体的积极性凝聚为一个整体，从而增强企业的生命力和活力。企业对外诚实守信，其信誉度就会不断提高，能形成巨大的吸引力，从而赢得发展和壮大的机遇。

组展方可通过以下渠道获得对会展服务承包商信誉的评价：从其他组展方、多次参加展览会的参展商那里获得对服务承包商的评价与推荐；通过现场观察其服务操作来获得反馈。此外，还要了解会展服务承包商的资质信誉度，尽量选择服务理念和水平与会展活动理念和层次相近的会展服务承包商。

六、其他标准

(一) 布点合理

会展服务承包商的布点应合理。为了更好、更方便地满足组展方、参展商或观众的要求,会展服务承包商应能够在多个地区或较大会展城市设置办事处,配备足够的设施、代理人,形成强大的服务网络,可在任何有需要的地方开展业务。随着我国会展业的发展,现在不仅一线城市在迅速发展会展业,一些二、三线城市也提高了对会展业的重视,会展业在二、三线城市得到了很大发展,因此会展服务承包商也应在会展业发展相对迅速的二、三线城市广泛布点。

(二) 道德品质的评价

无形的道德品质评价也是组展方选择会展服务承包商的一个参考标准,因此组展方需要对会展服务承包商的道德品质做出评估。这些无形的道德品质主要包括以下几方面:是否富于创新精神;是否乐于提供专业意见;是否具有团队合作精神;是否有坚持不懈的精神和积极主动的服务意识;是否有良好的人际沟通能力等。上述因素反映了企业员工的心态,员工的心态不仅决定了企业的状态,同时影响着企业文化,进而决定企业的发展前景。在选择会展服务承包商时,一定要注意对这些因素进行评估。会展业是一个劳动密集型产业,不需要太多的高科技知识,但要求注重细节,尤其对展览会来说,展览会开幕前的工作琐碎且重要,这就要求会展服务承包商做好本职工作,按时、按质、按量地完成自己的任务。比如,对于主场搭建商来说,在设计展位时一定要体现参展商展品的特色或参展单位的形象,在搭建展台时要注意消防安全、人身安全和搭建用时等。对物流服务承包商来说,展品在运输过程中更应该注重细节,避免展品破损、丢失等情况的发生,同时还要保证及时将参展商的展品运送到目的地,这些都需要服务人员具有团队合作和吃苦耐劳的精神。对会展旅游服务代理商来说,更需要这些无形的道德品质,会展旅游活动的策划与组织需要有创意,因为旅游是人的一种体验,这种体验会在人的记忆中留下难以磨灭的印记。如果策划或组织了一次非常成功的旅游活动,旅游者身心都会非常愉悦并且对会展旅游服务代理商的印象非常好;相反,一次不成功或很糟糕的旅游经历,旅游者会记一辈子,这不但会大大有损会展旅游服务代理商的形象和口碑,甚至有可能使旅游者与会展旅游服务代理商之间产生纠纷,最终诉诸法律。除了创意,旅游服务代理商还需要具备团队合作意识、服务意识、交流沟通意识和吃苦耐劳精神等道德品质。

第三节 招标文件的制定

一、会展招标流程

招标和投标是一种传统的交易方式，也是一种法律行为。根据《中华人民共和国招投标法》(以下简称《招投标法》)的规定，招标和投标活动包括招标、投标、开标、评标、定标和签约6个环节。有些大型项目的招标需要备案，因此这里将招标备案一并讲解。

(一) 招标备案

《招投标法》第三条规定："在中华人民共和国境内进行下列工程建设项目包括项目的勘察、设计、信息工期、监理以及与工程建设有关的重要设备、材料等的采购，必须进行招标：(一)大型基础设施、公用事业等关系社会公共利益、公众安全的项目；(二)全部或者部分使用国有资金投资或者国家的速效项目；(三)使用国际组织或者外国政府贷款、援助资金的项目。"依法必须进行招标的项目，招标人自行办理招标事宜的，应当向有关行政监督部门提交招标备案报告进行备案。备案制度虽然不是一种事先审批的制度，只是要求当事人在自行招标的同时，书面告知有关行政监督部门以备查，但有关行政监督部门可以通过报备制度掌握实际情况，如发现自行招标人不符合法定条件的，有权要求其纠正，以加强对招标活动的宏观管理，保证招标、投标工作依法有序地进行。根据相关规定，其他非法律规定必须进行招标的项目，招标人自行招标或委托代理招标的，无须备案。一般情况下，不属于上述强制招标项目的会展活动无须备案。

(二) 招标

招标是指招标人发出招标公告或通知，说明拟招标项目的名称、规格、数量及其他条件，邀请投标人在规定的时间、地点按照一定的程序进行投标的行为，在法律上是一项要约邀请。招标分为公开招标和邀请招标两种。

1. 公开招标

公开招标是指招标人通过公共媒体以招标公告的方式邀请不特定的法人或者其他组织参与投标，使所有合法的投标者都有机会参与竞争，这种做法又称为无限竞争性招标。公开招标通常要对投标人进行资格预审。任何认为自己符合招标人要求的法人或其他组织、个人都有权向招标人索取招标文件并届时投标。采用公开招标的招标人不得以任何借口拒绝向符合条件的投标人出售招标文件，依法必须进行招标的项目，招标人不得以地区或者部门不同等借口违法限制任何潜在投标人参加投标。公开招标在其公开程度、竞争的广泛性等方面具有较大的优势，但公开招标也有一定的缺陷，例如，由于投标人众多，一般耗时较长，需花费的成本也较高，对于项目标的较小的招标来说，采用公开招标的方式往往得不偿失；有些项目专业性较强，有资格承接的潜在投标人较少；如果需要在较短时间内完成采购任务，也不宜采用公开招标的方式。

2. 邀请招标

邀请招标是指招标人根据承包商的资信和业绩，以投标邀请书的方式邀请若干特定承包商法人或者其他组织投标，又称选择性招标。采用邀请招标时，招标人不公开发布招标通告，只是根据以往的业务关系和情报资料或由咨询公司提供的投标者的情况，向少数客户发出投标邀请书，这种做法也称为有限竞争性招标。邀请招标竞争范围有限，招标时间大大缩减，招标费用也相应低一些，但公开程度要低于公开招标。

(三) 投标

投标是指投标人应招标人的邀请，按照招标的要求和条件，在规定的时间内向招标人递交投标书，争取中标的行为。投标前，投标人首先要取得招标文件，经认真分析研究之后，编制投标书。投标书在法律上是一项有效期至规定开标日期为止的要约，内容必须十分明确，其中必须包括中标后与招标人签订合同的主要条款。投标书应在投标截止日期之前送招标人或其指定的收件人，逾期无效。投标人在投标截止日期之前可以书面提出修改或撤回投标书。

(四) 开标

开标是指招标人在招标文件确定的提交投标文件截止时间和招标文件中预先确定的地点当众启封投标书、宣读内容的行为。开标由招标人主持，邀请所有投标人参加，这样可以使投标人得以了解开标是否依法进行，有助于使投标者相信招标人不会任意做出不适当的决定；同时，也可以使投标人了解其他投标人的投标情况，做到知己知彼，分析自己中标的可能性，这对招标人的中标决定也将起到一定的监督作用。此外，为了保证开标的公正性，一般还邀请相关单位的代表参加，如邀请招标项目主管部门的人员、监察部门代表等。有些招标项目，招标人还可以委托公证部门的公证人员对整个开标过程依法进行公证。

(五) 评标

评标是指由招标人依法挑选符合条件的人员组成评标委员会，由评标委员会按照招标文件确定的评标标准和方法，对投标文件进行评审和比较，从中选出最佳投标人的行为。评标委员会一般由招标人代表、相关技术方面的专家、经济方面的专家及其他方面的专家，如法律专家等组成，总人数须为5人以上单数。

(六) 定标

定标是指招标人根据评标委员会提出的书面评标报告和推荐的中标候选人确定中标人的行为。招标人也可以授权评标委员会直接确定中标人。如果招标人认为所有的投标均不理想，则可宣布招标失败。

(七) 签约

招标人和中标人应当自中标通知书发出之日起30日内，按照招标文件和中标人的投标文件订立书面合同。

二、会展招标文件

(一) 会展招标备案报告

会展招标备案报告的结构有表格式和报告式两种。表格式即招标备案表，由主管招投标工作的行政监督部门统一制定，招标人在进行招标之前先按规定填写，同时提交相关备案文件，获准备案后方可发布招标公告或投标邀请书。报告式即采用公文中的报告写法，一般由标题、主送机关、正文、附件、落款和发文日期组成。

1. 标题

标题一般由报告事项和文种组成，如"××会展中心建设工程项目招标备案报告"。

2. 主送机关

主送机关写主管招标投标工作的行政监督机构的名称。

3. 正文

会展招标备案报告的正文应当写明拟招标项目的名称和具备的条件，招标计划，拟采用的招标方式和对投标单位的资质要求，评标方法，评标委员会的组建方案，开标、评标的工作具体安排等。由于在招标公告、资格预审公告、投标邀请书、投标须知等文件中都要书写上述内容，而且备案时必须一并上报，报告本身的内容可以简化，仅需说明项目名称和目的，最后恳请予以备案即可。

4. 附件

附件主要包括招标公告、资格预审文件、投标邀请书、投标须知等，这些附件要一一标明序号和名称。

5. 落款

落款要写明申请单位全称，并由法人代表签署。

6. 发文日期

写明发文的具体时间。

案例6-4　　　　　　　　　**招标备案报告例文**

×××××展馆建设工程项目招标备案报告

××市招标投标管理办公室：

　　×××××展馆建设工程项目属国家资金项目，已经市建委批准立项，批文号为××

〔2019〕20号。现拟进行公开招标,请予以备案。

　　附件:1.×××××展馆建设工程项目招标公告

　　　　2.资格预审文件

　　　　3.招标文件

×××××会展中心有限公司
二〇一九年四月二十日

(二) 会展招标公告

招标公告过去又称招标通告或招标书,根据《招投标法》的规定,应当称为招标公告。会展招标公告是招标人在获得招标管理机构备案后,以公开行文的方式邀请不特定的法人或者其他组织投标的文件。如果招标项目属于重大项目,需要或依法必须对投标人的资格进行审查,可发布资格预审公告。资格预审公告本质上也是招标公告,资格预审完成后不必再发布招标公告。

会展招标公告和资格预审公告应当通过报刊、广播、电视等大众媒体直接向社会公布。依法必须进行招标的会展项目的招标公告和资格预审公告,应当通过国家指定的报刊、信息网络或者其他媒介发布。

1. 标题

一般要写明会展招标项目的名称和文件,如"××会展项目主场搭建商招标公告"。

2. 正文

会展招标公告的开头应简要说明招标的目的,然后用"现将有关事项公告如下"之类的语句作为过渡,引出主体部分。

1) 资格预审公告的内容

(1) 招标人的名称和地址;

(2) 招标项目的性质和数量;

(3) 招标项目的地点和时间要求;

(4) 获取资格预审文件的办法、地点和时间;

(5) 对资格预审文件收取的费用;

(6) 提交资格预审申请书的地点和截止时间;

(7) 资格预审的日程安排;

(8) 其他事项。

2) 招标公告的主体部分应当载明的事项

(1) 招标人的法定名称和地址;

(2) 招标项目的名称及编号;

(3) 招标的方式(即公开招标或邀请招标);

(4) 招标项目的性质(如写明属于国家项目或世界银行贷款项目等);

(5) 招标项目的内容、数量和要求;

(6) 招标项目的实施地点和时间;

(7) 投标人的资格与条件;

(8) 招标文件的价格以及获取的办法;

(9) 提交投标书的截止时间和地点;

(10) 开标的具体时间、地点以及出席范围。

会展招标公告正文的具体写法有三种:一是采用序号加小标题的形式,逐条写明每个具体事项,层次分明,条理清楚,适用于内容较多的招标公告;二是以自然段落为层次,不加序号,主要用于内容较为简单的招标公告;三是表格式,简洁明了。

3. 落款

写招标人或招标代理机构的名称。

4. 发布日期

写明实际发布的日期。在网上发布的招标公告,发布日期可置于标题之下。

资格预审公告如案例6-5所示。

案例6-5 上海世博会甘肃馆展示设计招标资格预审公告

由中国政府主办,世界各国和国际组织以及中国各省区市参与的中国2010年上海世博会,以"城市,让生活更美好"为主题,将于2010年5月1日至2010年10月31日在上海举行。此次世博会,除参展国国家馆、中国国家馆外,将设立各省区市馆。目前,甘肃馆的参展主题已经基本确定,为更好地展示甘肃、呈现主题,甘肃省参加2010年上海世博会组委会办公室(以下简称"甘肃省世博办")根据有关法规,按照"公开、公平、公正、竞争"的原则,将向国内外公开招标甘肃馆展示设计方案,特邀请有意愿的潜在投标人(以下简称"申请人")提出资格预审申请。

1. 招标项目名称

2010年上海世博会甘肃馆展示设计方案。

2. 招标项目概况

本项目为上海世博会甘肃馆,展示面积600平方米。

3. 申请人资格要求

(1) 在国内外依法设立并有效存续的企业,并在设计和管理人员、设备、资金等方面具备一定能力和条件;

(2) 具有为国际或国内国家级(由国家部委主办或国家部委与地方政府联合举办)大型主题展览活动进行展示设计的相关资质和业绩;

(3) 本次资格预审接受联合体资格预审申请,联合体原则上不超过三方。联合体中至少一方申请人必须具备以上条件中的两款。

4. 资格预审方法

本次资格预审采用合格制。

5. 资格预审申请文件及递交要求

本次资格预审需提交的申请文件如下:

(1) 申请人基本情况说明和介绍(包括申请人简介、有效的工商营业执照复印件、资质证书复印件);

(2) 申请人过去5年中为国际或国内国家级(由国家部委主办或国家部委与地方政府联合举办)的大型主题展览活动进行展示设计的业绩材料(如设计合同、设计图纸、多媒体或三维动画文件、布展合同等复印件);

(3) 从事本项目的主要专业人员名单、资质及从业经历;

(4) 以联合体申请的,必须同时提交有关共同申请资格预审的协议、合作意向书等。

以上申请文件应提供A4格式的纸质材料,并一式三份,电子版文件一份,多媒体或三维动画文件一套。所有纸质文件应加盖申请人公章。

自资格预审公告发布之日起,申请人须于2008年11月24日北京时间17:00(以下简称"截止日期")前通过专递或当面递交的方式将申请文件送达甘肃省世博办,申请文件的送达时间以甘肃省世博办的签收时间为准。

在截止日期后,甘肃省世博办将对申请人进行资格及设计能力审查,并于2008年11月28日前向通过预审的申请人发出通知书和招标文件。

6. 注意事项

(1) 申请人自行承担参加本次资格预审所产生的全部费用;

(2) 申请人应当按照本公告规定以及甘肃省世博办在审查中提出的相应要求,进一步提交其他有关证明文件和资料;

(3) 申请人之间不得以恶意串通或其他不正当方式损害甘肃省世博办或其他申请人的利益;

(4) 申请人应当保证其申请文件和其他相关信息的真实完整,否则甘肃省世博办有权取消其申请资格。由虚假文件、信息、承诺和陈述影响本次资格预审和招标或对甘肃省世博办造成名誉或经济损失的,相关申请人应承担相应的法律责任。

7. 声明

(1) 本公告的任何内容均不应理解为甘肃省世博办欲与申请人缔结任何设计、施工协议的承诺;

(2) 甘肃省世博办对申请人送达的资格预审文件不予退还;

(3) 本次资格预审适用中华人民共和国法律;

(4) 未尽事宜,由甘肃省世博办负责解释。

本公告由甘肃省世博办于2008年11月14日发布,可登录上海世博会官方网站www.expo2010china.com和甘肃省投资贸易促进局网站 www.gsinvest.gov.cn查询。

8. 联系方式

联系单位:甘肃省世博办(甘肃省投资贸易促进局)

联系人:×××

地 址:××××××××××

邮 编:730000

电 话:×××××××

传 真:×××××××

E-mail:××××××××

甘肃省参加2010年上海世博会组委会办公室
二〇〇八年十一月十四日

资料来源:采招网.上海世博会甘肃馆展示设计招标资格预审公告[EB/OL].(2008-11-14)[2022-03-04]. https://www.bidcenter.com.cn/newscontent-4295854-1.html.

会展招标公告如案例6-6所示。

案例6-6　　　　　　　　**××博览会主场搭建项目招标公告**

由×××主办,×××公司承办的××博览会将于2019年10月10日在××国际博览中心举行,根据有关法规,按照"公开、公平、公正、竞争"的原则,将向国内外公开招标主场搭建商,特邀请有意愿的潜在投标人(以下简称"申请人")提出资格预审申请,现将有关事项告知如下。

1. 项目概况

(1) 项目名称及面积:××博览会主场搭建,场馆面积2万平方米。

(2) 实地地点:××国际博览中心2号馆~6号馆。

(3) 项目编号:××××-2018-04。

2. 招标项目及要求

详见附件×××××××(共2页,包含会展背景、相关数据、问题陈述和项目范围等)。

3. 投标要求

(1) 投标书应包含场馆设计方案(附有平面图、效果图、大样图)、用料说明、工程预算书(含税报价)、质量保证、施工组织方案、工期、服务承诺等内容,并加盖贵公司公章。

(2) 投标时请同时提供贵公司介绍信、法定代表人证明书、法定代表委托证明书、公司简介、营业执照复印件(加盖公章，原件备查)。

(3) 注册资金50万元人民币以上，具有独立法人企业资质。

(4) 投标书中另外附注所能提供的附加服务。

4. 招标文件售价及获取方法

(1) 招标文件售价：人民币150元/套。如需邮购请另付100元特快专递费。

(2) 发售时间：即日起，每天北京时间9：00—11：30，13：30—16：00，双休日除外。

(3) 发售地点：××市××路××号×××室××招标中心。

5. 投标文件递交截止时间及地点

(1) 投标文件递交截止时间：2019年5月15日10：00。邮寄或自送投标文件均以送达时间为准。

(2) 投标地点：××市××路××号××会展有限公司。

6. 开标时间和地点

(1) 开标时间：2019年6月14日10：00。

(2) 开标地点：××市××饭店××厅(××市××路××号，电话：×××-××××××××)。

开标时，投标人代表可以出席。

7. 联系方式

招标人：×××会展有限公司

联系人：×××　　电话：×××-××××××××

传真：×××-××××××××

地址：××市××路××号××室

邮编：××××××

银行账号：×××××××××

××会展有限公司

二〇一九年四月八日

(三) 会展投标邀请书

以下两种情况适用于会展投标邀请书：一种情况用于邀请招标，即会展项目招标人在招标管理机构同意备案后，直接邀请特定的法人或者其他组织参加投标。为确保有效的竞争，邀请招标的对象应当在3个以上。使用这种投标邀请书的，不再发布招标公告。另一种情况是先发布招标公告或资格预审公告，然后对投标申请人进行资格预审，对预审合格的投标申请人再发出投标邀请书。

投标邀请书属于法定招标文件的一部分，因此，招标文件出售时应当包括投标邀请书。

投标邀请书与招标公告的发布方式不同。投标邀请书采用个别发送的方式,而不像招标公告那样必须在媒体上公开发布。

1. 标题

标题写明会展招标项目的名称和文种,如"国际标准展板采购项目投标邀请书"。

2. 称谓

称谓即邀请招标对象的名称,应当写明对方的全称。

3. 正文

会展投标邀请书的开头先说明招标的目的,然后明确邀请对方参加本项目的招标,直接用"现将有关事项告知如下"作为过渡,引出正文。正文载明的内容应当与招标公告相同。

4. 落款

写明招标人或代理机构名称。

5. 发出日期

写明发出邀请书的实际日期。

会展投标邀请书如案例6-7所示。

案例6-7　　　　　　　××展台搭建项目投标邀请书

××公司:

我公司将于2019年9月20日在××国际博览中心参加××博览会,特诚邀贵公司参加我公司展台搭建项目的投标活动,现将有关事项告知如下。

1. 项目概况

(1) 项目名称:××展台搭建。

(2) 实地地点:××国际博览中心2号馆底楼26号展位。

2. 招标项目及要求

详见附件×××××××(共2页)。

3. 投标要求

(1) 投标书应包含设计方案(附有平面图、效果图、大样图)、用料说明、工程预算书(含税报价)、质量保证、施工组织方案、工期、服务承诺等内容,并加盖贵公司公章。

(2) 投标时请同时提供贵公司介绍信、法定代表人证明书、法定代表委托证明书、公司简介、营业执照复印件(加盖公章,原件备查)。

4. 日程安排

(1) 2019年6月11日15:00—17:00在××××领取招标文件。

(2) 投标截止时间为2019年7月9日17:00。请贵公司将密封的"投标书"送至×××××。地址:××××××;联系电话:××××××;传真:

××××××××；联系人：×××。

(3) 开标时间定于2019年7月22日15：00，地点为×××××××××。欢迎贵公司派代表参加。

××××××××有限公司

二〇一九年六月一日

思考题

1. 会展服务承包商主要分为几类？其作用分别是什么？
2. 选择服务承包商时要遵循什么标准？
3. 简述会展服务承包商的招标流程。

能力训练

1. 中国国际工业博览会(简称"中国工博会")是由工业和信息化部、国家发展和改革委员会、商务部、科学技术部、中国科学院、中国工程院、中国国际贸易促进委员会、联合国工业发展组织和上海市人民政府共同主办，中国机械工业联合会协办，东浩兰生(集团)有限公司承办的以装备制造业为展示交易主体的国际工业展。中国工博会自1999年创办以来，通过市场化、专业化、国际化和品牌化运作，已发展成为通过国际展览业协会(UFI)认证，中国装备制造业最具规模、水平和影响力的品牌展。第21届中国工博会于2019年9月17—21日在国家会展中心(上海)成功举办。本届中国工博会以"智能、互联——赋能产业新发展"为主题，展览总面积280 011平方米，吸引了来自全球32个国家和地区的2610家参展商，共有52场论坛及专题活动同期举行。来自87个国家和地区，中国内地26个省区市的193 788名观众参观了第21届中国工博会，其中专业观众183 229人次。第21届中国工博会紧跟新兴产业发展新趋势，聚焦制造业发展重点领域，中外知名企业争相首发首推100余款尖端技术和产品，涉及人工智能、机床、自动化、机器人、工业互联网、数字化工厂等领域，突显了中国工博会成为全球制造技术创新风向标的地位，助推第四次工业革命走向纵深。中国工博会坚持政府引导和市场机制相结合，充分展现现代信息技术赋能产业的重要作用，充分突显促进创新成果转化的重要功能，充分释放中国制造、上海制造品牌效应，已成为上海靓丽的城市名片，为服务中国制造高质量发展发挥了重要作用。假设您是主办单位的工作人员，依据上述资料，为同等规模的下届展览会编制主场搭建商的招标邀请书。

2. 收集中国·天津投资贸易洽谈会暨PECC国际贸易投资博览会的相关背景材料，撰写主场搭建商招标书。要求搭建商负责搭建标准展台，还要负责开幕式现场以及展览会公关区域的环境布置。

第七章 会展营销策划

职业素养

1. 通过建立招展招商数据库，培养学生耐心、敬业的职业素质及与客户沟通的能力。
2. 通过策划招展招商及营销推广方案，培养学生创新精神及撰写策划文案的能力。
3. 通过招展招商实践，增强学生的心理承受能力。

能力目标

1. 掌握招展策划的内容及技巧，能够根据会展项目立项策划文案内容，确定收集目标参展商资料的渠道，并建立参展商数据库；策划并撰写招展文案内容；确定招展价格；确定招展代理；制订招展分工计划；拟定招展策划方案。

2. 掌握招商策划的内容及技巧，能够根据会展项目立项策划文案内容，确定收集目标观众资料的渠道，并建立目标观众数据库；策划并撰写招商文案内容；确定招商价格；制订招商代理及分工计划；拟定招商策划方案。

3. 掌握招展招商的宣传推广策划策略和渠道，能够根据展会背景资料，选择适当的宣传推广策略和渠道，并撰写宣传推广策划文案。

第一节 招展策划

案例7-1

某电动自行车企业的总经理接到上海、沈阳、郑州、深圳、无锡等不同城市会展公司的招展电话和多封招展函，展览内容有自行车展、电动车展等。近年来，自行车市场竞争日益激烈，展会无疑为企业的营销提供了平台，该企业也有参加展会宣传产品和企业形象的计划，希望借此增加订单。但是同类展会这么多，参加哪场展会会更有效果呢？面对这么多的招展函，该怎样考察展会并做出选择呢？该企业总经理陷入了困惑。

案例7-1中参展商的困惑，实际上是在提示办展机构，在撰写招展函的时候，要让参展商明确了解展会的基本情况，能够通过常用渠道收集展会的相关材料，从而尽快做出选择。对于办展机构来说，制订招展计划、写好招展函、做好展会宣传，是展会成功举办的基础。

招展，即对展位及相关服务的营销，其目的主要是招揽合适的企业参展，实现组展方与参展商之间的价值传递。招展工作质量的高低，直接决定了展会能否邀请到有实力、有价值的参展商，也是展会能否取得成功的关键。因此，招展策划是会展营销策划中的首要工作。

一、建立目标参展商数据库

招展策划的第一步是通过广泛收集目标参展商的信息，建立一个完整实用的目标参展商数据库，为展会招展做好基础性的准备工作。如果没有一个完整实用的目标参展商数据库，招展工作就是无米之炊，无法展开。一个完备的目标参展商数据库不仅是展会招展的基础，也是预测展会规模和制定招展方案的基础。

(一) 收集目标参展商的信息

目标参展商是指办展机构认为可能会参展并计划要对其展开营销活动的企业。一个展会的目标参展商既可以是该展会题材所在行业的企业，也可以是与该题材所在行业相关行业的企业，其中前者是目标参展商的主要组成部分。例如，自行车展的参展商主要是自行车行业的企业，也有来自服装行业、制鞋行业等相关联行业的参展商，后者提供的是与自行车运动相关联的用品。办展单位只有在掌握了目标参展商的基本数量、特点和分布状况等信息的前提下，才能建立一个完整实用的目标参展商数据库。

1. 目标参展商的信息内容

目标参展商的具体信息包括名称、地址、联系电话、传真、E-mail和网址、联系人等基本信息，以及产品种类、目标市场、企业规模等信息，这些信息对以后的展会招展有重要的参考价值，要从宏观上对这些信息进行分析，做到有的放矢，如分析该行业内的企业结构，可知不同规模企业的分布、所占的比例，在进行展区展位划分时就会更有针对性；如分析企业的地区分布特点，就要将那些企业比较集中的地区作为展会招展的重点地区；如要了解行业的市场特点，如销售地区、客户类型、销售季节、产品附加值等，并了解参展商的目标，才能更好地进行招展。

2. 收集信息的渠道

(1) 老客户信息收集。对于会展项目的老客户企业的信息，可以从会展项目的历史记录和档案中获取。会展项目企业应建立客户信息系统，将大量客户信息归档保存。

(2) 新客户信息收集。对于新客户的有关信息，可以通过各种渠道来收集，主要有以下几种渠道。

第一，通过行业企业名录收集。很多行业都会出版行业企业名录一类的出版物，其中包括大量企业的基本资料，有些企业名录每年都会更新。

第二，通过商会和行业协会收集。各行业的商会或者协会通常与本行业内的企业有着密切的联系，商会或协会往往掌握大量的企业信息和经营动态，并且拥有相当数量的会员单位。需要注意的是，并不是所有行业协会都能够起到应有的作用，营销人员需要进行甄别，如果和名不副实的行业协会合作，无法获得有效的数据。

第三，通过专业报刊收集。各行业的专业报刊机构与行业中的一些企业保持密切的来往，掌握行业的最新动态和信息，代表了行业发展的方向和趋势。同时，通过刊登在专业报刊上的企业广告，营销人员也可以掌握一些企业信息。

第四，通过政府主管部门收集。负责主管某一行业的政府部门与企业保持联系，对该行业企业的发展情况、行业组成等一般比较了解，也是一个重要的信息来源。

第五，通过外国驻华机构收集。通过一些外国驻华的外交、贸易机构，营销人员可以收集到该国的会展项目、特定行业企业的相关信息；驻华机构也会主动地向展会推荐一些合适的参展商，以达到促进双边贸易的目的。

第六，通过同类题材展会收集。同类题材展会是一个收集参展商信息的好场所。营销人员可以通过和参展商交流、交换资料等直接收集信息，也可以通过购买会刊或参展商名录来收集信息。

第七，通过专业网站、微信等电子信息渠道收集。B2B网站、行业网站一般拥有大量的企业注册用户，企业用户的基本情况、产品信息会以广告等形式刊登在网站上。

第八，委托调查。办展机构可以委托会展咨询公司寻找潜在的会展参展商，或向这类机构购买有关企业的信息资料，掌握相关信息。

(二) 建立目标参展商数据库的原则

1. 要有一定的数据量

这是对目标参展商数据库的基本要求。每一个目标参展商的信息称为一个数据，数据应尽可能多，招展才会有充足的目标客户来源，否则对招展不利。

2. 数据真实、可靠、完整

在收集目标参展商信息时，由于来源渠道较多，有些数据或不真实或重复或不完整。因此，在建立数据库之前，应首先去伪存真，删除重复信息，补充不完整信息，以利于招展工作的顺利开展。

3. 分类合理、科学

数据库信息一旦分类不当，就有可能查找不到相关企业的信息，从而影响招展工作的顺利进行。

4. 便于查找和检索

数据库应支持按地区、产品类别、厂商名称等企业信息进行多方检索或查找，如果数据库不支持这样的检索，不利于招展工作的开展。

5. 可以及时修改

数据库信息应随着企业的变化删减、增补或修订。有时需要剔除一些倒闭企业的信息，增加一些新成立企业的信息，或变更企业办公地点或电话。要保证数据修改的便利，且要设定一定的权限，保证数据的安全。

(三) 建立目标参展商数据库的办法

完成目标参展商信息收集这一步骤之后，需要按照前文所述的原则及程序有步骤地建立目标参展商数据库。

1. 对数据进行分类

可根据行业产品的特点、招展需要及数据库使用便利性确定分类标准。例如，汽车行业可分为商用车、乘用车、特种车等。分类标准确定后，就要严格按照该分类标准对数据进行分类，为建立数据库做好准备。

2. 确定数据库基本字段

数据库的每一条信息最后一般是以表格形式出现的，所谓基本字段，就是该表格中基本不变的项目。例如，"企业名称"就是一个字段，在这个字段下，可以填进多个企业的具体名称，"地址""电话""传真""企业性质"等也可以作为字段。数据库的基本字段是对数据分类的具体执行，它决定着数据检索的便利性如何。考虑到数据库修改的需要，在设置字段时，可以设置一些自定义字段，让办展机构自己按照实际需要设置字段，这样能增加数据库的实用性和灵活性。

3. 选择合适的软件

要根据数据量的多少，在充分考虑速度、安全性、便利性和容量以及成本的基础上，选择合适的软件来编写数据库应用程序。

4. 正确、完整地输入目标参展商信息

输入数据是一项细致而枯燥的工作，需要有足够的耐心，有时还承担着对数据进行即时分类的任务，因此需有一定的专业知识。在输入数据时，要注意确保输入的准确性，避免输错或遗漏。

二、制定招展价格

招展价格是指展位的销售价格,对参展商的参展决策具有重要影响。如果价格过高,参展商可能因不堪承受而放弃参展;如果价格过低,展会档次就会降低,并会影响展位收入及展会效果。因此,招展价格的制定,是会展整体策划的重要内容之一。

(一) 制定招展价格需考虑的因素

按展位不同,招展价格可以分为标准展位价格和光地价格。标准展位价格一般以"一个标准展位多少钱"来表示,光地价格以"每平方米多少钱"来表示;按场地不同,又可分为室内展位价格和室外展位价格,计算方法、表示方法一般也如上所述。

在制定招展价格时,会展营销策划人员需要考虑以下内容。

1. 考虑竞争的需要

同类展会的价格可作为制定招展价格的重要参考系。充分评估本展会在市场上处于领先地位还是处于跟随地位,以此为基础来制定招展价格。如处于领先地位,则价格可定得稍微高一些,否则就将价格定低一些。

2. 结合展会的发展阶段

展会如同其他商品一样都要经过介绍期(introduction)、成长期(growth)、成熟期(mature)、衰退期(decline)4个阶段。

在展会介绍期,即展会培育阶段,展会处于竞争劣势,展会知名度不高,行业及企业对展会还缺乏认知,参展不积极,此时展会招展价格不宜太高;在展会成长期,展会具有一定竞争力,展会知名度提高,此时,行业及企业对展会有所认知,参展积极,展会规模迅速扩大,招展价格可以适当提高;在展会成熟期,展会在市场上地位基本稳定,参展企业数量基本固定,规模难以进一步扩大,此时招展价格也基本固定;在展会衰退期,展会竞争力减弱,参展企业开始逐渐减少,规模缩减,展会面临退出市场或重新定位、策划的境地,此时展会的招展价格较低。

案例7-2　　　　　××国际手机产业展览会暨论坛的收费标准

××国际手机产业展览会暨论坛的收费标准如表7-1所示。

表7-1　收费标准

年份	展馆面积/m²	展位数/个	参展企业数/个	参展费用
2003	3000	166	151	——
2004	12 000	500	276	RMB5000元(USD650)/标准展位,角位(双开口展位)在此基础上加10%,空地RMB500元(USD65)/m²

(续表)

年份	展馆面积/m²	展位数/个	参展企业数/个	参展费用
2005	15 000	542	326	核心展区：RMB8000元(USD1000)标准展位，角位(双开口)加收10%，空地RMB800元(USD100)/m²。其他区：RMB6000元(USD750)，角位(双开口)在标准展位基础上加10%，空地RMB600元(USD75)/m²
2006	20 000	642	343	同上
2007	20 000	660	320	I区：RMB10 000元/标准展位，角位(双开口)加收10%，空地RMB1000元/m²。II区：RMB8000元/标准展位(3m×3m)，角位(双开口)RMB8800元，空地RMB800元/m²。中国港澳台地区及海外展商：RMB20 000元/标准展位(3m×3m)，角位(双开口)RMB22 000元，空地RMB2000元/m²
2008	20 000	700	350	同上

3. 考虑展会的价格弹性

价格弹性是指当展位价格每变动1%时展位销售量变动的大小。当价格弹性<1时，说明价格降低引起的销量变化不会太大；价格弹性>1时，说明价格降低可有效地增加展位销售。

4. 结合展会的价格目标

展会一般有5种定价目标，即利润目标、市场份额目标、市场撇脂目标、优质优价目标和低价目标。在制定展会的招展价格时，需符合展会的定价目标。如果展会追求利润最大化目标，则需采用高价格、低宣传推广费用；如果追求市场份额目标，则采用低价格、高宣传推广费用，从而占领市场份额，取得规模效益；如果追求撇脂目标，则需采用尽可能高的价格从而获取最大利润，一旦竞争激烈，则需降低价格，保持竞争优势；如果追求优质优价目标，则应以保证和塑造高质量的展会为目标，从而制定较高的价格；如果追求低价求稳目标，企业为了求得生存往往应制定较低的价格，但前提是企业有足够的经济实力，能承受一定时期内的低价所造成的利润损失和成本增加。

5. 考虑展览题材所在行业的状况

制定招展价格要考虑展览题材所在行业平均利润率的大小和该行业的市场发展状况。如果行业平均利润率较小，那么，该行业企业的盈利水平和支付能力可能也不高，这时，展会招展价格不应太高，否则企业无法承受；反之，展会招展价格可适当定得高一些。行业的市场状态如果处于买方市场，行业企业竞争激烈，参展积极性较高，展会招展价格可定得高一些；如果行业处于卖方市场状态，企业参展的积极性较低，展会的招展价格就应定得低一些。

6. 考虑其他差异性的定价

一般展会根据展区和展位的位置差别而采用不同的价格，一般采用优质优价的原则，即那些比较好的位置的价格要比其他位置的价格高。对于中国内地、中国港澳台地区和国外参展商制定不同的展位价格，中国港澳台地区和国外参展商的展位价格要高于中国内地参展商的展位价格。

案例7-3　2015上海国际包装制品与材料展览会的价格差异情况

2015上海国际包装制品与材料展览会的价格差异情况如表7-2所示。

表7-2　价格差异

展位类别	企业类别	
	国内企业	外资企业
标准展位(9m²起租)	12 800元/个	3000美元/个
形象展位(9m²起租)	14 800元/个	3500美元/个
室内光地(36m²起租)	1000元/m²	300美元/m²

资料来源：国内展会信息. 2015上海国际包装制品与材料展览会[EB/OL]. (2015-06-30)[2022-03-09]. https://www.sohu.com/a/20757056_208089.

上述各因素往往彼此影响、互相牵制，因此制定招展价格时须通盘考虑。

(二) 招展价格折扣

在招展的具体执行过程中，办展机构的展位营销价格并不是严格按照招展价格来执行的，而往往会给予参展商或招展代理一定的价格折扣，即招展价格折扣，其主要目的是吸引更多的企业到会参加展览。一般处于介绍期的展会会采用此办法，通过给予参展商一定的价格优惠，促进展会迅速成长壮大。

1. 统一折扣

统一折扣即所有的参展商都适用于统一的折扣标准。这种折扣标准通常是按参展商参展面积的大小或按展位预订时间来制定的。参展面积越大，折扣越大；展位预订时间越早，折扣越大，但规定折扣上限。

案例7-4　某展会展位统一折扣

某展会展位统一折扣如表7-3所示。

表7-3　展会展位折扣

序号	参展面积	折扣标准
1	2个标准展位(18m²)以下	无折扣
2	3～5个标准展位(27～45m²)	5%
3	6～8个标准展位(54～72m²)	10%
4	9～11个标准展位(81～99m²)	15%
5	12个标准展位(108m²)以上	20%

案例7-5 CHINA PRINT展会的优惠方案

2020年1月始,新型冠状病毒疫情日益严峻。如今虽然国内形势有所缓解,但仍然在世界范围内呈现扩散趋势。鉴于新型冠状病毒疫情对全行业造成的影响,对于参展面积36m²以上的企业,CHINA PRINT 2021组委会特推出系列优惠政策,并将最低优惠政策期限延长至4月底,以此确保企业顺利参展。最新优惠政策如下:

参展面积36m²以上,并于2020年5月1日前交付展位费定金的展商,可享受展位光地费用10%的(最大力度)折扣;

参展面积36m²以上,并于2020年7月1日前交付展位费定金的展商,可享受展位光地费用5%的折扣。

资料来源:中国好包装网. CHINA PRINT 2021再推新政策,最低优惠截止于4月底[EB/OL]. (2020-04-05) [2022-03-05]. https://www.sohu.com/a/385745956_694124.

2. 差别折扣

将价格折扣标准按需要分为几种,针对不同的标准执行不同的价格折扣。如按参展商的地区来源不同或者按标摊和光地不同给予不同折扣。

案例7-6 2008励华国际软包展展位价格折扣方案

为保证本届展会招展的公正性、公平性,展览会的主办单位励华国际展览依据时间优先、数量优先的原则,针对展位价格推出了公开折扣方案并予以严格执行。

光地折扣如表7-4所示;标准展位折扣如表7-5所示。

表7-4 光地折扣

光地租用	2008年1月前	2008年2—3月	2008年4—5月	2008年6—7月	2008年8月后
36～99m²	8.2折	9.2折	9.6折	9.8折	无折扣
100～199m²	8折	9折	9.4折	9.6折	9.8折
200～299m²	7.8折	8.8折	9.2折	9.4折	9.6折
300m²以上	7.6折	8.6折	9折	9.2折	9.4折
特别折扣	100m²以上并且现场展出制袋机、复合机、制膜机、凹印机或柔印机将获得额外10%的折扣				

表7-5 标准展位折扣

标准展位租用	2008年1月前	2008年2—3月	2008年4—5月	2008年6—7月	2008年8月后
1个	8.4折	9.4折	9.6折	9.8折	无折扣
2个	8.3折	9.3折	9.5折	9.7折	9.9折
3个或以上	8.2折	9.2折	9.4折	9.6折	9.8折

资料来源:惠炳."2008励华国际软包展"引起业界关注[J]. 中国包装工业,2008(05):56.

3. 特别折扣

通常给予那些参展规模大、行业内有较大影响力和较高知名度的企业或常年参展商客户特别价格优惠。行业知名企业参展对于提高展会的档次和影响力，促使其他企业参展有重要影响，且参展面积较大，因此为吸引这些知名企业参展，办展机构一般会依据一定标准给予特别折扣。此外，常年客户是关系展会生存和发展的忠实客户，为吸引老客户参展，理应给予常客特别折扣。

案例7-7 第十五届中国北方国际自行车电动车展览会展位价格折扣方案

第十五届中国北方国际自行车电动车展览会展位价格折扣方案如表7-6所示。

表7-6 折扣方案(特别折扣)

等级	展位费(会员价)		展位费(非会员价)	
	标准展位	光地展位	标准展位	光地展位
特级	13 000/个	1050/m²	15 000/个	1150/m²
A级	8200/个	900/m²	8700/个	950/m²
B级	7600/个	810/m²	7900/个	880/m²
室外净场地	550/m²			

资料来源：中国北方国际自行车电动车展览会[EB/OL]. (2019-08-07)[2022-03-04]. http://www.norbicycle.com.

4. 位置折扣

位置折扣是针对展馆内场地位置的优劣而制定的折扣标准。为了避免相对较差的位置无人问津，对这些较差的位置可以给予较多的价格优惠。

案例7-8 某医疗展览会展位折扣方案

某医疗展览会展位折扣方案如表7-7所示。

表7-7 折扣方案(位置折扣)

报名日期	1月22日—3月31日	4月1日—7月31日	8月1日以后
展位费折扣数	8折	9折	原价
主走道旁展位	NT$40 200	NT$45 200	NT$50 200
A、D区一般展位	NT$39 200	NT$44 100	NT$49 000
主走道旁有柱子之展位	NT$38 100	NT$42 900	NT$47 600
次走道旁有柱子之展位	NT$35 800	NT$40 300	NT$44 700

三、编制展会招展函

招展函是办展机构用来说明展会的有关情况，从而招揽目标参展商的函件。招展函是展会进行展位营销时的核心资料之一，也是目标参展商最初了解展会情况的主要信息来源，因此招展函的策划和编印在展会的招展策划和展位营销工作中占有重要地位。

案例7-9　　2017年上海国际照明展览会招展函

上届回顾

2016年3月9日—3月12日,由上海市科学技术委员会、上海东浩兰生国际服务贸易(集团)有限公司主办,上海云智展览有限公司、上海现代国际展览有限公司、广州红蚂蚁文化发展有限公司、上海新格雷展览服务有限公司承办,以大照明全平台战略合作的2016年上海国际照明展览会在位于上海虹桥的国家会展中心(上海)隆重举办。

此次展览的产品包括LED\OLED灯具、LED光源、显示屏、LED驱动电源、商业照明、建筑照明、家居照明、道路照明。伴随着物联网的持续发酵及"互联网+"带来的又一波热潮,智能家居作为核心应用之一,越来越受到大众的关注,展会同期参展的智能家居展商也获得了广大专业人士的关注。

作为"2016开春第一展",上海国际照明展力邀行业优质品牌参展。亚示照明、SS LIGHT、INTERONE、SUNGWO、LED FOR YOU、GOQLED、蓝景光电、佛光照明、瑞普森光电、明纬电源、科比光电等数百家国内外企业顺利参展大获丰收。此外,还针对照明行业现状、趋势、渠道经营困惑、电商发展未来等话题,举行了照明渠道怎样转型升级展会的专场论坛。

上海国际照明展是国内唯一通过UFI(国际展览联盟)认证的国际照明展

理念有想法、品牌有规划、推广有章法、产品有亮点，
无论是对于参展商、还是观展商，
在此届展会上都是一次改变与发展的机遇。

亚示照明

关键词：大放异彩

亚示此次参展设计的展台，风格稳重大气，炫彩亮丽，按照户外灯具使用场景设计亮灯，突出了灯具的实际使用效果。亚示照明推出的智能路灯监控管理系统将ZigBee无线技术和GPRS技术完美地结合在一起，解决了通信距离和信号干扰等诸多问题。

韩国展商

关键词：扩大市场

作为本届主宾国的韩国参展团，韩国企业在展会上带来的产品不容小觑。SS LIGHT、INTERONE、SUNGWO、LED FOR YOU、GOQLED都带来了最新产品，不仅虎视眈眈地想在中国市场分一杯羹，还依托展会"一带一路"倡议扩大在亚欧的市场。

展会同期活动

2016上海论坛：照明渠道如何转型升级？

展会期间，举办了"照明行业渠道如何转型升级？"主题专业论坛，各位照明行业大佬精彩发言，给大家全新的思路，令参加论坛的各位嘉宾都获益良多。此次论坛得到了亚示照明、鸿雁电器、阳光照明、登陆者营销咨询公司、佛山南海照明协会的协办支持。新浪家居、云知光照明微课堂、五维资讯等对本次活动进行了现场报道。

创新无处不在、讲堂也进展会

由云知光照明学院举办的"光路计划公开课"在上海国际照明展现场举行，来自上海周边地区的50多位照明设计师学员齐聚一堂，置身于照明展会之中，看到触手可及的灯具，聆听专业的课程。

"一带一路"国际市场专业观众组织

上海市是我国重要的海港城市，同时是"一带一路"21世纪海上丝绸之路5个圈定省市之一，交通优势是上海市的先天优势。上海国际照明展凭借上海市诸多交通优势，组织阿联酋、新加坡、日本、韩国、马来西亚、印度、越南、泰国、印度尼西亚等国家和地区的协会组团参展，打通多边贸易的"任督二脉"。

数据分析

2016年展会面积1.2万平方米 ● 参展商人数180家 ● 观众总人次34310

中国港澳台地区及海外观众分析

亚洲	中国港澳台	欧洲	北美洲	非洲	大洋洲	南美洲
55.36%	20.20%	18.65%	2.12%	1.82%	1.20%	0.65%

中国内地观众分布

西北地区	西南地区	华南地区	华中地区	华东地区	华北地区	东北地区
1.3%	2.83%	3.82%	3.16%	80.9%	6.89%	1.1%

观众行业分析

行业	占比	行业	占比
照明产品批发、零售、供应商、贸易商	26.3%	房地产	3.2%
照明工程公司	25.1%	政府及公共事业部门	3.1%
市政工程公司、城市亮化工程单位	11.7%	超市、卖场	3.0%
其他	9.6%	酒店、宾馆	2.8%
媒体	9.1%	大专院校	1.9%
终端用户企业	4.2%		

观众感兴趣的产品与技术

LED/OLED灯具	LED元件及材料	LED大屏幕	配套件	LED制造/检测设备	LED封装技术
38.67%	15.6%	15.21%	12.83%	10.1%	7.59%

2017上海国际照明展览会
同期举办：上海国际智能家居创新展
上海国际显示屏展

1 时间更契合："春天里的照明展，照明展的春天"，作为"开春第一展"，展会占尽"天时"，相约2017年3月8—11日，我们不见不散。

2 展馆更大气：国家会展中心（上海），国家级展览中心，世界规模最大、最具竞争力的会展综合体，位于上海虹桥，耗资200亿，建筑面积147万平方米，可以提供53万平方米的展览空间。为国家商务部与上海市政府共建的重点项目。

3 交通更畅通：位于上海虹桥商务核心区，水陆空立体交通网络完善，三条地铁直达展馆，与虹桥机场、虹桥高铁站实现"零距离"。

4 产品更创新：展品范围包括LED/OLED灯具及应用制造技术、智能家居系统、LED显示屏、广告屏等。揭晓照明、智能家居、显示屏产业带来的新产品、新方案、新技术，值得关注。

5 品牌更聚集：历届展商，鸿雁电器、佛山照明、亚示照明、福田电器、世纪亚明等知名品牌参与，2017年将有更多行业优质品牌与团体加入其中。

6 买家更优质：2017年中外参展商有望超过300家，海内外专业买家将达到5万人。
主办方还将与全球各地政府、协会、卖场等专业机构对接，15国"一带一路"海外买家组团采购，国内渠道地毯式一对一邀约。

7 服务更贴心：主办方专业的服务能力和国家会展中心（上海）优质的配套，为参展商举办各类发布会与招商会提供贴心服务。

8 传播更全面：报纸、杂志、网站、电视等不少于100家大众媒体传播，加上大照明全平台旗下宣传媒介，每天面向5万家企业、20万家经销商进行精准传播。

9 活动更务实：迎市场之所需，解厂商之所惑，2017年展会将延续2016年活动的"创新"与"务实"，重磅推出系列活动，敬请期待。

LED照明前景

到2016年10月1日，我国将禁止销售和进口15瓦及以上普通照明用白炽灯，意味着白炽灯从今年开始将逐步退出历史舞台，国内LED照明市场的大幕正在渐渐拉开。

国际化的贸易平台

思路决定出路，眼光决定未来，这是一个协同创新、合作共赢的时代。2017年上海国际照明展（同期举办：上海国际智能家居展、上海国际显示屏展），"一带一路"阿联酋、伊朗、巴基斯坦、日本、韩国、中国香港地区、中国台湾地区、马来西亚、印度等15个国家和地区的协会将组团"走进来"，积极参加此次展会；同时，上海国际照明展(同期举办：国际智能家居创新展、上海国际显示屏展)也将带领国内照明与智能家居企业的产品"走出去"，引领行业全面走向国际化合作道路。

打造中高端照明与智能家居创新展

用照明美化生活，用智能创造美好生活，让健康、环保的照明科技与智能家居融人生活。上海国际照明展拥有先进的场馆、国际化的服务，全平台的报道服务，使您的产品高大上，呈现在照明市场与国际客户眼中。

LED户外大屏幕风潮正盛

在新形势下，物联网、互联网+等概念的提出及广泛运用对数字媒体发展将会是一种促进。国家新的五年规划中重点提出城市化建设，这点对于数字广告是极大的利好，未来城市户外广告屏幕市场会逐步加大。

当前，一些特定的市场，如大型广告商圈、大型游乐场所等为了吸引更多的广告业主和受众的关注，大力兴建超大面积LED显示屏。这些LED显示屏已经不完全是作为一种传播信息的载体了，其本身已经成为一种文化的象征，一种地标性的产品。在未来，LED显示屏将会有更多元化的市场需求。

展品范围

1. LED/OLED 灯具
   · LED 商业照明 · LED 建筑照明 · LED 家具照明 · LED 酒店照明 · LED 景观照明 · LED 道路照明 ·
   · LED 车用照明 · 太阳能LED灯 · LED 驱动电源及控制系统 ·

2. LED/OLED 应用
   · LCD 拼接屏 · LED广告光源 · LED模组 · LED发光标识 · LED灯箱 · LED舞台灯光 ·

3. 风电互补系统
   · 风电互补路灯、庭院灯 · 系统配套设备 ·

4. LED制造技术
   · SMD LEDs,High power LEDs,LampLEDs等 · MOCVD 设备、外延检片 · 芯片设备及在线检测设备 ·
   · 光源、模块及灯具检测设备 · LED净化及除尘设备 · LED芯片、外延片、磊芯片及相关材料 ·
   · LED荧光粉、有机硅、胶水、基板等 ·

5. 智能家居系统
   · 智能灯光控制 · 智能家电控制 · 智能门窗控制 · 家庭背景音乐系统 · 可视对讲/监控系统 · 防盗报警系统 ·
   · 智能家居节能系统 · 智能家居生态系统 · 综合布线系统 ·

6. LED显示屏
   · 室内屏 · 室外屏 · 单基色显示屏 · 双基色显示屏 · 全彩色显示屏 · LED数码显示屏 · LED点阵图文显示屏 ·
   · LED视频显示屏 ·

预计2017年

- 展会面积 将超过50 000平方米
- 中外参展商 将超过300家
- 海内外专业卖家 将达到50 000人次

场馆分布图

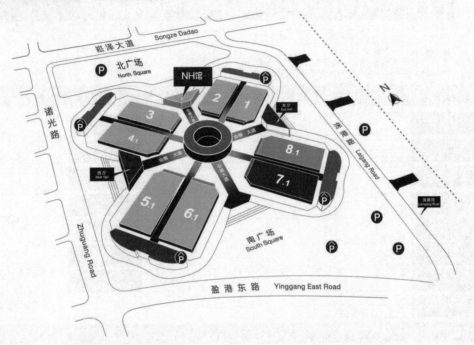

8.1 照明馆 | LED Products

参展费用

(A) 每9平方米标准展位（3米×3米）
标准展位设施配备为：三面铝合金围板、满铺地毯、两只射灯、两把折椅、一个垃圾桶、一张问询桌和一个220V/500W的电源插座，楣板上书中英文公司名称。
（单个拐角位置展位费增加10%）
(B) 光地（最低租用面积为36平方米）
   光地地毯、水、电、气及特殊装修管理费等另算。

区域/分馆	8.1号馆	
	标准展位	每平方米光地
A区	RMB 12000	RMB 1200
B区	RMB 10000	RMB 1000
C区	RMB 8000	RMB 800

2017年上海国际照明展览会
Shanghai International Lighting Expo
同期举办：上海国际智能家居展
Concurrently held with: Shanghai International Smart Home Exhibition
上海国际显示屏展
Shanghai International Screen Expo

参展合同（共2页）本合同共两页，请一式二份，盖公章后邮寄至主办机构

二〇一七年三月八日至三月十一日
Mar 8, 2017 – Mar 11, 2017
上海市崧泽大道333号-国家会展中心（上海）
National Exhibition And Conference Centre(Shanghai)

主办单位：上海云智展览有限公司
Shanghai Yun Expo Exhibition Co., Ltd.
电话：86-21-63288126
传真：86-21-63749188

公司名称(中文)		联系人	
公司名称(英文)		展台号	
详细地址		邮 编	
电 话		传 真	
网 址		电子邮箱	
标准展位	平方米	人民币/美金	
光 地	平方米	人民币/美金	
参展展品			

拟申请下列项目者，请在该项目下方打√

项目	《会刊》广告				门票广告	其他
	封底	封二	封三	内页		

支付明细	1）参展单位自预定展位之日（参展单位签字日）起7天内支付50%的预付款。 2）若参展单位7天内未付上述预付款，主办单位有权不予保留其预定展位。 3）余款应当在2016年12月31日之前付清，否则主办单位将视其放弃参展。 4）若在2017年1月1日之后签订参展合同，应当一次性全额付清参展费用。 5）凡申请光地单位，地毯、水、电、气及特殊装修管理费等另算。

以下由主办单位填写

确认展台面积		展台号		展台费用	
会刊广告位置		广告费用		共计费用	
预付款		余 额			

参展合同（共2页）

特别条款

1. 本合同一式两份，甲乙双方各执一份，具有同等法律效力。本合同自双方签字或盖章之日起生效，传真与合同原件具有同等法律效力。
2. 租赁期限内每天的工作时间为9时至18时，共9小时，其中3月11日的工作时间为9时至12时。参展单位在上述租赁期限工作时间之外所使用展位的时间均视为支付延时服务时间，需向主办单位支付延时服务费用。如果参展单位超出本合同约定的使用时间或主办单位同意的加班时间，主办单位有权采取措施收回场地，并要求参展单位担当天展馆使用费的两倍向主办单位支付违约金。
3. 参展单位付款日以主办单位银行账户到付日为准，如参展单位以支票付款，应提前办理支票转账，以便该付款日兑现。
4. 展会进场前，参展单位应向主办单位交付场地保证金（场地保证金数额以参展商手册规定为准，本保证金涉及范围包括但不限于：展馆设施设备保证、布撤展垃圾清理保证、布撤展施工保证、消防及安全保证等）。展览会结束后，由双方检查展馆、核对违规记录，如无任何设施设备损坏、无任何其他违规现象，场地保证金（仅限本金）将于展览会所有费用结算工作完成后15个工作日内以支票或银行汇款方式无息归还参展单位。参展单位未按照本条规定缴纳场地保证金的，则主办单位将视其放弃参展，参展单位所付费用不予退还，并额外承担本合同标的金额30%的违约责任。如参展单位在展馆设施设备保证、布撤展垃圾清理保证、布撤展施工保证、消防及安全保证等方面不作为，主办单位为保证展会安全及展览的顺利举办，代参展单位履行上述义务，发生的费用由参展单位承担。
5. 参展展品应属于参展范围（详见附件1）内产品。若参展单位无法确认，应当在2017年1月1日之前通过书面形式向主办单位确认。展会中，若展品不在附件所表述的参展范围之内，参展单位应不符合参展范围的产品立即撤展，否则，主办单位有权采取措施封闭展位并断电。参展单位应在接到撤展通知之日（以保安部的证明为准）起，半个工作日之内将不在参展范围之内的展品运出展会现场，否则相应展品视为参展单位同意做抛弃处理，主办单位有权将其清理出现场且不承担任何法律责任。
   由于品不符合参展范围而被撤展的，已经缴纳的展位费、广告费、其他服务费等均不予返回；因此给主办单位造成其他损失的，由参展单位负责。
6. 参展单位应当在进场前【45天】向主办单位报送本次参展的工作人员人数、货运和装修单位名录及其营业执照复印件、所有参展的展品清单，特别需要注明的是有大型设备、大电流操作的展品及会产生震动、噪声的展品清单。
7. 合同生效后，参展单位如违约减少预定展位的，则当减少展位的展位费的30%承担违约责任。除此之外，如主办单位将减少预定展位以低于本合同约定的价格出租给其他参展单位的，则参展单位应当支付实际出租价格与本合同约定的相应展位价格之间的差额；如主办单位未能将减少预定展位成功出租给其他参展单位，造成相应展位空置的，则参展单位应当按照本合同的约定支付减少预定展位的全额使用费。
   合同生效后，参展单位如违约不缴纳预付款的，则应当以本合同标的金额的30%承担违约责任。
   合同生效后，参展单位如违约不缴纳余款的，则主办单位将视其放弃参展，参展单位所付费用不予退还，并额外承担本合同标的金额30%的违约责任；如主办单位未能将该展位出租给其他参展单位，造成相应展位空置的，则参展单位应当按照本合同的约定支付放弃展位的全额使用费。合同生效后，因客观原因导致参展单位不能在本合同约定的付款期限内支付相应款项，参展单位应承担自付款期限届满之日起至实际付清之日止所欠费用每天【2‰】的滞纳金，并以本合同标的金额的30%承担违约责任。参展单位与主办单位就费用缴纳事项与主办单位协商确定延期付款期限，并签订《延期付款协议》，本条约定与《延期付款协议》冲突的，以《延期付款协议》的相关约定为准。
8. 参展单位承诺其展品不侵犯他人知识产权，如涉嫌侵犯他人知识产权的，则主办单位可以视情况在保安的维持下，配合投诉人通过对展品进行拍照、摄像、公证等方式进行取证。
   参展单位展品涉嫌被指控侵权的，参展单位承诺主动撤出相关展品，主办方也可以取消其参展资格，并有权采取措施封闭展位并断电。
   因参展单位展品涉嫌侵犯他人知识产权而无法正常参展的，主办单位不承担任何经济责任，参展单位已经缴纳的费用也不予返还。
   因参展单位展品涉嫌被指控侵权给主办单位造成任何财产、声誉等损失的，参展单位应当赔偿主办单位的全部损失，并额外承担本合同标的金额30%的违约责任。
9. 主办单位有权根据实际情况（例如不可抗力、官方及场馆方的要求、参展商数量不足等），调整展会事项，参展单位由于信任展会运作而发生的费用，主办单位不予补偿。
10. 展位搭建、设计和安全均由参展单位负责，应符合法律、相关政策及场馆方的要求，展台声响在展台边界不超过60分贝。因搭展安全及搭展质量而造成的人身、财产等损失由参展单位自行承担，由参展单位自行承担全部损失，并额外承担赔偿责任，因此而给主办单位造成损失的，参展单位应当赔偿主办单位的全部损失，并额外承担本合同标的金额30%的违约责任。参展单位可以在展会期间签订买卖合同，但禁止在现场进行实际销售，尤其是展出商品或展出样品的销售，否则主办单位有权终止合同，有权采取措施封闭展位并断电，参展单位所付费用不予退还，并且需额外承担30%的违约责任，给主办单位带来损失的，由参展单位承担。参展单位有义务自行保管好展品、展台装置以及其他物品。
11. 参展单位应当遵守主办单位及展馆方的各项管理规章制度，并有义务将前述管理规定事项如实告知展位承建商、参展工作人员等，监督其严格遵守有关规定，展位承建商违反管理规章制度，视为参展商的违约行为。参展单位违反管理规章制度的，主办单位有权视具体情况对参展单位作出限期整改、封闭展位等处罚措施，并要求以本合同标的金额的30%承担违约责任，因参展单位违反管理规章制度而给主办单位造成任何损失的，主办单位有权要求参展单位赔偿。
12. 参展单位应当在签订合同时提供本单位有效营业执照的复印件，参展单位不得将展位转卖、转租、转借或无偿提供给其他主体使用，如实际参展单位与签订合同主体不一致的，主办单位有权取消参展资格，参展单位已经缴纳的费用不予退还，给主办单位造成损失的，由合同签订方、实际参展方承担连带责任，主办单位亦有权要求实际参展方承担相应的展位费及其他服务费，合同签订方承担连带责任，原参展单位支付的各项费用不予退还。
13. 主办单位因参展单位的任何违约行为所造成的损失，应当由参展单位全额赔偿，该等损失包括但不限于诉讼费、车旅费、赔偿金、律师费、预期可得利益等。如本合同约定了违约金，则该等违约金为惩罚性违约金，应在赔偿损失后额外支付。参展单位缴纳的费用，包括但不限于预付款、参展费、广告费、装修费以及其他服务费等。
14. 本合同中英文发生异议的，以中文为准。本合同在履行过程中如发生争议，双方应协商解决；如协商未能达成一致，任何一方可直接向主办单位所在地有管辖权的人民法院起诉。在诉讼过程中，除双方有争议正在进行诉讼的部分外，本合同其他部分应继续履行。

参展单位盖章	主办单位盖章
经办人	经办人
负责人	负责人
年　　月　　日	年　　月　　日

资料来源：上海国际照明展览会官网[EB/OL]. (2017-09-08)[2022-03-04]. https://www.alighting.cn/shzhanlan/index.shtml.

(一) 招展函的主要内容

招展函是参展商了解展会情况的主要信息来源,因此招展函中对展会的介绍必须准确而全面。一般而言,招展函的主要内容应包括以下几部分。

1. 展会的基本信息

(1) 展会名称和展会logo。展会名称和logo应该出现在招展函封面最醒目的位置,展会名称应使用较大的字体。由于近年来会展行业发展的国际化需要,展会的中文名称下还应印刷其英文名称。

(2) 展会的举办时间和地点。招展函的封面应注明展会举办的时间和地点,在内页中也会包括这一内容,但两者稍有区别:封面上的时间通常是展会的正式展览时间,内页的举办时间则较为详细,主要包括展会的布展、撤展和对专业及普通观众的开放时间等。

(3) 办展机构名单,主要包括主办单位、承办单位、协办单位和支持单位等,一般印制在招展函的封面,字号一般较展会名称、时间要小。

(4) 办展起因和办展目标。一般用于内页正文的开始部分,主要说明举办展会的原因及目标,包括展会计划的规模、观众规模及对往届的回顾等。

(5) 展会的特色。说明展会的主题及展会特色或展会价值。

(6) 展品范围。详细地列出展会的展品范围,有时候还包括展会的展区划分,供参展商做参展决策时参考。

(7) 招展价格。列明展会的各种价格,主要分为:展位价格,包括空地价格、标准展位价格、室外场地价格的国内外展商的收费标准;展位价格折扣;展览同期相关活动的收费标准;会刊及广告的收费标准;等等。

2. 市场状况介绍

市场状况介绍主要包括行业状况和地区的市场状况等,主要目的是向参展商提供信息以供参照。行业状况是结合展会的定位,对展会展览题材所在行业的状况作简要说明,如生产、销售、进出口及发展趋势等;而对于地区的市场状况,主要介绍办展所在地区或其辐射范围的市场状况。

3. 展会招展和宣传推广计划

(1) 招商计划。招商计划中,要对展会计划邀请专业观众的办法、范围和渠道进行简单介绍。对于连续多次举办的展会而言,对往届展会中专业观众的组成分析将是吸引参展商的重要内容。

(2) 宣传推广计划。对展会宣传推广的手段、方法、范围和渠道以及展会计划如何扩大其影响的措施等进行介绍。展会宣传推广计划是参展商较关注的项目,需要详细地进行说明。

(3) 相关活动。对展会期间将要举办哪些相关活动、各种活动的举办时间和地点以及参展商参加活动的联系办法等进行介绍。展会相关活动的开展可以加强参展商的展示效果、活跃现场气氛,因此往往受到参展商的关注。

(4) 服务项目。将展会所能提供的服务项目向参展商进行详细介绍，其中包括各种有偿服务和免费服务。这一部分信息往往是参展商较为关注的内容，也是能够打动和说服他们参展的理由，因此需要格外重视。

4. 参展办法

(1) 参展手续。告诉参展商如果参展，如何办理参展手续。参展手续的办理流程一般为：参展商向办展机构或其代理商索取展会相关资料、文件等；填写"参展申请表"并按规定的方式邮寄或传真给办展机构或代理商，并递送相关材料，交由办展机构或承包商审核；审核合格后，由办展机构或承包商给予参展商允许参展的通告，参展商按招展函规定支付展位费订金；由办展机构或承包商确定展位并向参展商寄送"展位确认函"，参展商支付剩余展位费；办展机构或承包商向参展商发送"参展商服务手册"；最后参展商凭"展位确认函"和全额交款发票办理布展手续。

案例7-10 　　　　　　　　中国种业博览会(济南展)参展流程

中国种业博览会(济南展)参展流程如图7-1所示。

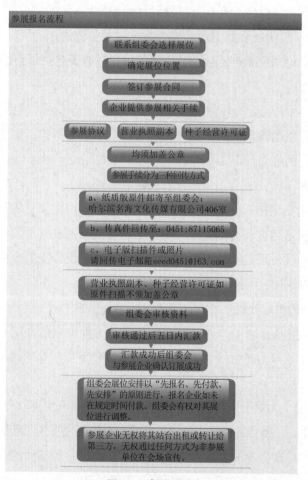

图7-1　参展流程

资料来源：种业博览会官网[EB/OL]. (2019-05-06)[2022-03-07]. http://www.zyblh.com/.

(2) 付款方式。列明展会的开户银行、开户名称和账号、收款单位名称、参展商参展的付款办法、应付定金的数量和付款时间等。

(3) 参展申请表。预留参展商申请表,一旦目标参展商计划参展,他们就可以填写该表并传真回办展机构预订展位。

(4) 联系办法。列明办展机构的联系地址、电话、传真、网址和E-mail等,供目标参展商参展联系之用。

5. 其他图文资料

除以上内容外,招展函上还会附一些图片和其他图文资料,如展馆图、展馆周边地区交通图、往届展会现场的图片等。如果有需要,有些招展函还会对展馆作简要介绍。这些图文资料既可以对展会相关情况做进一步说明,也可以起到美化招展函的作用。

(二) 编制招展函的原则

招展函内容较多,比较繁杂,在编制招展函时一定要对其内容、图片和版面做好规划和安排,使招展函在展会招展过程中发挥其应有的作用。在编制招展函时,要遵循以下原则。

1. 内容全面准确

很多时候,招展函是参展商了解展会的第一手资料,也是他们最后做出是否参展决策的重要参考资料,在展会与其目标参展商进行沟通和联系时起着重要的作用。因此,招展函所包括的内容一定要全面、准确,不能有遗漏,不能出现差错。如果招展函对展会标准展位配置的介绍与实际状况有出入,而参展商却按此来筹备参展事宜,那么在展会布展现场将会出现很大的麻烦。

2. 美观大方

招展函的版式安排、文字图片等的布局要美观大方,让人赏心悦目。同时,招展函文字的字体要适合人们的阅读习惯。

3. 简单实用

招展函内容既要全面、实用,也要简洁,应该让人一目了然,与招展无关的内容不应写入招展函。

4. 便于邮寄和携带

招展函一般要通过邮寄或者招展工作人员派送才能到目标参展商的手中,因此招展函的制作样式要便于邮寄和携带,否则不但会给招展工作带来不便,还会增加展会的办展成本。

四、招展代理

展会招展代理是办展机构借用外部力量来做大、做活招展业务的一种有效手段,它可以拓宽招展单位的业务网络,扩大业务规模,提高其经济效益。选择招展代理时要保证代理商的资质可靠,这样才能切实地履行其职责。

(一) 招展代理的种类及选择

1. 招展代理的种类

根据会展项目的需要,会展的招展代理有以下4种形式。

(1) 独家代理。会展主办方将同一时期、同一地区范围内的招展权授予某代理商独家负责,同时不再有其他代理商在该区域内为本项目代理招展,而且会展主办方也不得在该地域内招展。独家代理的业务范围较大,但一般要承诺完成一定数量的招展任务。

(2) 排他代理。会展主办方将同一时期、同一地区范围内的招展权授予某一家代理商,同时不再有其他代理商在该区域内为本项目代理招展,但会展主办方可在该地区招展。所谓排他即排除其他招展代理商,但并不排除会展主办方。国外代理一般采取这种形式。

(3) 一般代理。会展主办方将同一时期、同一地区范围内的招展权授予多家代理商,同时会展主办方也可在该地区招展,但须明确各代理单位的招展权限。采用此种方式时,代理条件必须统一、明确。

(4) 承包代理。代理商从主办方处承包一定数量的展位,不论能否完成约定的展位数量,代理商都得按商定的展位费付费给招展单位。

2. 招展代理的选择

团体和个人都可以作为招展代理商的备选对象,主要有以下5种。

(1) 公司,即专门从事招展代理业务的代理公司。这类代理商对于会展行业的运作流程、业务标准较为熟悉,在选择时主要考察其以往的代理业绩、其所熟悉的行业和业务范围、业务覆盖区域、营业执照(包括发证单位和有效期等)、人员数量、业务规模、办公地点、负责人和信誉等因素。

(2) 协会和商会,即与展会相关的行业协会或商会。这类代理商对于其所在行业的市场情况非常熟悉,并且掌握大量业内企业的信息,可以更有针对性地开展招展工作。在选择时,主要考察其成立时间、覆盖地区、会员数量、对行业内企业的号召力以及成立行业协会和商会的批准单位级别等因素。

(3) 媒体,包括大众媒体和专业媒体,侧重展会相关行业的专业媒体。这类代理商对于相关行业较为了解,掌握该行业的先进技术资料,同时具有媒体的宣传优势。在选择时,主要考察其发行量、覆盖区域、权威性、对行业内企业的号召力和影响力等因素。

(4) 个人。组展方还可以雇佣具有相当能力和掌握足够资源的个人作为招展代理商。在选择个人代理时，需要重点考察其可靠性和信誉度，而且要着重考察并核实其身份、履历、业务能力和道德品质等。

(5) 国外代理。在适当的情况下，组展方还可以选择与国外团体或个人合作。在选择国外代理时，尤其要注意考察其是否具备招展的资格，重视其在相关方面的业绩，以及该代理商的信誉，以防受骗。必要时可通过我国驻国外商务处、贸易代表处和公司协助了解。

(二) 代理期限及代理佣金

确定了代理商后，聘用代理的程序一般按如下步骤进行：第一，取得必要的证明资料，对代理商进行资质验证，确认代理商资质可靠；第二，展会项目经理或业务员初步与代理商议定代理条件，项目总监或经理审查代理条件；第三，公司负责人(总经理或副总经理)批准代理条件，签订代理合同。代理的期限，就是代理商代理招展权限的长短，对于不同的展会、不同的代理形式应制定不同代理期限，对于独家代理与排他代理，刚开始时不应将期限定得过长，可先试用一届(一年)，再视其业绩如何来确定代理时间的长短。对于一般代理，代理期限一般是一届(一年)，期满后视情况决定是否继续或向独家代理与排他代理转变。对于承包代理，一般期限为一届(一年)，期满后视情况再决定是否继续聘用。对于那些业绩稳定、信誉良好的代理商，则可与其建立较长期的代理关系。

支付给代理商的佣金根据代理的形式、代理期限的长短、代理商的业绩水平等来综合确定。给予参展商的折扣由办展机构决定，办展机构给予代理商的佣金和准许代理商给予参展商的折扣要分开，以免引起招展价格的混乱。独家代理、排他代理、一般代理的代理佣金，一般按办展机构实收到、由代理商招来的参展商所交参展费总额的15%～20%的比例提取；承包代理商的佣金一般要高一些，可以到25%或更高，但承包代理一般只有在完成承包展位数量后才可提取佣金。为鼓励代理商的招展积极性，给代理商的佣金可以采取累进折扣制，即按所招展位数量的不同给予对应的佣金比例，佣金比例的拉开可按该项代理佣金的比例上下浮动5%～10%计算。如承包代理招1～10个展位付20%的佣金，招11～20个展位付25%的佣金，招21个以上展位付30%的佣金。

案例7-11　　　　　　　　　**招展佣金的累进折扣制计算**

如某承包代理商承包展位数量为100个，每个展位费为6000元人民币，实际完成100个展位招展。招展佣金采用累进折扣制计算：招1～10个展位付20%的佣金，招11～20个展位付25%的佣金，招21个以上付30%的佣金，则此承包代理商所获佣金为：

$10 \times 6000 \times 20\% = 12\ 000(元)$

$20 \times 6000 \times 25\% = 30\ 000(元)$

$[100-(10+20)] \times 6000 \times 30\% = 126\ 000(元)$

12 000+30 000+126 000=168 000(元)

此承包代理商所获佣金为16.8万元。

不同招展代理形式的佣金和雇佣期限如表7-8所示。

表7-8 不同招展代理形式的佣金和雇佣期限

招展代理形式	佣金(占参展商所交费用比例)	代理期限
一般代理	15%~20%	一届(一年)
排他代理	15%~20%	试用一年后确定期限
独家代理	15%~20%	试用一年后确定期限
承包代理	25%左右	一届(一年)

代理佣金的支付时间和方法可根据具体情况分别采取以下方法：第一，定期结算、定期支付，如按月度或季度结付。提取佣金的基数以实际进入办展机构账户的展位费为准。第二，逐笔结算、汇总支付。代理商每促成一笔交易，办展机构收到由代理商招来的参展商的参展费后即与之结算，但到规定的时间才支付。第三，逐笔结算、逐笔支付。代理商每促成一笔交易，办展机构收到由该代理商招来的参展商的参展费后即与之结算并支付本笔佣金。另外，无论采取何种结算支付形式，都必须事先规定由此引起的营业税和个人所得税扣缴办法。

(三) 代理协议

在确定了招展代理的相关事宜之后，组展方和代理商应签订具有法律效力的协议或合同。代理协议要明确双方的责任、义务及佣金计算方式、支付时间等，只有这样，才能规范双方的行为，也有利于招展工作的顺利开展和进行。

案例7-12　　　　　　　　　　代理协议范文及内容

代理协议

甲方：××国际展览有限公司

电话：

邮编：

地址：

法定代表人：

乙方：

电话：

邮编：

地址：

法定代表人：

××国际展览有限公司(以下简称甲方)与_____本着互利互惠的原则，就乙方代理的"2019中国国际××××博览会"招展工作事宜，经双方友好协商，现达成如下协议：

1. 招展项目

2019中国国际×××××博览会

时间：2019年3月27—29日

2. 代理合作

甲方委托乙方在_____地区开展2019中国国际×××××博览会的招展工作，甲方根据乙方所完成的业务量，在乙方或其招展的参展单位将约定的所有参展费用全部打入甲方指定账户后，按20%为乙方提取代理费用和报酬(税前)，代理时限为2018年4月1日—2018年1月27日。甲方在博览会结束后的3日内向乙方支付佣金。

3. 双方权利与义务

1) 甲方的权利与义务

(1) 甲方对2019中国国际×××××博览会的合法性承担全部责任；

(2) 甲方负责博览会的整体宣传推广；

(3) 甲方负责向乙方提供与博览会相关的资料、文件等招展材料；

(4) 甲方负责博览会的运作；

(5) 甲方根据约定向乙方支付佣金，为客户统一出具正式发票；

(6) 甲方在规定的时间内保证预订展区或展位供给。

2) 乙方的权利与义务

(1) 乙方应在合同约定的区域内开展博览会的招展工作；

(2) 乙方负责审核所代理的参展公司的各项资质，不得私自改动甲方规定的参展条件；

(3) 乙方有义务定期向甲方通报博览会的招展工作的进展情况；

(4) 乙方不得直接接收、挪用应交纳给甲方的参展费用；

(5) 乙方应按规定的展位价格招展，不得随意更改展位价格，应按时收取和缴纳参展款(含订金)；

(6) 乙方对甲方划定的展位不得有异议；

(7) 乙方应维护甲方和博览会的声誉和形象；

(8) 乙方必须协助甲方做好参展商的服务工作；

(9) 乙方自行承担招展过程中的一切费用。

4. 不可抗力

(1) 若出现不可抗力导致博览会延期举行，则代理协议的有效期限随之相应顺延和调整，不得以此作为协议终止的理由；

(2) 任何一方因不可抗力不能履行本协议，根据不可抗力的影响，部分或全部免除责任，受不可抗力影响的一方应当于不可抗力发生之日起5日内向另一方发出具体的书面通知并说明有关原因；

(3) 本协议项下的不可抗力是指不能预见的、不能克服的、不能避免的客观情况或者政府方面的原因。

5. 其他约定条款

(1) 甲乙双方行为均应遵守国家有关法律、法规，不得违规操作，否则，自负责任并承担由此给对方及第三方造成的经济损失；

(2) 未尽事宜经双方友好协商可签订补充协议，补充协议与原协议均具有同等法律效力，双方须严格遵守；

(3) 如出现问题，纠纷双方可友好协商解决，如不能协商解决可提交××仲裁委员会仲裁，仲裁结果为最终裁决，对双方均具有约束力；

(4) 本协议经甲乙双方授权代表签字或单位盖章后生效；

(5) 本协议一式两份，双方各执一份。

甲方(盖章)：××国际展览有限公司　　　　乙方：

代表：　　　　　　　　　　　　　　　　　代表：

　　　　　　　　　　　　　　　　　　　　年　月　日

五、招展分工

招展分工与招展方式的确定密切相关。因为参展的产品范围、区域广泛，一般会有很多招展单位参与招展，如果各单位之间以及本单位内部的招展分工出现混乱和交叉，就会直接影响招展工作的顺利进行，进而影响会展活动的顺利举办，所以做好招展分工非常重要。招展分工主要包括两个层面的内容。

(一) 不同招展单位之间的分工

当由多个单位共同负责招展工作时，必须明确各招展单位之间的分工。例如，各招展单位必须共同遵守的招展原则、各招展单位的计划招展面积、招展地区和重要的目标参展商、展位费的收取办法、如何具体安排各参展商的展位等都必须加以明确。对招展单位的招展工作进行分工，是保证招展活动顺利进行的重要手段之一。

各招展单位之间的招展分工应合理、协调和具有可操作性，兼顾各方面的利益。如果分工不合理，有些招展单位会缺乏招展积极性，或者力所不能及，必会影响整体招展效果；如果分工缺乏协调性，就会使各招展单位自行其是，缺乏信息交流与沟通，出现几个招展单位同时争抢同一家目标参展商的混乱局面；如果招展分工缺少可操作性，就是纸上谈兵，根本无法实施，更谈不上招展效果的好坏；如果招展分工没有兼顾各方面利益，就可能会出现各招展单位竞相压价招揽企业参展的不利局面。因此，在进行招展分工时，结合各招展单位的招展实力及优势，在时间、地域、目标企业、招展数量、操作规程等方面要形成具体的方案,避免在招展过程中出现重叠、遗漏甚至冲突的情况。

(二) 同一招展单位内部的分工

在招展单位内部,要充分发挥各招展人员的优势和特长,调动他们的积极性,避免出现因招展工作分工不合理而出现招展任务不明确、跟进措施不力、彼此信息不通等现象,导致各部门工作的重复或遗漏、冲突等。招展单位要对本单位的招展人员及其分工做出安排:一是要确定招展人员的名单;二是明确各招展人员负责的地区和重点目标客户名单;三是制定招展人员之间信息沟通和工作协调的办法;四是制定统一安排展位的措施。

案例7-13 第十一届南宁国际学生用品交易会招商招展任务分解表

第十一届南宁国际学生用品交易会招商招展任务分解情况如表7-9所示。

表7-9 任务分解表

序号	招商招展单位名称	学交会展位个数	教育展展位个数	采购商和专业观众(人)数	招商招展类别
1	南宁国际会展公司	634	66	800	各类别学生用品商家、买家和教育机构等
2	市教育局	10	20	80	市内院校、文具、教学仪器设备等
3	市劳动局		10	50	
4	市经委	8		30	文具、教学仪器设备等
5	市商务局	8		50	文具和鞋帽、书包等,以及商场、超市等买家
6	市招商局	8		40	采购商和有关教育项目推介
7	市文化局	10		40	书籍、电子出版物等
8	市新闻出版局	8		30	书籍、电子出版物等
9	市科技局	5		10	电教设备、IT类产品
10	市体育局	5		60	体育用品
11	市卫生局	5		10	学生保健食品、保健品
12	市侨联	3		20	各类别学生用品商家、买家和教育机构等
13	市工商联	3		30	各类别学生用品商家及买家、各专业协会、商会等
14	高新技术开发区	10		20	IT类产品
15	经济技术开发区	3		20	各类别学生用品商家及买家
16	市新华书店	100		100	书籍、电子出版物等,以及全区各地市图书馆等买家
17	南宁职业技术学院		6	5	学院负责后勤采购部门
18	武鸣县人民政府	2	3	12	各类别学生用品商家、买家和教育机构等

(续表)

序号	招商招展单位名称	学交会展位个数	教育展展位个数	采购商和专业观众(人)数	招商招展类别
19	隆安县人民政府	2	3	10	各类别学生用品商家、买家和教育机构等
20	马山县人民政府	2	3	10	各类别学生用品商家、买家和教育机构等
21	上林县人民政府	2	3	10	各类别学生用品商家、买家和教育机构等
22	宾阳县人民政府	2	3	12	各类别学生用品商家、买家和教育机构等
23	横县人民政府	2	3	12	各类别学生用品商家、买家和教育机构等
24	邕宁区政府	3	5	12	各类别学生用品商家、买家和教育机构等
25	良庆区政府	3	5	12	各类别学生用品商家、买家和教育机构等
26	兴宁区政府	3	5	12	各类别学生用品商家、买家和教育机构等
27	西乡塘区政府	3	5	12	各类别学生用品商家、买家和教育机构等
29	青秀区政府	3	5	12	各类别学生用品商家、买家和教育机构等
28	江南区政府	3	5	12	各类别学生用品商家、买家和教育机构等
30	合 计	850	150	1533	

资料来源：广西南宁市人民政府门户网站[EB/OL]. (2019-05-06)[2022-03-08]. http://www.nanning.gov.cn.

六、撰写招展方案

(一) 产业分布特点

产业分布特点是制定招展方案的重要依据，因此，在方案的开头必须对展览题材所在行业在全国的分布特点、产业发展状况、企业结构状况及分布情况进行简要介绍和概括。这部分内容一定要密切结合产业实际，科学分析，力求准确无误，否则，以此为依据制定的招展方案就会严重脱离实际，没有可操作性。例如，对产业分布情况分析有误，计划招展的重点地区就会出现偏差，投入大量人力、物力却不能收到好的效果。

(二) 展区和展位划分

对展区和展位的划分与安排情况进行介绍和说明，并附展区和展位划分平面图。展区和展位的合理划分，前文已述及，在此不再展开。平面图也可以在附件中体现。

(三) 招展价格

对展会的招展价格及定价依据进行介绍和说明。招展价格是招展方案的核心内容之一，也是对招展工作有重大影响的因素之一。招展价格要合理，要根据会展活动的定位、目标、发展阶段、行业状况等实行合理定价。

(四) 招展函的编制与发送

对招展函的内容、编制方法、发送范围及方法进行介绍和说明。在做招展函的编制计划时，要考虑招展函的印制数量、发送范围和如何发送等问题。

(五) 招展代理

对展会招展代理的选择、指定和管理等做出安排，对代理佣金水平及代理招展的地区范围与权限等做出规定。

(六) 招展分工

做好展会招展工作的分工安排，包括各招展单位之间的分工安排，本单位内部招展人员及其分工安排，对招展地区、招展单位类别、招展数量等进行分工安排。

(七) 招展宣传推广

招展宣传推广是为促进招展工作的顺利开展而有目的、有针对性地举行的一些宣传推广活动，这些宣传推广活动是围绕着展会招展基本策略和目标而制定的，有很强的协调配合性。在招展方案里，必须明确提出招展宣传推广的策略、渠道、时间和地域安排等。

(八) 展位营销办法

展位营销以有形的展位为媒介，销售一种无形的服务，具有有形的产品营销和无形的服务营销的双重特性。因此，在招展方案中要对展位营销的各种渠道、具体办法及实施措施进行计划并说明。

(九) 招展预算

招展预算是对招展工作可能需要的费用支出制订的计划，包括整体预算和具体支出计划两个部分。制定招展预算是控制招展成本的一个重要途径，如果筹划不当，可能导致费用失控，浪费组展方的资金和资源。因此，要在各项招展工作的进度、安排已经基本确定的基础上做预算，预算要求细致、合理，避免出现不良支出等情况。

招展工作可能发生的直接费用主要包括以下几个方面。

(1) 招展人员费用，包括招展人员的工资、差旅费、办公费等。

(2) 招展宣传推广费用，包括支付给宣传媒体的广告类费用、租用宣传活动场地和设备的费用以及消耗的能源费用等。

(3) 代理费用，即支付给各招展代理商的费用。

(4) 招展资料的编印和邮寄费用。

(5) 招展公关费用，包括与目标参展商进行联络、洽谈所需要的通信费用、交通费用，或进行公关活动所需费用等。

(6) 其他不可预见的费用。

(十) 招展总体进度安排

招展进度安排就是对招展工作的具体实施进行统筹规划，明确各项招展活动的内容、起止时间、目标成果等。招展进度安排形成之后，招展人员就可以对照该计划对招展工作进行总体控制和监督，随时检查招展工作的进行情况，便于及时调整出现的问题，使招展工作能够更加顺利地进行。

在实际操作中，可以根据不同展会项目的具体情况安排招展计划。一般来说，新的展会项目(即第一届举办的展会项目)的招展进度安排大体是按照以下流程进行的。

(1) 开幕前12个月，招展工作开始，应有针对性地进行宣传推广活动，使展会相关行业内的企业对展会有一定的认知。

(2) 开幕前9个月，招展推广活动大范围铺开，招展人员开始进行大规模的招展活动，宣传推广活动转为对招展活动的直接支持性宣传，招展工作有一定的实际效果。

(3) 开幕前6个月，重点客户拜访工作基本结束，招展宣传活动范围缩小，目标更加明确，整体招展任务完成大半。

(4) 开幕前3个月，招展任务基本完成，招展工作转为落实和巩固前期招展成果，实施各种客户跟踪服务，为展会顺利开幕做准备。

招展进度一旦确定，就要按照计划情况去实施。如果具体情况发生变化，可以对招展进度进行局部调整，但一般来说，除计划不合理的情况外，招展进度安排不要大幅度调整，以免影响招展工作的顺利开展。

案例7-14　　　　　　　　　　**某展会招展工作项目进度表**

某展会招展工作项目进度如表7-10所示。

表7-10　项目进度表

序号	工作项目	6月					7月			8月			9月			10月			11月			12月			负责部门
		5	10	15	20	25	30	10	20	30	10	20	30	10	20	30	10	20	30	10	20	30	10	20	30	
1	中英文邀请函审定、印刷		■																							

(续表)

序号	工作项目	6月					7月			8月			9月			10月			11月			12月			负责部门
		5	10	15	20	25	30	10	20	30	10	20	30	10	20	30	10	20	30	10	20	30	10	20	30	
2	客户名录收集筛选、邀请函寄发		■	■	■																					
3	招展招商代理商洽谈、确定			■	■	■	■																			
4	展会广告点位和现场布置效果图					■	■	■	■																	
5	组委会招展招商处招展工作启动、延续					■	■	■	■	■																
6	展会配套活动方案拟订、报审						■	■	■																	
7	媒体宣传方案初稿拟定、报审						■	■	■																	
8	展会宣传启动、延续						■	■	■	■	■															
9	展位规划图讨论、审定、印刷			■																						
10	招商书审定、印刷			■																						

案例7-15　　　　　　　　　招展进度汇总表

省(市、区)招展进度汇总表模板如表7-11所示。

表7-11　招展进度汇总

序号	参展单位中文名称	参展单位英文名称	所属行业	主要参展产品	展位数		备注
					标准展位	特装展位	
总计							

填表说明：①本表供各省(市、区)统计进度及汇总使用，5月8日至6月30日前每10天更新一次，此后至7月31日每7天更新一次，报组委会秘书处展务组。②所属行业不属9个行业的，填"其他"。

七、编制参展商服务手册

在收取目标参展商支付的展位预付订金或全额展位费后，招展代理商或办展机构应立即确定展位号及面积,并向参展商发送"展位确认函",之后即向参展商寄送"参展商服务手册"。"参展商服务手册"主要是办展机构为了方便和指引参展商顺利筹展、布展、展览和撤展等,向参展商提供的有关如何参展筹备,明确布展流程与规定、现场管理规定、撤展流程与规定以及各项服务的指导性手册和工具性资料。该手册主要依据展会项目时间表、活动项目安排、具体的参展事项及现场管理要求等编写而成。

(一) 参展商服务手册的内容

1. 前言

前言中首先要对参展商进行问候并表达对参展商的欢迎,说明手册的编写目的、主要用途等,并友好地提醒参展商在筹展、布展、展览、撤展等环节应遵守手册中的相关规定。

2. 展览场地的基本情况

向参展商介绍展览场地的基本情况,包括文字信息和图片信息,要提供展馆及展区平面图、展馆交通图、展览场地的基础技术数据等必要的图示说明。

(1) 展馆及展区平面图。标明展馆各种服务设施所在的位置、展区和展位划分的详细情况、展馆内部通道和出入口等。

(2) 展馆交通图。标明展馆在该城市的具体位置、到展馆可以利用的各种交通工具和交通路线、各指定接待酒店在该城市的具体位置等。

(3) 展览场地的基础技术数据。准确地列出地面承重、馆内通风条件、货运电梯容量容积、展馆内空间高度、展馆入口高度和宽度、展馆的水电供应状况等信息。这对于帮助参展商准备展品及搭建材料、实施布展有着很好的指引作用。

3. 展会的基本信息

展会的基本信息包括展会的名称、举办地点、展览时间、布展时间、撤展时间、展会信息网址、展会秘书处、参展证件、推荐搭建商、推荐运输商、推荐住宿、展览期间车证办理及报价、大会指定的法律顾问和办展机构等,以便参展商根据需要联络各有关单位。

4. 展会规则

展会规则是指参展商参加展会时必须遵守的一些规章制度,包括展会有关证件的使用和管理规定、展会现场保安和保险规定、展位清洁规定、物品储藏规定、现场使用水电的注意事项、现场展品销售的规定、消防规定、知识产权保护规定、现场展品演示的注意事项等。这对于方便参展商按照规定参展,维护现场管理和现场秩序十分重要。

5. 展位搭建指南

展位搭建指南是对展会展位搭建的一些基本要求和说明,主要包括标准展位说明和空地展位搭建说明。由于标准展位的基本结构和配置都是一样的,所以"标准展位说明"主要是对展位的标准配置作出说明,列明参展商使用标准展位的注意事项,提出参展商如需要增加非标准配置以外的其他配置的处理办法等。"空地展位搭建说明"主要是对参展商搭建空地展位给出一些规定和要求，如对使用材料的要求、动火作业的规定、消防安全的规定和铺设电线的规定等。展位搭建指南对指导参展商顺利、安全地搭建展位和布展有较大帮助。

6. 展品运输指南

展品运输指南是对参展商将展品等物品运到展览现场所做的一些指引和说明，主要包括从参展商所在地到达会展举办地的运输指南和展品进馆运输指南两个部分。在从参展商所在地到达会展举办地的运输指南中，要对展品等的运输方式和运输线路、各种货品的交运和文件提交的期限、货运文件的准备和交付、收费标准、包装要求、海关报关、回程运输、可供选择的自选服务等做出具体说明。在展品进馆运输指南中，主要对展品进入展馆的时间、流程、搬运设备的租赁价格等进行介绍和说明。

7. 会展旅行信息

会展旅行信息是对参展商参展期间的餐饮、住宿、出行、娱乐等的相关说明。如指定的接待酒店的档次、优惠价格、地址、联系电话和传真、联系人、与展馆的距离等。此外，还要列出海外观众和参展商入境签证办法、展会期间以及前后的商务考察和观光休闲旅游的线路和安排等。

8. 相关表格

相关表格是指有关参展商在筹展和布展过程中需要使用的各种表格，主要包括展览表格和展位搭建表格两种。展览表格主要有贵宾买家服务表、聘请临时服务人员申请表、额外工作证和邀请申请表、研讨会和技术交流会申请表、刊登会刊广告申请表、刊登会刊资料表、现场广告申请表、酒店住宿确认表等。展位搭建表主要有展位楣板公司名称表、租用展位设施申请表、租用展具申请表、租用电器申请表、空地展位搭装申请表、照明用电申请表、机械动力水电申请表、电话申请表等。对于以上各种表格，一定要列明填妥返回的截止日期。

9. 付款方式

付款方式的介绍中应列明开户银行、收款单位和银行账号。

编制完参展商服务手册内容后，要印刷成册，在确认参展商展位后、展会开幕前的适当时间寄给参展商，也可以将其内容发布在展会的专门网站上供参展商阅览和下载。如果有海外参展商，还要将参展商服务手册翻译成外语文本。

案例7-16　2021第二十三届东北国际工业博览会参展商手册（节选）

目　录

1. 展会综合信息 ··· 5

1.1 展会基本信息 ··· 5

1.2 大会运营商 6
展会推荐特装搭建服务商 7
展会租赁 8
2. 布、撤展须知及现场管理 9
2.1 进馆、撤馆办理流程及须知 9
2.2 现场管理 9
2.2.1 标准展位 10
2.2.2 异型标展 11
2.2.3 特装展位 11
2.2.4 展馆安全防火规定 12
2.2.5 电力供应 13
2.2.6 消防及危险品 13
2.2.7 保安及保洁 14
2.2.8 包装物 14
2.2.9 展览大厅广播 14
2.2.10 音量控制 14
2.2.11 参展产品 14
2.2.12 展品促销 15
2.2.13 保险/责任与风险 15
2.2.14 不可抗力 15
3. 广告及产品推广 16
3.1 产品推广活动、讲座研讨会、发布会申请登记表 16
3.2 广告报价表 17
3.3 广告报价申请表 19
4. 展品运输指南 20
4.1 进出馆服务项目及收费标准 20
4.2 闭馆服务内容及收费标准 21
4.3 沈阳国际展览中心 24
4.4 货车行驶路线示意图 24
4.5 沈阳国际展览中心交通图 25
5. 特装展位申报手续及流程 26
5.1 特装展位申报图例 27
5.2 特装展位搭建委托书 28
5.3 安全员授权委托书 29

5.4 特装展位施工安全责任书 ·· 30
5.5 展位施工管理处罚规定 ·· 32
5.6 特装展位施工人员登记表 ·· 34
5.7 布展安全、防火承诺书 ·· 35
5.8 特装展位施工管理项目收费标准 ·································· 36
5.9 展馆加班费用价目表 ·· 36
5.10 用电价目表(动力用电、布展临时用电) ···················· 37
5.11 水和压缩空气租用价目表 ·· 38
5.12 中央供气租用申请 ··· 38
5.13 租用电话及通讯价目表 ··· 38
5.14 特装展位施工管理项目申请表 ··································· 39
5.15 用电、水、气、网申请表 ··· 40
6. 其他 ·· 41
6.1 沈阳国际展览中心现场拆(装)展板收费价目表 ············ 42
6.2 第二十三届中国北方国际智能制造展览会 ················· 43
6.3 参展回执 ·· 42
6.4 酒店服务 ·· 43
附录 ·· 44
部分固定设施损坏赔偿价格表 ······································ 44

展会综合信息

展会基本信息

展会名称

2021年第二十三届东北国际工业博览会

展会地点

沈阳国际展览中心(沈阳市苏家屯区会展路9号)

……

资料来源:中国东北国际工业博览会官方网站[EB/OL]. (2021-09-08)[2022-03-08]. http://gbh.bfexpo.com.cn/.

(二) 编制参展商服务手册的基本原则

参展商服务手册对参展商筹备参展工作有着十分重要的指引作用,同时可以指引参展商的布展、展览和撤展等工作;对办展机构在布展、展览和撤展等环节进行有效的现场管理有很大的帮助和影响;对观众来说也具有一定的辅助作用,特别是来观展的老客户,服务手册能帮助他们了解展区及展位分布、交通路线、展览时间、服务内容及位置等,以便顺利观展。要使参展商服务手册对参展商、办展机构、观众起到上述切实可行的作用，在编制时应遵循以下几项原则。

1. 实用

参展商服务手册所包含的内容必须能够对参展商进行筹展、布展、展览和撤展等有较大的指引作用，或者对办展机构在布展、展览和撤展等各环节进行有效的现场管理有很大的帮助，或者对观众观展有辅助作用，否则，其内容就不能载入参展商服务手册。

2. 简洁明了

参展商服务手册中对各方面内容的说明和叙述应该简洁，文字不要太多，篇幅不要太大，能说明问题就行；内容说明和叙述必须准确、具体，让人看得明白，更不能让人产生歧义，否则，在筹展、布展、展览和撤展等环节的具体执行中就会引起争议，既不利于参展商展出，也不利于办展机构进行管理。

3. 详细全面

参展商服务手册对参展商筹展、布展、展览和撤展的内容说明要尽量详细，做到没有遗漏，否则，筹展、布展、展览或撤展就无法操作，甚至可能引起纠纷。例如，展馆基本信息中未列明展馆入口的高度和宽度，就有可能导致未经拆卸的大型机械无法入馆。

4. 美观

参展商服务手册的排版和制作要美观大方、印刷讲究，其制作和用纸要与展会的档次、办展机构的品牌与声誉相符，不能出现错别字，不能让人产生不好的联想。

5. 专业

参展商服务手册的遣词造句要符合行业习惯和规范，要使用行业熟悉的语言，所涉及的术语要规范，不能想当然地使用行业比较陌生的词语；内容编排要符合参展商筹展程序，不能让参展商翻来覆去地寻找自己想要了解的内容。

6. 国际化

如果是国际性会展活动，或会展活动有向国际化发展的计划，参展商服务手册的内容编排和制作也要符合国际参展商的需要，除要有中文的文本还要有外文的文本。外文的参展商服务手册文本翻译一定要准确，因为海外参展商就是根据该手册来筹备各项参展事宜的，如果翻译不准确，将会给海外参展商带来极大的不便。

第二节 招商策划

如果把展会比作飞机，则一定数量和质量的参展商和观众就是能使展会腾飞的两翼。一方面，展会要有一定数量和质量的参展商才能成为展会；另一方面，展会必须有一定数量和质量的观众,才能使参展商实现其参加展会的目标,展会才能生存与发展。邀请参展商购买展位、参加展会展出活动的行为称为招展,而邀请观众特别是专业观众到展会参观的行为则称为招商。

会展招商计划主要是指吸引观众参观的各种方法和策略。一定数量和质量的观众提高了参展企业的参展效益,同时提高了参展企业持续参展的积极性,因此,一定数量和质量的观众是展会生存和发展的基础。招展和招商是相互影响、相互促进的。一方面,如果展会招商效果好,到会的有效观众数量多、质量上乘,参展商的展出效果就会有保证,企业更愿意来再次参展;另一方面,如果展会招展效果较好,参展企业尤其是行业内知名企业较多,观众到会参观会更加踊跃。因此,在会展策划时,尤其在宣传推广和营销过程中,人们常常把两者结合起来。

一、建立目标观众数据库

会展能否成功举办在某种程度上取决于观众质量的高低。展出效果不仅取决于观众的数量,更取决于观众的质量。有时展会看似人头攒动,展台前水泄不通,但如果大部分观众是为了领取参展商的礼品或仅是为逛展而来,这些观众并不能给参展商带来真正的价值,就是"无效观众"。因此,展览的品质高低并不能单纯以参观者数量的多寡来判断。如何获得真正高数量、高质量的有效观众,从而为参展商带来真正有价值的买家?通过各种方式收集整理参展观众数据并合理利用是一种有效的途径,而这项工作是从建立目标观众数据库开始的。

(一) 目标观众种类

展会的观众有专业观众和普通观众之分。专业观众是指从事展会的某类展品或服务的设计、开发、生产、销售或者服务的专业人士以及该产品的用户。普通观众是除专业观众以外的其他观众。

观众还可分为"有效观众"和"无效观众"。有效观众是指到会参观的专业观众以及参展商所期望的那些观众。一般有效观众的比例不能低于30%,否则,展会观众就会只有数量而没有质量,难以保证展出效果,不利于展会的再次招展与发展。不过,适当的无效观众也可起到增加展会人气、活跃展会气氛、扩大参展商的广告效应和知名度等作用。

展会的目标观众主要是指专业观众与有效观众,主要包括以下几类人群:与展览主题相关的进口商、批发商、经销商;最终用户和消费者;专业科技人员和大专院校师生;主管政府部门人员和行业协会人士;专业媒体人员;金融服务业人员。目标观众是展会招商的主要客户范围,展会招商必须在充分了解目标观众所在行业、观众的基本数量和需求特征及分布状况的前提下进行。一般来说,展会的目标观众的范围比其目标参展商的范围要广，涉及的行业要多。展会目标观众的身份不是一成不变的，目标观众还是展会潜在参展商的一个重要来源。

(二) 采集观众数据样本

采集观众数据样本，特别是专业观众和境外观众的资料，与收集参展商数据相似，主要途径有行业企业名录、商业和行业协会、专业报刊、政府主管部门、同类展会、专业网站、电话黄页等。在具体实践中，可采用以下几种渠道。

1. 现场实时取样

对于每天从展览现场得到的现场数据要及时统计。根据展览组织机构的需求，此类数据可在展览现场或次日在媒体上及时公布，以提高展览的透明度和可信度。

2. 登记表信息

根据专业观众进场前填写的登记表信息进行统计。

3. 网络注册取样

利用展览专用网站开通的网上电子登记系统，将所需取样的内容制作成表格，以电子请帖的形式提供给观众填写。目前，我国很多的展览会都具有网上观众预登记系统，可以充分利用观众预登记系统，将要取样的文字内容编入其中。这种取样方式适合在展前与展中对观众的数据进行分析。

4. 展览身份识别信息管理软件

目前，一些大型展会开始借助相关的客户管理软件来进行信息收集工作。如利用展览身份识别信息软件来采集和管理数据，为展览组织机构的分析与研究工作提供了极大的方便。

建立目标观众数据库时应注意：确保信息来源真实可靠、更新及时，应有专门的人员跟踪反馈，保持界面的清晰；数据分类科学，如将观众分为核心、次核心、外延观众名录等；分类应易于查找与检索或建立多项检索目录；定期向专业观众发布相关展会的信息与意见沟通表，并将其纳入数据库中；目标参展商数据库与目标观众数据库之间，应建立一定的联系，因为两者之间有可能互相转化。本届展会的观众有可能成为下届展会的参商者，展会办得越好，这种转变趋势越明显。因此，我们在应用目标参展商和目标观众数据库时，应注意将两者联系起来考虑。

二、编制展会通讯与观众邀请函

展会通讯(简称展讯)是会展主办方根据展会的实际需要编写的、向目标客户通报展会有关情况的一种宣传资料，可以采用多种形式，如手册、报纸等。观众邀请函是主办方根据展会的实际情况编写的，用来进行展会招商的一种宣传资料。

(一) 展会通讯

1. 展讯的重要作用

招商单位通过定期(如一个月)向目标观众和目标参展商发送展讯，可及时、准确地向目标观众或目标参展商传递展会的有关信息，与目标观众或参展商保持联络和信息沟通，为展会目标客户提供良好的信息服务，同时有利于塑造展会的良好形象，促进展会的招展与招商。

2. 展讯提供的信息与内容

展讯为分期编印，根据展会进展的需要，不同阶段的展讯内容侧重不同。一般展讯应包括展会的基本内容，展会展览题材所在行业的市场信息和行业动态，展会最新的招展情况、招商情况、宣传推广情况，展会举办期间的相关活动情况，参展企业的广告，参展或参观回执表等。

为能充分发挥展讯的重要作用，展讯的文本设计不仅应注重内容的知识性、时尚性和趣味性，还要注重内容的短小精悍，信息要真实可靠。展讯的设计要求是既美观又便于携带。

(二) 观众邀请函

观众邀请函和展讯一样，是由办展方根据会展举行的实际情况编发的一种宣传材料。观众邀请函一般直接发给目标观众，而不针对普通观众群。因此，在内容上要有所侧重，主要包括以下方面。

1. 展会的基本信息

展会的基本信息包括展会的名称、举办时间和地点、办展机构名单、展会特色和优势等。

2. 展会招展情况

展会招展情况包括展出的主要展品、参加展出的新产品，尤其是一些行业内的知名品牌企业参展情况的重点介绍等。

3. 展会期间举办的相关活动

展会期间举办的相关活动包括相关活动的举办时间、地点和主题，以方便观众安排参观日程。

4. 参观回执表

参观回执表包括参观者的联系方法和联系人等。观众进行登记后，可以将回执表寄回办展机构。

相对于招展函，观众邀请函更加强调宣传和营销，集中突出展会的亮点，在吸引观众参观的同时间接帮助展会招展。

案例7-17　　　　　　　　　　观众邀请函

尊敬的＿＿＿＿＿＿＿＿先生/女士：

我们诚挚地邀请您参观将于2019年2月20—23日举办的第21届广州国际广告展览会(China Sign Fair 2019)。如预先登记，我公司可以将您的贵宾胸卡在展前邮寄给您，届时您无须排队登记就可进入展馆内。为了让您不会错过您十分感兴趣的活动，请关注以下的展会概况及日程表。

1. 展会名称

2019第21届广州国际广告展览会(China Sign Fair 2019)

2. 下设专区

广告设备及材料展区

展览展示系统展区

LED及户外发光体展区

影像器材及数码产品展区

广告传媒展区

3. 日期

2019年2月20—23日

4. 开展时间

2019年2月20日10：00—17：00

2019年2月21日09：00—17：00

2019年2月22日09：00—17：00

2019年2月23日09：00—15：00

5. 地点

广州保利世贸展览馆

6. 地址

广州市海珠区新港东路1000号

7. 展示内容

广告技术、广告设备、广告材料、展览展示系统、打印机及耗材、标识系统等。

8. LED、霓虹灯及户外广告发光体庞大的供应商阵容

2019第21届广州国际广告展览会将带来400多家展商的庞大的供应商阵容，众多的国内外知名公司将要展出的现代化广告设备和技术将成为展会亮点。

"第二届上海广告设备器材供应商协会年会"和"第三届上海国际广告论坛"也将配合2019广州国际广告展移师广州召开。同时将举办"优秀广告作品展"以及"优秀摄影作品展"等一系列丰富多彩的活动，期待着您的参与！

延续往届的辉煌,众多知名企业将以大规模的展台和最新型的产品投入此次展出,包括飞阳(极限)、傲颜(赛博)、工正、康尔(MIMAKI)、速迅、罗兰、亚联恒业(武藤)、上海永享(DGI)、同兴、汇智、锐捷、希恩希、百盛、新力、常州灵通、迪文、奥兰通、赛威、来丽、天威、中大中鸣、艾比森、艾尼亚、世恒、耐索等。展商阵容鼎盛,新产品层出不穷。

9. 论坛及研讨会安排(如表7-12所示)

表7-12　论坛及研讨会安排

会议	时间	地点	承办单位
第二届上海广告设备器材供应商协会年会和第三届上海国际广告论坛	2月20日	东方宾馆	上海广告设备器材供应商协会
优秀广告作品赏析	2月21—23日	展览现场	广州4A
广告摄影优秀作品展	2月21—23日	展览现场	广州市广告学会摄影师专业委员会

注:所有会议具体时间、地点以现场发布信息为准。

广州国际广告展览会以服务海内外广大广告应用行业为己任,努力成为以下广告行业的专业采购平台:

广告制作输出公司、广告代理公司、设计公司、标志标识制作公司、喷绘及数码影像公司、装修工程公司、电子出版公司、印刷厂、广告传媒公司、广大媒体、进出口公司、商业/服务业、政府机关、大型企业、大专院校、社会团体等。

您将在我们展会上洽谈业务的同时了解最新的行业信息,我们也将为您提供便捷而有效的专业渠道,期待您届时光临!

顺颂商祺!

　　　　　　　　　　　　　　　　　　　　　　××会展有限公司
　　　　　　　　　　　　　　　　　　　　　　联系人:×××
　　　　　　　　　　　　　　　　　　　　　　地　址:×××××××××
　　　　　　　　　　　　　　　　　　　　　　邮　编:××××××
　　　　　　　　　　　　　　　　　　　　　　电　话:×××××××
　　　　　　　　　　　　　　　　　　　　　　传　真:×××××××

附上:

贵宾回执表

1. company details (公司资料)

　　company name (公司名称):_____

　　address (地址):_____

　　postcode (邮编):_____

　　country (国家):_____

contact person (联系人姓名)：_____

position (职位)：_____

tel (电话)：_____

fax (传真)：_____

e-mail (电子邮件)：_____

website (网址)：_____

2. List of Other Participants (贵公司其他观展人员名单)

贵公司其他观展人员名单的填写，如表7-13所示。

表7-13　公司其他观展人员名单

NO.(序号)	name(姓名)	position(职位)	mobile No.(手机)	NO.(序号)	name(姓名)	position(职位)	mobile No.(手机)
1				6			
2				7			
3				8			
4				9			
5				10			

请填写并回传至：××××××(传真或地址)

联系人：××××××

资料来源：迪培思国际广告展官网[EB/OL]. (2019-09-08)[2022-03-08]. http://www.chinasignexpo.com/.

三、招商渠道

会展招商可以由几个单位共同负责，也可以由一家单位来负责。不管怎样安排，会展招商都要通过一定的渠道来进行，会展招商渠道通常有以下几种。

(一) 媒体招商

1. 专业媒体

很多产业都有自己的专业媒体，如专业报纸、专业杂志等。专业媒体对本行业比较了解，也有一定的影响，并且通常都有一批熟悉的客户，相互之间联系比较广泛。展会可以与它们展开合作进行展会招商，如可以广告换展位，在报刊中夹带发放入场券等；也可以在专业媒体上做广告直接进行招商。专业媒体的招商对象主要是专业观众而非普通观众。

2. 大众媒体

大众媒体是指面对大量受众的传播媒体，如无线电广播、电视台、大众报纸和杂志等传统媒体及以互联网和计算机为基础的网络媒体。大众媒体招商主要针对普通观众,而对专业性的商贸展会来说,吸引专业观众和有效观众的能力则较弱。大众媒体招商一般都是在临近展会开幕时才进行,这样的效果会更好。

(二) 机构合作招商

1. 行业协会和商会

行业协会和商会在行业内有重要的影响和强大的号召力,它们的行业信息灵通,关系广泛,有一定数量的会员单位,是理想的合作招商伙伴。

2. 国内外著名的展会主办机构

每一个会展主办机构都有自己擅长的行业领域和自己的营销渠道,也有自己独特的招商技巧和招商手段,与这些单位合作招商,能很好地实现优势互补。

3. 国际组织

一些相关国际组织如UFI(国际展览联盟)等,在世界展览界具有一定权威性,在国际上有较强的号召力,能很好地带动国外观众到会参观。

4. 外国驻华机构

外国驻华使馆和领事馆以及其他机构,如贸易代表处、办事处等,它们不仅对中国较熟悉,也方便与招展商联系,而且对其本国的状况也很了解,它们向该国企业推荐的展会一般能够取得该国企业的信任,与它们合作能较好地带动国外观众到会参观。

5. 政府有关部门

尽管政府部门正在逐渐淡出社会经济事务,但政府的行业主管部门对行业的影响仍然很大,与它们合作,不仅有利于招商,还能取得其他方面的便利。

(三) 同类展会招商

由于展会题材相同或相似,观众的范围也基本相同,可以通过国内外举办的同类展会的现场推广展会或者在展会会刊上做广告等多种方式来招商。当然,也可以与国外同类展会合作,采取合作营销的方式为彼此的展会招商。

(四) 参展企业招商

每一个参展企业都有自己的客户群,参展是企业向客户展示形象和新产品的绝佳机会。企业参展时,一般会希望客户能到展会来参观,特别是那些知名企业,其客户群体往往较为庞大,展会为它们提供了一个与客户进行交流和联络的有益平台。很多企业会借此机会主动邀请客户到会参观,这会带动一大批专业观众到来。

(五) 招商代理招商

招商代理是与办展机构紧密合作专门进行展会招商的单位,适当地发展展会的招商代理对展会招商很有好处。

(六) 网络招商

网络传递信息迅速便利、覆盖面广,办展机构可以自己建立专门网站,也可以与其他有影响力的专业网站进行合作,观众可以通过网站了解展会信息,进行参观预登记。

(七) 开展期间的相关活动

在开展期间策划举办一些针对性较强的相关活动,如行业会议、专业研讨会、表演等,也能吸引观众到场。例如,中国自有品牌展览会——首届亚洲消费品、礼品及家庭用品贸易展览会于2005年8月29—31日在德国纽伦堡展览中心举办。展览期间,德方组织了一系列针对欧洲批发商和进口商的研讨会、"在亚洲采购"等专题,就如何与亚洲商人做生意,以及如何解决做生意过程中出现的产品质量、知识产权、文化差异等一系列问题进行了研讨,介绍相关经验,这些研讨会吸引了大量的客商,受到专业观众的欢迎。

根据展会的实际情况,对上述招商渠道,可以有选择地采用其中的一个,也可以同时采用几个渠道进行展会招商。

四、招商分工

展会招商带给展会的效益是长期的和持续的,和招展工作一样是展会成功举办必不可少的重要因素。但和展会招展不同,招商工作见不到直接的经济效益,它具有隐形性和间接性,因此招商机构易出现"重招展、轻招商"的错误倾向,从而影响展会质量与发展。因此必须明确招商工作的分工,提高招商工作的积极性与协调性。规模越大的展会,涉及的招商单位和人员越多,分工越重要;分工如果不清,就会导致工作混乱、人员浪费。

(一) 多家招商机构之间的分工

当会展活动是由几个单位联合举办时,必须明确会展的招商工作是由谁负责。如果招商工作是由各办展机构共同来负责的,就必须明确各办展机构之间的招商分工。各办展机构之间的招商分工,具体包括以下几项:明确各单位必须共同遵守的招商原则;做好各单位的招商地区、行业及重点目标观众的划分;对招商费用的预算和支付办法的规定;对重点目标观众的邀请和接待安排。各单位的招商分工必须合理,并经常进行协调。招商工作不能平均分摊,应有一个主要负责单位,并考虑各单位的长处。由于招商效益具有间接性,如会展招商分工不合理,有些单位就会缺乏招商的积极性,或者有些招商任务根本就是某些单位力所不能及的,这将严重影响展会的整体招商效果。由于招商效果具有隐形性,如果招商工作不能及时进行协调,各单位之间的招商工作就会出现步调不一致的混乱局面。总之,招商分工一定要结合各单位的招商实力,充分发挥各单位的优势,做到优势互补,争取共同、圆满地完成展会的招商工作。

(二) 本单位招商工作的内部分工

无论是多家还是一家单位负责招商工作,都要对本单位的招商人员及其分工做出安排,要让每位招商人员认识到招商工作的重要性——招商工作是展会成功举办所必不可少的重要因素。首先,要确定招商单位或招商人员的名单,明确其主要任务就是招商,负责组织观众;其次,要对招商地区和重点目标观众进行规划,并明确落实到具体招商人员负责的招商地区和重要目标观众范围,避免出现重复或遗漏;再次,确定各招商人员间的信息沟通和工作协调方法;最后,对重点目标观众制订统一的接待安排计划。

五、招商宣传推广计划

组展方要围绕着展会招商的基本策略和目标,有针对性地举行一些宣传推广活动,此活动具有很强的目的性和配合性。招商宣传推广计划包括宣传推广策略、渠道、时间和地域安排。

1. 招商宣传推广策略

招商宣传推广策略包括宣传推广的出发点、主题、亮点等。在策略上要注意紧扣展会的定位和主题,突出展会的优势和个性化,从客户的角度出发,处处为客户的利益着想。

2. 招商宣传推广渠道

招商宣传推广渠道包括召开新闻发布会、在专业和大众媒体上做广告、向有关人员直接邮寄展会资料、在国内外同类展会上宣传推广、在网上宣传推广、通过协会和商会宣传推广、利用外国驻华机构和我国驻外机构做宣传推广、做专项推广等,可以根据招商工作的实际需要进行选择。

3. 招商宣传推广的时间和地域安排

一般要先为招商工作打造声势和知名度,再具体进行招商工作。两者在时间上要具有连贯性,有统一的理念和策略;在地域上要因地制宜,在重点招商的时间段和地域,要加大宣传推广力度,增强宣传推广的针对性。

六、招商预算

招商预算是为招商各项工作顺利进行而做的费用支出预算,它是在各项招商工作策划基本已定的基础上,对会展招商可能需要的费用支出做出的整体安排和具体支出计划。编制招商预算,应从招商工作的实际需要出发,本着统筹安排、合理利用的原则,实事求是地进行。会展招商费用通常包括招商人员费用、招商代理费用、宣传推广费用、招商公关费用、招商资料的编印和邮寄费用以及其他不可预见的费用等。招商预算应尽可能细致，费用支出安排应当合理，要与实际工作相配合，要能满足招商工作顺利开展的需要。

七、招商进度计划

招商进度计划是对展会各项招商活动做出的总体规划和安排。应事先安排好各项招商活动的进程，确定想要达到的招商效果，以便控制展会招商工作的进程及监测每一阶段的工作成效，及时发现问题并采取相应的措施进行调整，使招商工作能顺利地完成，确保有足够数量和一定质量的观众到会参观。招商进度计划见表7-14。

表7-14　招商进度计划

时间	采取的招商措施	宣传推广支持	计划达到的招商效果

第三节　会展宣传推广

会展宣传推广是会展策划和营销工作中的一个重要环节，对展会的发展有着重要的影响。会展招展招商的宣传推广可以独立进行，也可以包含在展会整体宣传推广计划中。在展览业的实际操作中，招展招商宣传推广应按实际需要分别制订计划，再与会展整体宣传推广计划进行综合协调，最后融入会展整体宣传推广计划里统一实施。

案例7-18　　**2019中国国际医疗旅游博览会宣传推广计划**

展会的推广工作需要紧扣主题、突出重点，基于综合展会规模及形式的多样性，应充分利用一切可利用的途径，将线上和线下宣传结合在一起，加大宣传力度，提升宣传效果。

1. 网站门户宣传推广

组委会构建网上医疗旅游展专题展区，对参展商、产品样式、展区规模、展馆环境进行详细报道，列出展会相关活动及活动形式，突出展示亮点产品。

2. 媒体宣传推广

(1) 专业媒体推广。展会将在多家医疗、旅游报刊(健康中国、环境与健康杂志、旅游时代、丝路游等)，网站(新浪、搜狐等)，电视台(央视健康之路)等媒体开展宣传活动，及时报道展会的最新动态；利用微信头条、百度头条推广等开展图片宣传及文字报道，并与行业媒体建立长期合作关系,打造展会长期宣传运行体系。

(2) 软性文章。免费在媒体上(e医疗、健康时报、旅游学刊)刊登各种对医疗旅游展览会的评论、报道、特写、消息以及相关图片等。(由展会相关人员、记者或专业人士撰写)

(3) 展览会新闻由主办单位主持发布,届时邀请知名媒体记者参加。

(4) 组织海南省电视台、海南日报、海口晚报、海南特区报和国际旅游岛之声电台记者对展览会进行阶段性和全方位报道。

3. 专业会展机构宣传推广

(1) 专业参展商的邀请。通过电话、传真、电子邮件、微博、微信、网站、邮寄、请柬、拜访等多种形式邀请国内外专业观众亲临现场。

(2) 同行推广。在国内外各种会展机构(广州正和会展服务有限公司)、同类展会(2018中国国际医疗旅游展览会)上进行宣传推广。

4. 其他方式

(1) 预约参观的前100名观众可到现场领取礼品一份。

(2) 利用微信、微博平台转发集赞和抽奖,换取免费参观体验。

(3) 利用名人效应,运用B2B+B2C方式,全面做好观众邀约工作,打造一流的会展服务平台。

(4) 对与展览会相关的热点地区(机场、火车站、汽车站等)进行专题报道。

案例7-19 　　**中国(广州)国际紧固件展览会宣传推广计划**

CIFE是为中国紧固件产业链各个环节的企业走向国际市场提供的专业化、一站式服务平台,组委会将以整合营销的方式,积极协调社会资源(生产商、贸易商、经销商、连锁机构、媒体、专家学者、社会名流、行业组织、政府机构、国外合作方)和组织方的资源(人力、财力及多年的专业组织、策划经验),并以立体式的宣传策略,着重吸引传媒、商家和消费者的注意力,着力打造展会的口碑,增强影响力和参与效果。

组委会将在上百家新闻媒体、专业杂志、网站上发布本次展会的信息,刊登广告;坚持以主流媒体面对消费者、以专业媒体面对厂商,结合大型活动的影响力、权威性,秉承注意力营销的新观念,全力打造具有国际影响力的专业展会。

具体举措如下所述。

■ 通过外国驻华使领馆、商务处和贸易机构向其本国相关紧固件行业协会和机构推介本次展会,邀请有关企业参展、参观,同时通过我国驻外使领馆和商务处直接宣传推广、推介本次展会,并协助招展商招展和专业观众观展,使展会获得更为广泛的国际影响力。

■ 联手海内外各级政府商务机构、主要商协会、各大知名媒体、专业媒体和代理机构对展会进行强势宣传和深入报道,与行业权威媒体强强合作,信息面覆盖紧固件行业的每一个角落。

■ 组委会主动向业内厂商及各界合作方发出邀请，并及时向业内厂商通报有关展会的进展情况及会前、会中、会后服务的有关事项，以展会官方网站、会刊及系列大型活动等自有平台免费为参会厂商做形象宣传、信息发布。

■ 向海内外数万名专业观众邮寄参观券和邀请函，向主办方20多万行业买家发送电子邀请函，向海内外10 000家以上的紧固件市场销售企业发传真邀请函，向海内外行业内超过1000位专业VIP人士发送请柬邀请函。

■ 组委会将充分发挥自身优势，与中外紧固件制造商及全国范围内超过500家大型紧固件市场及各地协会携手，对展会进行宣传、邀请、组织全国各地区紧固件企业及全国各地协会会员单位参展、参观。

■ 在广交会和国内外各大紧固件行业展会上推广本次展会，广发参观券。

资料来源：中国(广州)国际紧固件展览会官网[EB/OL].(2019-09-10)[2022-03-08].http://www.cife.org.cn/.

一、会展宣传推广的特点

会展宣传推广工作是会展活动的"导航器"，它对会展各方面都有重要的影响，很多客户是通过会展宣传推广才开始认识和了解会展活动的，因此会展宣传推广非常重要。在很多会展项目中，都会指定专门的人员来负责会展的宣传推广工作。因宣传推广工作任务多、较复杂，必须了解它的特点，否则宣传推广容易出差错。

(一) 整体性

会展招展宣传推广和会展招商宣传推广不同，会展宣传推广是有多重任务的，它服务于整个展会，是一种整体的宣传推广工作。会展宣传推广的任务主要有促进会展招展招商的进行，建立会展的良好形象，创造会展竞争优势，协助业务代表和代理顺利开展工作，指导内部员工接待客户。会展宣传推广要处处注意会展的整体利益，不能因为要实现其中一个目标而妨碍其他目标的实现。

(二) 阶段性

会展宣传推广的5个任务不是同时实现的，也不是在某一个时间段里集中实现的，而是随着会展筹备工作的进展和实际需要分步骤和分阶段实现的。因此，会展宣传推广的阶段性很强，会展发展到哪个阶段就开展相应的宣传推广工作，必须十分清晰和明显。

(三) 计划性

会展宣传推广任务多、阶段性强，这就要求在筹备时认真规划会展宣传推广工作，照顾到会展筹备工作各方面对宣传推广的需要，给会展筹备工作以强有力的、全方位的支持。

另外，会展宣传推广需要多媒体、多渠道，这就需要各媒体平台和渠道的宣传推广在时间安排上要协调、口径上要统一、内容上要各有侧重、效果上要互相补充，这样会展宣传推广才能发挥促进作用。

二、会展宣传推广的类型

(一) 新闻发布会宣传推广

新闻发布会是常用的会展宣传推广方式之一，也是主办方与新闻媒体加强联系的一种有效办法。利用新闻采访和报道进行宣传一般是免费的，而且可信度比较高，因此新闻发布会是一种低投入、高收益的宣传推广手段。

1. 召开时机

一场展会从开始筹备到最后开展，可视需要组织多场新闻发布会，尤其是在展会筹备之初、招展工作基本结束、开幕前、闭幕时，抓住时机召开新闻发布会的效果比较好。

展会筹备之初召开新闻发布会，一般是介绍举办展会的时间、地点、目的以及展会主题、展品范围和展会发展前景等，主要目的是向目标参展商发布展会即将举办的消息，并对展会进行宣传。

招展工作基本结束时召开新闻发布会，一般是通报展会的筹备进展情况、参展商的特点及构成情况，主要目的是使参展商进一步确认展会的信息和巩固其参展的决心，也可以吸引更多的观众前来参观。

开幕前召开新闻发布会，一般是通报展会的特点、参展商的特点和构成、展会的招商情况、展品范围、贵宾邀请等内容，主要目的是通过新闻报道扩大展会在社会各界的影响，塑造较好的展会形象。

闭幕时召开新闻发布会，一般是通报展会的展出效果、收获、参展商及观众的构成和特点、贵宾参观情况、展望展会的未来发展等内容，主要目的是总结展会、巩固展会的宣传效果，同时也为下一届展会的筹备做好宣传。

2. 筹备

(1) 确定发布会的地点。发布会可以在举办地召开，也可以在其他地点召开，视展会具体需要而定。如果在举办地召开，一般会安排在展馆或其附近的高级酒店。从实际操作看，一般开幕时和闭幕时的发布会放在展会举办地召开。

(2) 确定出席发布会的媒体与相关人员。邀请合适的媒体参加才有效果，因此参加发布会的媒体一定要是对目标参展商和观众有较大影响力的媒体，可以是专业媒体，也可以是大众媒体等。要规划好参加发布会的媒体数量，除举办地媒体外，还要邀请展会目标参展商和观众较集中的地区的媒体参加。拟邀人员包括记者、专栏评论员、摄影师、编辑和其他有舆论导向作用的人员。另外要邀请一些行业协会、工商部门、政府主管机构、外国驻华机构、参展商代表等单位的人员参加。

(3) 确定发布会主持人。主持人一般是有关行业协会或商会的领导、办展机构负责人、政府主管部门官员等，可由其中一人或几人共同主持。

(4) 确定发布会的内容。发布会的内容可以覆盖展会的方方面面，但一定要口径一致、重点突出，应针对不同媒体提供各有侧重的新闻稿、专题报道、特写、新闻图片等，可将新闻资料统一装入新闻袋提供给媒体。

(5) 确定发布会召开的程序。首先，办展机构、行业协会或政府主管部门有关领导讲话；其次，展会信息发布和展示，记者提问。应注意，有关领导的讲话要简短，占用的时间不要超过展会信息发布和展示的时间，且要精心准备回答记者可能提出的各种问题，避免冷场。发布会时长一般不超过1小时。

发布会结束后，要及时跟踪和收集各媒体的报道情况。如果媒体需要更详细的资料，需及时提供。

(二) 专业媒体宣传推广

1. 专业媒体宣传推广的形式

专业媒体包括与展览题材相关行业的专业报纸、杂志和网站等。专业媒体宣传推广方式主要有广告、软性文章与图片、机构推广，这三种方式可以结合使用，以达到最佳效果。其中，广告文稿的标题要简洁醒目，口号要富有创意，正文要真实具体；广告的图案设计要能引人注意，强化记忆，提示广告的主题和内容，看起来令人精神愉悦。软性文章一般是免费在媒体上刊登的各种对展会的评论、报道、特写和消息以及相关图片等，可由展会相关人员、记者或专业人士撰写，它实际上是一种隐性的广告，可信度较高，也容易被受众接受。机构推广的具体做法很多，如委托专业媒体随刊邮寄展会邀请函和门票等。办展机构一般按展会的需要，将上述宣传推广方式制作成"专业媒体宣传推广计划表"，如表7-15所示。

表7-15 专业媒体宣传推广计划表

媒体名称	期数	时间	推广形式	规格尺寸	价格	金额合计	备注

2. 专业媒体宣传推广要考虑的因素

通过专业媒体做宣传推广要考虑以下因素。

(1) 客户规模与市场占有率。展会客户规模小且市场占有率低时，适当提高宣传推广预算会达到较好的效果。选择具有一定目标客户覆盖规模的专业媒体做宣传推广，可提高其宣传效果及市场占有率。

(2) 竞争与干扰。同类展会竞争激烈时，要加大宣传推广力度和增加预算。某一专业媒体上的同类展会广告或无关广告很多，都会分散客户的注意力，削弱本展会的宣传效果，此时，要适当加大宣传推广力度。

(3) 展会发展阶段。在展会培育期和成长期，为了让市场尽快知道该展会或展会本身想快速建立品牌，都要加大宣传推广力度；进入成熟期和衰退期后，宣传力度可减小；但如果展会处在转型期，为了突显展会的创新措施与服务，宣传推广力度可加大。

(4) 宣传推广频率。据研究，目标客户在一个参展周期里需要接触3次广告信息才能产生对该广告的记忆；接触的次数超过5次，影响力开始递减；超过8次，广告将产生负面影响。因此，展会在进行宣传推广时，要结合宣传的有效传递情况来确定适当的频率。一般认为，在一个参展周期里让目标客户接触6次广告信息为最佳频率。

3. 专业媒体宣传推广的优缺点

(1) 优点。第一，受众稳定，适用范围广。每一种专业媒体都有自己较固定的读者群，这是展会宣传稳定的目标受众。第二，针对性强，富有专业特性。每一种专业媒体都专注于自己特定的领域，并对这一领域产生一定影响。第三，表现手法灵活，信息容量大。专业媒体如杂志等总体篇幅较长、容量较大，办展机构可采用图文并茂的形式对展会进行详细深入的介绍，使受众获得尽可能丰富的信息。第四，寿命较长，重复出现率高。很多专业媒体如杂志等具有保存价值，常常被读者长期保存，并重复阅读。由以上优点可知，专业媒体能很好地满足展会宣传推广的需要。

(2) 缺点。第一，时效性差，专业媒体一般发行周期较长，时间上较滞后。第二，版面位置选择性较差。第三，面向普通观众，招商效果较差。

(三) 同类展会宣传推广

同类展会是展会目标客户最为集中的地方，在这些展会上进行宣传推广，费用较低，效果很好。

1. 同类展会宣传推广的形式

在国内外同类展会上进行宣传推广活动，可以根据同类展会与本展会竞争关系的不同而采取不同的形式，通常采取的形式有以下几种。

(1) 互换展位。互相在对方展会上设立展位进行宣传推广。这适用于彼此竞争性不强的展会。双方免费获取对方一个展位作为本展会的推广展位，不仅可以让目标客户直接获取其想要的资料，可以直接回答客户的问题、展示展会的形象，还可以直接获得客户的有关资料及信息，效果较好。

(2) 在同类展会的会刊上刊登本展会的信息或宣传广告。如果展会彼此之间的竞争性不强，而派出人员到对方展会进行宣传推广的费用又太高，则可采用这种形式。信息和宣传广告可以是单方面付费有偿刊登，也可以是双方免费互换刊面。展会会刊都是直接发放到目标客户手中的，这种方式的推广效率较高。

(3) 在同类展会开展期间举行关于本展会的新闻发布会。对于一些结成战略联盟的办展机构或者展会，可以在对方展会开幕期间，在展会里举行关于本展会的新闻发布会，可收到良好的推广效果。如果彼此有一定的竞争关系，可以选择在该展会附近或其他适当的地方举办。

(4) 互相在对方展会的专门网站里发布关于本展会的信息或广告，或建立友情链接。

(5) 代为派发本展会的宣传材料。可以委托同类展会在适当的地方如信息咨询台等地派发本展会的宣传资料，这种资料派发可以是单方面有偿付费的，也可以是双方免费互换的。

上述推广形式不是互相排斥的，可以结合使用，效果更好。例如互换展位、互相在对方会刊上做广告、网站互相链接等可以同时进行，这样信息传播的范围将更广泛，宣传推广的目标也就更容易达到。可将上述宣传推广方式制作成"同类展会宣传推广计划表"，如表7-16所示。

表7-16　同类展会宣传推广计划表

展会名称	时间	推广形式	费用预算	推广目标	备注

2. 同类展会推广的优缺点

(1) 优点。第一，可以直接面对目标客户，与客户进行面对面的交流。第二，信息传达灵活，可以给目标客户以最直接的宣传刺激。第三，容易与目标客户建立关系，可以即时得到客户的反应。第四，容易引起目标客户的注意，迅速产生推广效果。

(2) 缺点。第一，宣传推广方式的选择受展会彼此竞争关系的影响较大，缺少一定的灵活性。第二，有些推广方式费用较高。第三，每场展会的客户群是有限的，宣传推广的目标客户的范围也有一定的局限性。

(四) 大众媒体宣传推广

1. 大众媒体宣传推广形式

大众媒体包括各种报纸、电视、广播、户外广告媒体、交通广告媒体、包装媒体、焦点媒体、网站等。这些媒体普及性强，社会接触面广，既可面对专业观众与目标参展商，也可面对普通观众，是展会常用的宣传推广媒体。其中，户外广告媒体是指在户外公共场所使用广告牌、霓虹灯、灯箱等进行广告宣传；交通媒体是指利用车、船、飞机和地铁等公共交通设施进行宣传推广；包装媒体是指利用包装袋和包装盒等进行宣传推广；焦点媒体是指在展馆、大型商店和酒店等内部或周围进行宣传推广。

大众媒体宣传推广同专业媒体宣传推广的形式一样，可分为广告、软性文章与图片、机构推广三种形式。其中，广告在大众媒体宣传推广中使用较为广泛。确定了以何种形式在哪种大众媒体上进行宣传推广以后，可制成"大众媒体宣传推广计划表"，如表7-17所示。

表7-17　大众媒体宣传推广计划表

媒体类型	推广形式	规格尺寸	时间	地点	价格	金额合计	备注

2. 选择大众媒体宣传推广需考虑的因素

(1) 宣传的主要目标。展会宣传有招展、招商、树立展会形象、协助业务代表和代理开展工作、指导内部员工接待客户5个目标。每一次宣传的目标均有所侧重，其宣传目的不同，媒体选择亦不同，如招商中吸引普通观众一般采用大众媒体。

(2) 媒体的特点和覆盖范围。媒体是专业媒体还是大众媒体、媒体的表现力和渗透度、媒体读者群的大小、媒体是全国性还是地区性等是影响媒体选择的重要因素。另外，该媒体主要针对哪些类型的读者和在哪些地区发挥作用也是影响媒体选择的重要因素。

(3) 宣传费用。在不同的媒体上进行宣传推广，费用有很大的差别。对于展会来说，总是希望以较少的费用做最有效的宣传推广。宣传费用要考虑绝对宣传成本，还要考虑相对宣传成本。绝对宣传成本是指每次宣传推广的费用总支出；相对宣传成本通常用每一千个目标客户接触到媒体的费用来计算，它更能反映宣传的实际效果。

(4) 宣传推广的时间安排。不管是在哪种媒体上做宣传，宣传的时间安排方式一般有集中、连续和间歇时间安排三种。

集中时间安排是指将宣传推广集中安排在某一段时间内，以在较短时间内迅速形成强大的宣传攻势，适合开拓新市场、集中招展或招商的情况。

连续时间安排是指在一定时间里合理地安排宣传推广活动，使展会信息经常反复地在目标市场出现以逐步加深客户的印象，适合展会已经有一定影响，客户参展参观安排以理智动机为主的情况。

间歇时间安排是指在进行了一段时间的宣传推广后暂停一段时间再做宣传，适合产品季节性较强或展会宣传费用不足的情况。

(五) 专项宣传推广

1. 专项宣传推广的方式

(1) 人员推广。人员推广是办展机构直接派出工作人员通过登门拜访、电话交谈等形式直接与目标市场的客户建立联系、传递展会信息的一种推广方式。人员推广灵活性强，信息反馈及时，具有一定的亲和力和说服力，有较强的竞争力，在客户对展会的评估和参展参观决策阶段，能促使客户对展会建立长期的信心。但是，人员推广的费用一般较高，人员能接触到的客户数量也较为有限。

(2) 直接邮寄。办展机构直接向目标客户邮寄展会的各种宣传资料，它是展会较常采用的宣传推广方式之一。直接邮寄依赖于办展机构客户数据库的完整性和准确性，也有人因此把它称为"数据库营销"。直接邮寄的针对性极强，效果也较好，但费用较高。

(3) 公共关系。公共关系是办展机构利用各种传播手段与社会公众沟通思想感情、树立良好的社会形象、营造经营环境的活动。例如，加入国内外著名的行业协会，积极参加行业活动等。公关宣传推广可以分为三个层次：一是公关宣传，即通过各种媒体向社会公众做宣传以树立展会的形象，扩大展会的影响；二是公关活动，即通过支持和组织各种社会活动来宣传展会，建立展会品牌；三是公关意识，即在办展机构的日常经营中和全体人员中树立维护企业和展会整体形象的意识。公关的作用面很广，传播手段较多，着眼于展会的形象和长远发展。

(4) 机构推广。机构推广是指办展机构与有关媒体、国际组织、行业协会和商会、国内外其他展会主办机构和政府主管部门等机构合作，共同推广本展会的一种宣传推广方式。例如，委托上述机构代为发放展会宣传资料、代为组织观众、代为在会员中宣传本展会等。

(5) 相关活动，有时也叫"事件推广"。在展会期间举办一系列的相关活动，也是展会进行宣传推广的一种重要方式。

2. 影响专项宣传推广方式组合的因素

上述5种专项宣传推广方式不是截然分开的，它们经常被组合起来使用，也经常与前面所讲的新闻发布会、专业媒体、同类展会和大众媒体等宣传推广方式组合使用。这些方式如果组合得好，宣传推广的效果将倍增。影响这些宣传推广方式组合的因素主要包括以下几个。

(1) 会展的类型。不同题材和功能的展会，其目标参展商和目标观众不一样，展会宣传推广组合也应不同。例如，消费品题材展销会采用大众媒体、新闻发布会、公共关系等方式组合宣传效果较理想，而生产资料题材的展会采用专业媒体、新闻发布会、同类展会、人员推销等方式组合宣传效果较理想。

(2) 会展的营销策略。在会展项目发展的不同阶段，其使用的会展营销策略也会有所不同，如会展发展初期，以认知型宣传为主，可以增加参展商和观众对本会展项目的认知度，使观众了解会展特色、优势等内容，因此，会展宣传应采用高宣传成本、低展位价格的营销策略，一般会采用专业媒体、同类展会、相关机构、新闻发布会、公共关系、大众媒体等多种宣传推广模式。在会展活动举办几届并被业界广泛认可后，可采用减少宣传成本、提高展位价格的营销策略。这时可选择多种营销方式组合，适当减少组合内容，以宣传会展良好形象及定位为主，可采用专业媒体、大众媒体、新闻发布会、公共关系等宣传组合。

(3) 市场特性。会展题材所在产业的市场是处于买方市场状态还是卖方市场状态，对会展宣传组合的影响很大。

(4) 客户特性。目标参展商和观众是否选择参展或参观受他们对会展认识深度的影响。一般认为，客户的认识深度可以分为认识阶段、动心阶段和行动阶段三个阶段。认识阶段是指客户对会展开始认识到初步了解这一阶段，对处于这一阶段的客户，广告和公共关系的效果最好；动心阶段是指客户对会展开始产生兴趣并逐步依赖会展的这一阶段，对处于这一阶段的客户，人员推广的效果最佳；行动阶段是指客户参展或者参观，对处于这一阶段的客户，一般应采用新闻发布会及其他相关活动提升会展形象。

(5) 会展发展阶段。会展处于培育期、发展期、成熟期还是衰退期，对会展宣传组合的影响很大。有关此部分内容在前面已提到，在此不再赘述。

(6) 宣传推广费用预算。费用预算对宣传推广方式的选择具有很大的制约作用，如果预算不足，有些较昂贵的宣传推广方式如人员推广等就不能使用。会展宣传推广预算的方法有4种：一是量入为出法，根据会展的承受能力，能拿多少资金来做宣传就拿多少；二是收入百分比法，根据会展收入的一定比例确定宣传预算的多少；三是竞争对等法，以竞争对手的宣传推广费用的多少决定本展会宣传推广预算的多少；四是目标任务法，即先确定宣传目标，然后根据实现该目标所需的费用来决定宣传推广预算的多少，这种预算方法影响宣传推广费用预算总额，进而影响会展宣传推广组合的选择。

三、会展宣传推广计划

会展宣传推广的内容较多，也较复杂，在制订会展宣传推广计划时，必须做到全面、系统，以会展筹备工作实施的需要为依据。一般来说，制订会展宣传推广计划分为确定目标、制定预算、确定信息内容、制作宣传资料、确定宣传渠道、评估宣传效果6个步骤。

(一) 确定目标

确定目标，就是要确定会展宣传推广所要达到的目标，主要包括促进招展招商、树立会展形象、协助业务代表或代理顺利开展工作、指导内部员工接待客户等。明确了宣传推广的目标，才能有步骤、有效率地开展宣传推广工作；否则，会展宣传推广工作将变得盲目，无法实现预期的效果。另外，宣传推广目标也受会展定位和办展机构的办展目标的制约，在会展筹备的不同阶段也有所差别，一般而言，会展筹备的前期侧重招展宣传，后期则侧重招商宣传。

(二) 制定预算

制定预算即对达到宣传推广目标所需资金投入的预先估算。在具体的宣传推广运作中,营销人员可以按照不同推广渠道分项目制定预算,如大众媒体宣传投入预算、专业媒体宣传投入预算等,然后将其汇总成会展宣传推广的总预算。依照国际会展业的一般情况,会展宣传推广的资金投入占会展收入总额的10%～20%。

(三) 确定信息内容

确定信息内容即确定会展宣传推广需要向外界传递哪些信息,例如办展理念、会展的优势和特点、会展的VI形象等。会展机构向外界传递的信息必须保证其真实有效,而且应具有较高的可信度。此外,宣传推广的内容还应具备一定的特色,要与题材相近或相同的展会有所区别,并能让目标客户明确地感知这些区别,从而将本展会项目与其他类似的展会项目区分开来,在头脑中对其形成较为鲜明的印象。

(四) 制作宣传资料

制作宣传资料即确定制作什么样的宣传资料来承载上述信息。会展宣传资料的种类很多,常见的如招展邀请函、观众邀请函、会展通讯、广告等。不管是什么宣传资料,在制作时,要注意遵循以下几点。

1. 针对性

每一种宣传资料都必须有具体的目标客户,如招展邀请函的目标客户是参展商,观众邀请函的目标客户是观众等。

2. 系统性

各种宣传资料,如招展函、招商函、展会通讯等,既要有自己的特色,又要互相配合、互相补充,为整个会展服务。

3. 专业性

会展宣传资料要符合展览行业的要求,内容要能反映行业的特点和会展的特色,要将会展宣传办得富有国际化特色的同时兼顾各国文化间的差异。

4. 统一性

各种宣传资料在宣传口径上要统一,各种数据、理念和VI形象要一致,而且要延续展会一贯的主题和理念,并与上一届展会的宣传信息保持基调上的一致。

(五) 确定宣传渠道

确定宣传渠道,就是要确定会展宣传推广的渠道,或者说要确定采用哪种渠道将会展信息传递出去。本节所述的宣传推广渠道可以多种并用,互相配合,以期收到良好的宣传效果。

(六) 评估宣传效果

评估宣传效果就是在宣传推广过程中以及结束后，评估宣传推广工作的质量与效果，以及会展宣传推广目标完成的状况。会展宣传推广的效果分为即时效果、近期效果和远期效果。对这些效果的评估，可以从观众、参展商和会展功能定位三个方面来进行，也可以从宣传的传播效果、宣传的促销效果和宣传的形象效果三个方面来评估。至于具体的评估指标，评估宣传传播效果的指标有接收率、注意率、阅读率和认知率等；评估宣传促销效果的指标有销售增长率、广告增销率、广告费占销率和单位广告费收益等；评估宣传形象效果的指标有知名度、美誉度和品牌忠实度等。会展宣传推广效果具有滞后性、交融性和隐含性等特征，有时候较难测定，因此必须采取科学的方法。

展览业竞争激烈，在制订会展宣传推广计划时，不应墨守成规、因循守旧、一成不变，要不断适应市场变化的需要，以变应变，不断创新，以新的思路和新的手段来使会展宣传推广工作既符合展览业的惯例，又与众不同，富有自己的特色，这样才能在激烈的竞争中独树一帜，取得成功。

思考题

1. 在实践中可通过哪些渠道收集目标参展商信息、建立目标参展商数据库？
2. 如何制定招展价格？
3. 简述招展函的内容及制定原则。
4. 简述招展代理的种类及区别。
5. 如何制定招展方案？
6. 参展商服务手册的内容有哪些？
7. 简述招商渠道和观众邀请函的基本内容。
8. 简述会展招商策划的内容。
9. 简述会展宣传推广计划的类型及特点。
10. 简述会展宣传推广计划的步骤。

能力训练

1. 在市场调研的基础上，策划在校园内举办"首届校园×××展"。请同学们自拟校园展会题材，并为此展会撰写一份招展函。

2. 天津滨海国际会展中心在5月28—31日举办亲子欢乐嘉年华活动，参与对象为家长及儿童。请同学们撰写一份会展宣传推广方案及观众邀请函。

第八章
会展现场服务策划

职业素养

1. 培养学生对不同阶段会展活动进行分析、总结的能力;
2. 培养学生编写现场服务策划方案的实践能力。

能力目标

1. 明确会展布展期间、开幕式、开展期间、撤展期间的策划内容;
2. 根据具体会展活动要求,进行会展现场服务策划并撰写策划方案。

案例8-1　　中国国际玩具及教育设备展览会展会现场展台倒塌

2017年10月19日中午,在上海新国际博览中心,开幕仅一天的中国国际玩具及教育设备展览会(以下简称中国玩具展)现场发生展台倒塌事故,事故造成多人受伤。倒塌的E3F21展位属于朗晟商业(长沙)有限公司,主营进口婴童产品。倒下的展台压倒了一片人。现场视频可见,朗晟公司展台主要由一面垂直的背墙和几个平放的座位、展示台组成,倒塌的正是那面高大而略薄的背墙。

中国玩具展始办于2002年,由中国玩具和婴童用品协会主办,与CKE中国婴童展、CLE中国授权展三展同台,每年10月在上海举办,已经发展成为业内亚洲规模第一的国际化、专业化综合商贸平台。本次中国玩具展共有2000家展商,3600个品牌,70 000名买家,覆盖30个国家和地区、20个主产区。

此次展台倒塌的消息在会展行业群内迅速传播,众多业内人士发表了专业意见。对于展台倒塌的原因,佳成展览负责人接受采访时表示,首先是背墙比较薄,这么大面积的独立板墙,按照大型展会临建的要求,厚度正常范围应为50~100厘米;其次是龙骨密度不够,属于典型的偷工减料。桁架搭建专业人士梁贺表示,木结构单墙最危险,本结构单墙还有很多射灯,更是加大了倒塌的风险。春博国际负责人也和记者分析了背墙倒塌的原因,他表示,这个背墙木结构虽然吊在铁结构上,但木结构长期呈吊挂状态很容易断掉。

至于行业群里众声所斥的偷工减料，春博国际负责人也有不同意见，这次事故的原因主要是施工人员没有经验，他们以为有了吊点就万无一失，没有考虑到木头可能会断掉，并且这次倒塌的背墙多使用旧木板，而旧木板比新木板重。如果非要采用单面背墙，除了把墙板加厚和用铁钉做吊点，还要加穿铁管。

展台倒塌发生于展会第二天的中午时分，此时现场人员较多。这并不是上海新国际博览中心今年的第一起事故。如此大型的展会出现安全问题，多方都有责任。为了保障安全，一般的流程是参展商向主办方出具设计图，主办方经过严格的安全评估后，由展装公司施工。

资料来源：殷艳. 上海新国际博览中心展台倒塌 大型展会又出严重安全事故[EB/OL]. (2017-10-20)[2022-03-05]. https://kuaibao.qq.com/s/20171020F08UKS00?refer=spider.

思考题： 办展机构如何管理才能避免此类事故发生？

会展现场是会展项目在调研、策划、招展、招商所有环节的理念、工作的具体展现。一场会展活动从调研到现场实施大概要经过一年甚至更长的时间，会展现场效果直接反映会展项目运作流程的成果。所以说，会展现场是会展活动的总成。公众通常说的"展览"指的是展览现场。会展现场是与会展相关的人流、展品流、信息流的总和。场馆方、参展商、观众、服务承包商、媒体、组展方、政府人员等均在展览现场汇集，各种展品、信息发布均在现场汇集，如何服务好与会展相关的各方人员、协调好会展相关的各方人员的关系，考验着组展方的服务能力与协调能力，同时也考验着场馆方、各服务承包商等的服务水平，可以说现场服务是衡量一个国家、一个城市服务能力和水平最综合、最高端的体现。

会展现场服务策划主要包括布展期间、开幕式、开展期间及撤展4个阶段的服务内容策划。此后，还应进行会展评估。

第一节 布展期间服务策划

布展期间的服务对象主要是参展商和搭建商，其服务策划内容也主要围绕着参展商和搭建商展开，具体包括布展准备工作内容和布展期间工作内容两部分。

一、布展准备工作内容

(一) 明示布展时间

展览会的布展时间至少为两天，对于大型展览，如机电设备展览会，为了保证特装展台搭建装修和大型机械进场安装调试的顺利进行，其布展时间应适当延长。组展方应在展厅大门明示布展时间，若参展商需超时加班布展，应向展览现场办公室提出加班申请，并及时将加班要求通报给展馆及保安。

(二) 明确布展次序

1. 大型设备先进场就位

如果展览会需要大型设备，布展之前要保证大型设备先进入展馆，需列明大型设备入场时间，这样可以减少布展过程中的安全问题。如果特装展台和标准展台都搭建好之后再让大型设备进馆，可能会遇到一些问题。例如，由于留有的空间有限，大型设备可能进不去；即使大型设备能够进入场馆，在进入过程中也很难保证不磕碰特装展台或标准展台，因此一定要保证大型设备先进场就位。

2. 特装展台进场搭建

在大型设备全部进入场馆后，要进行特装展台的搭建。特装展台的搭建比较复杂，对水、电、气方面都有较高要求，因此组展方要特别督促搭建方规范施工。同时，要核对现场实际情况是否符合展台施工图上的搭建高度、用电量等。检查所有施工人员的上岗证书，如高空作业证、电工证等，搭建过程中应加强巡视管理。

3. 标准展台搭建

组展方要督促主场搭建商在规定期限内交付标准展台，并验收是否符合要求。例如，展台尺寸是否正确、楣板上的参展商单位中英文名称是否正确、展台号是否正确、展台配置是否符合标准等。

4. 参展商进场布置展品和装饰展台

完成展台搭建后，参展商就可以进场布置展品和装饰展台了。在布置展品时不仅要利用图片、文字说明、模型、声像设备等突出核心展品，展品的布置还要能够全面反映展品的特征、特性及有关情况。比如展品是食品，可以考虑安排现场实物品尝，并准备小包装食品免费发放，供参观者拿回去品尝，同时还可用地图和照片反映产品的产地，用彩照、幻灯片、大屏幕展示产品的加工过程，用样品和照片反映各种最终产品和包装等。通过这些方式，观众就可以全面了解食品的生产情况，对食品的安全问题放心。

(三) 展厅分别设置人、车、货入口

确定分别设置人、车、货入口的位置及数量，布展前人、车、货要分流进入，互不干扰，确保安全。对于货运出入口，组展方要督促主场搭建商预先留出主要的货物通道，等货物完全进入后再进行展台搭建。

(四) 设置现场服务场所

布展期间还应搭建好现场服务办公场所，例如组委会办公室，参展商报到处，特殊服务处，观众登记处，主场搭建商、物流服务商以及其他租赁设备供应商等的联合办公场

所,同时提前安排好各单位人员、各种资料和器材,随时准备进入服务场所。

二、布展期间工作内容

(一) 展位画线

展位画线是指由主场搭建商按照各参展单位租用的场地面积和位置,画好每一个展位的地域范围,确定每一个展位的具体位置,目的是方便参展商在自己租用的地方进行展位搭建和展品陈列。

(二) 展馆地毯铺设

展馆地毯铺设是指主场搭建商在特定区域按计划铺设地毯。这些特定区域是展馆计划铺设地毯的地方,如展馆的公共区域、展位等处。现在展览会一般都会铺地毯,一方面可以防止展会现场尘土飞扬;另一方面可以提高展会的档次,提升展会形象。

(三) 参展商报到和进场

参展商到达展馆后凭合同书/参展确认函等资料到参展商报到处报到,领取参展或布展出入证件,展会服务人员应协助其了解与展会相关的各类服务信息和规定并提供相关的展会资料,如所有告知性文件、通知、注意事项或会刊、参展商手册等。这些资料的发放一方面可以减少参展商咨询同类简单问题的频率,另一方面也可体现组展方的服务水平。无特殊需求的参展商可直接进入展馆布展,对水、电、网络、电话、租赁、物流服务等有特殊要求的参展商应先到特殊服务处办理,办理后再进入展馆布展。

(四) 展位搭建协调工作

在展位搭建过程中应设置相关的现场协调人员,协调运输、搭建、各展商之间的工作,根据物流进馆计划掌控进馆的时间进度。组展方要监督所有承建商的工作,督促其必须按展会要求进行展台搭建,同时组展方还要及时处理展位搭建中出现的各种问题。一般来讲,所有的参展商都应在规定的时间内完成布展。但是,由于个别参展商自身的参展经验不足,或展品未能按时到达展台等多种原因,经常会有一部分参展商无法在规定时间内完成布展工作。因此,为了保证整个展览的如期进行和其他后续工作的及时跟进,需要有专门人员负责告知参展商布展的具体时间节点,并尽可能督促其在该时间内完成布展。同时,在闭馆之前,参展商应根据布展的实际情况尽快决定当晚是否需要向场馆申请加班,并决定由谁提出申请(组展方统一申请或参展商个别申请)。此外,个别参展商会在开幕式当天上午才匆匆赶到,或者其展品刚刚到达场馆,需要安排运输。对于这样的参展商及展品,在开展前一天,组展方应安排好展商、展品进出的临时通道,并要求主场搭建商、物流服务承包商、场馆方工作人员提前到位，协助该参展商。

(五) 现场施工管理和验收

组展方要派专门人员对各承建商的现场施工进行管理，如现场用电、用火、噪声、展位高度控制、电线线缆的安装和走向、灯光的设计和使用、搭建展位材料的防火性能、展位之间通道宽度的控制、重型机械的地面承重控制、标准展位标准配置等，避免施工现场秩序混乱和留存安全隐患。

(六) 海关现场办公

海外参展商要及时办理海关通关手续。如果海外参展商比例较大，可以邀请海关现场办公。对于所有海外参展展品，组展方和参展商要配合海关进行现场抽样检验。海外参展商的展品一定要符合我国相关的法律法规。如果展览现场发现参展的农产品类展品存在明显不符合《中国出入境检验检疫有关规定》而带有安全隐患的，参展商必须立即进行彻底消杀，并按规定送到指定的填埋场深埋或焚毁，由此产生的费用由参展商自行负责。

(七) 展位楣板的制作、安装和核对

展位楣板上标有参展商的单位名称(中英文)和展位号，有的还有参展商的企业标志或展品商标。这些内容是参展商形象的体现，对参展商非常重要，因此展位楣板的制作和安装一定不能有丝毫的差错，组展方要派出专门人员认真核对。

(八) 现场安全保卫工作

组展方在掌握搭建商、物流商的"工作计划表"的基础上，要全程监督其工作进度和流程，控制好现场的布展节奏。组展方要派专人对搭建商搭建、物流商运输时的消防安全、人身安全和展品安全进行管理，具体要做好以下事宜。

1. 成立安全保卫办公室

一般大型会展活动都会专门成立安全保卫办公室，其职责主要有：①负责展览场所和重要活动安全保卫工作的组织和领导，包括制定各种保卫方案和措施，协助各级公安部门的行动；②指导和提醒各参展商做好自身的安全保卫工作；③确保展馆的防火安全；④维护会展活动现场及其附近道路的交通秩序；⑤负责发放内宾证和车证。

2. 监督检查是否符合消防安全规定

每个场馆都会有相应的消防管理要求，组展方要在提前告知参展商的基础上，在现场与场馆人员、消防驻场馆专员、保安人员一起监督参展商的布展工作，保证所有设施和材料都符合消防规定。

3. 为展览会进行投保

为展览会投的保险，主要是第三者公共责任险。为了保证参展商、工作人员和观众在

展览期间的合法权益,要及时制止和纠正危险操作行为,并预先办理保险事宜。

4. 提醒参展商对展品和个人物品进行投保

提醒参展商对展品和个人物品进行投保。如果搭建商和运输商在作业过程中损坏了展品,组展方应督促其按照责任书向保险公司申报。组展方负责展会一般安全保卫工作,对于参展商的展品丢失、损坏和人员意外伤亡等不负责任。

5. 展场设置紧急疏散及逃生标志

可以制作一些安全小册子、标牌等,前提是组展方要确保所有参加展会的客户和工作人员都能读懂这些标牌。例如,可采用的最优撤出路线、出口标志、急救标志、警告标志、紧急援助电话等。

6. 向参展商发放安全通告并进行巡视

在布展期间要向参展商发放安全通告并对参展商进行监督,使参展商严格按照安全通告的规定进行操作。

7. 同相关部门建立良好的合作关系

在展会开幕前,要陪同消防和安保部门对所有的展位进行一次全面系统的检查,保证展会符合消防和安全要求,彻底清除可能存在的安全隐患,并且确定一旦展会出现安全问题能得到相关部门的帮助。

8. 消防和安全检查

所有的展位布置完毕以后,组展方要派专人陪同消防和安保部门对所有的展位进行一次全面系统的检查,目的是保证展会设施符合消防和安全要求,彻底消除展会现场可能存在的安全隐患。

9. 现场清洁和布展垃圾的处理

展览现场保洁工作分别由场馆方、主场搭建商和特装搭建商分工负责。展览场地内公共区域的清洁工作由场馆方负责,如通道、厕所、餐厅等。展台内的清洁按"谁搭建、谁负责保洁"的原则来分工,即标准展台内的清洁由主场搭建商负责,特装展台内的清洁由特装搭建商负责,不能将垃圾随意丢弃在展馆内及展馆外围。若在布展前向场馆方交纳了清洁押金,则在清理完毕后可到场馆方设置的现场服务台或其他相关管理部门处进行确认并领还清洁押金。为避免因手续繁多而引起参展商不满,有些组展方会统一向场馆方支付清洁押金并取得主场搭建商的现场协助。对于展台内的生活垃圾,组展方应督促参展商倒入指定的垃圾桶内,以保持展台内的清洁。

在布展期间,组展方往往会忽略对展品包装箱的堆放和保存的管理。为了展览会的整体形象,应避免空箱凌乱地堆放在展馆内外,组展方应在进馆前指定空箱堆放的区域(可以分主场物流服务商和参展商自运区域),由主场物流服务承包商统一管理,在展览结束对其进行清理,之后重新使用。

10. 服务标识的检查

组展方应指派专人检查并确认各种服务标识，包括序幕大厅的布置、提示牌设置、嘉宾休息室布置、各服务点布置等。序幕大厅的布置主要包括展馆、展区和展位分布平面图，以及各服务网点分布图、各参展企业及其展位号一览表、展会简介牌、展会参观路线指示牌、展会宣传推广报道牌、相关活动告示等方面。提示牌设置主要包括设置各展馆(展区)展览内容提示牌、参观线路指示牌、本区服务网点提示牌、至其他展馆(展区)的路线提示牌、本展区及其展位号一览表等。这些提示牌要放在显眼的位置。嘉宾休息室布置主要包括确保咖啡、茶水、小点心、展会介绍资料齐全以及服务人员及时到位两方面。各服务点布置包括设置网点集中处理参展商展具租赁、用水用电的额外申请、翻译、通信、信息咨询等。

第二节 会展开幕式策划

案例8-2 中国2010年上海世界博览会开幕式

举世瞩目的中国2010年上海世界博览会开幕式于4月30日晚在上海世博文化中心隆重举行，时任国家主席胡锦涛出席开幕式并宣布上海世博会开幕，党和国家领导人以及来自世界各地的领导人和贵宾出席了开幕式。

上海世界博览会是继北京奥运会后在我国举办的又一国际盛会，也是第一次在发展中国家举办的注册类世界博览会。本届世博会的主题是"城市，让生活更美好"，来自世界各地的参展方将通过展示、论坛、表演等形式，共同探讨城市未来发展理念，尽情畅想人类进步美好前景。

夜幕降临，浦江两岸华灯璀璨，世博园内流光溢彩。造型宛如飞碟的上海世博文化中心内，8000多名观众欢聚一堂，热切期待盛会开幕时刻的到来。

20时许，在欢快的乐曲声中，胡锦涛和蓝峰等走上主席台，向观众挥手致意，全场响起长时间的热烈掌声。

场地中心舞台的大屏幕上呈现出中国韵味的彩墨荷花。700名少女站在舞台上亭亭玉立，手中变幻出晶莹剔透的水晶球；无数个白色浮球从天而降，组合成一只象征和谐美好的和平鸽；身着我国各民族服饰的男女青年，在《和谐欢歌》的歌声中翩翩起舞……创意独特、浪漫瑰丽的开幕式序演，表达了全国人民喜迎世博的真挚情感，把现场气氛烘托得热闹非凡。

20时10分，主持开幕式的中共上海市委书记、上海世博会组委会第一副主任委员俞正声请全体起立,军乐队奏响中华人民共和国国歌,鲜艳的五星红旗冉冉升起,在会场上空高高飘扬。伴随着国际展览局曲和上海世博会主题曲,国际展览局旗和上海世博会旗也相继升起。

参展方旗帜入场式开始了。青春焕发的少女手举参展国家和国际组织的旗帜,踏着音乐的节拍,从舞台两侧次第入场。上海世博会共有246个国家和国际组织参展,国际参展方数量创造了世博会的历史纪录。五彩缤纷的旗帜组成了气势宏大的旗阵,象征着四海宾朋欢聚上海、共襄盛举。

国务院副总理、上海世博会组委会主任委员王岐山在开幕式上致辞,感谢国际展览局的成员国,感谢246个国家和国际组织以及中外企业的参展方,感谢全国人民尤其是上海市人民和上海世博会的建设者、工作者和志愿者。他表示,第一次以"城市"为主题的上海世博会,将打开未来城市的大门,引领新的生活方式,促进人与城市、自然相和谐,推动建设平安、文明、幸福的城市。我们会以周到的服务、真诚的笑容,让所有观众在中国体验一届成功、精彩、难忘的世博会。

国际展览局主席蓝峰用中、英、法三种语言致辞,表示相信这次世博会将促使人们提高认识,努力建设更持久、更公正、更安全、更和谐的城市。他预祝上海世博会圆满成功。

20时29分,激动人心的时刻到来了。时任国家主席胡锦涛用洪亮的声音宣布:中国2010年上海世界博览会开幕!

顿时,场内彩旗挥舞、鼓乐震天,大屏幕上百花绽放、笑脸灿烂,舞台上少年儿童欢呼雀跃、各族青年载歌载舞;场外五彩焰火腾空而起、辉映夜空。场内场外激情相应、欢声相连,共同庆祝上海世博会盛大开幕。

随后,中外艺术家联袂登台,为观众奉献了一台精彩的大型文艺演出。整台演出分4个章节,气势恢宏、热情洋溢的表演,引起现场观众强烈共鸣。三名中国歌手唱起优美抒情的歌曲,兴高采烈的孩子们手持"海宝"、挥动彩带,来自世界各大洲的艺术家踏歌而舞。

第一章节《相约上海》用明快的歌舞、款款的深情,营造出"海内存知己,天涯若比邻"的浓厚氛围。1867年巴黎世博会之际创作的《蓝色多瑙河》奏响,为上海世博会编配的《新上海协奏曲》弹起,155名芭蕾演员在琴声中优雅起舞,大屏幕上依次呈现过去历届世博会上展出过的新发明、新产品。

第二章节《江河情缘》通过多瑙河与长江跨越时空的深情对话,表现了新时代中国海纳百川的胸襟和朝气蓬勃的活力。美国歌手倾情献唱专为上海世博会创作的歌曲《城市,让生活更美好》,南太平洋民族歌舞《勇敢的号角》粗犷奔放,日本歌手动情唱起经典名曲《星》,非洲歌舞《一种爱》热力飞扬,意大利盲人歌唱家引吭高歌《今夜无人入眠》。

第三章节《世界共襄》充满浓郁异国情调,传递出世界各地人民对上海世博会的真诚祝愿,赢得现场观众一次次热烈的掌声。"这一刻您把世界交到我手中,这一刻分享城市晚风，这一刻我们聆听心灵的沟通，这一刻生命和谐永恒……"上海世博会主题歌《致世博》唱响了。在炫目变幻的五彩灯光中，舞台中央缓缓升起一朵象征五大洲人民团结友爱的"友谊之花"，花瓣徐徐旋转，合拢成人类共同的地球家园。随后，舞台上出现了温馨的一幕：三个不同肤色的三口之家走到一起，把青海玉树地震灾区的两名藏族孤儿护拥在中间，不同国家、不同民族的孩子们手拉手，小脸上荡漾起友爱的表情。伴随着欢快热烈的歌声，75名演员飘然飞向天空，拼搭起"心手相连"的造型……

最后一个章节《致世博》感人肺腑，表达了在地球上繁衍生息的人们心手相连、共同开创美好生活的深刻主题。世博文化中心内，歌声如潮，舞姿翩跹，欢声雷动，整台演出达到了高潮。

文艺演出结束后，胡锦涛等来到世博文化中心的室外平台，兴致勃勃地观看大型灯光喷泉焰火表演。火树银花夜上海，姹紫嫣红黄浦江。矗立在西岸的巨大电子屏幕上，"有朋自远方来不亦乐乎"10个大字格外醒目；川流不息的江面上，绚丽的焰火跳起多姿的水上芭蕾……以"五洲欢庆"为主题的灯光喷泉焰火表演，分《中国欢迎您》《欢聚在世博》《世界同欢庆》三个章节依次展开。红色礼花弹飞上夜空，红色激光束齐射江面，黄浦江犹如铺上了巨幅红地毯；彩色灯束从两岸交错着伸向天空，在南浦、卢浦两座大桥间搭起辉煌的"光芒之桥"；6000个三色发光球顺流而下，200多艘旗船浩浩荡荡逆流而上，在江中心交汇成锦绣灿烂的壮观场面；伴随着《梁祝》的优美旋律，一道道水柱婀娜起舞，与璀璨的焰火构成如真似幻的"水火交响曲"……整个表演绚丽多姿，令人目不暇接。最后，在振奋人心的旋律中，密集喷放的焰火争奇斗艳，所有光束、喷泉都加入了狂欢，大屏幕上交替出现大红灯笼、中国结等吉祥图案，焰火绽放形成无边星雨从天而降，为上海、为中国、为人类的未来送上最美好的祝福。

资料来源：孙承斌，等. 中国2010年上海世界博览会4月30日隆重开幕[EB/OL]. (2010-05-01)[2022-03-05]. https://2010.qq.com/a/20100501/000170.htm?Pc.

思考题： 您能从案例中分析出开幕式包括哪些内容吗？

开幕式是宣布各种会展活动正式开始的具有象征性和标志性的仪式。开幕式广泛应用于各种会展活动中，各种"会"（展览会和会议等）、各种"节"（电影节、艺术节等）都可以举行开幕式。开幕式是会展活动现场服务中的重要环节，可以起到扩大会展社会影响、提高会展社会知名度和树立良好社会形象的作用，因此做好开幕式的策划工作对会展活动的成功举办有重要影响。

一、开幕式现场设备设施的安排和环境布置

开幕式一般在活动现场举行，地点可以选择在场馆内或场馆外。根据举办场地的不

同,现场布置也是有区别的。

如果在场馆外举行开幕式,现场应布置展会背板、门楼或展览会横幅,背板上的内容主要是活动名称、时间、举办单位等;舞台主持、发言台的布置要简单大方;同时在场地四周可悬挂横幅、标语、气球和彩带等;要将赞助商的广告牌、空飘气球等布置在合适的位置。

如果在场馆内举行开幕式,一般是在外广场布置广告牌、空飘气球等;在观众进口处设置观众登记处;室内布置舞台、背板、横幅、发言设施、鲜花、绿色植物等。此外,还应在舞台四周布置活动简介牌、现场平面图、活动宣传推广报到牌、相关活动告示牌等。

对于在室内举行的开幕式,为保证仪式的效果,组展方还应派专人控制现场的扩音视频设备、照明设备和空调设备等。

对于需要来宾站立的开幕式,要在来宾站立处铺设红地毯,以示仪式的庄重和对来宾的尊敬。

二、开幕式

举行开幕式前,应确定开幕式的时间和地点、邀请出席开幕式的主要嘉宾、准备开幕式讲话稿和新闻稿、选择开幕方式,还应遵循一般的程序。

(一) 确定开幕式的时间和地点

确定开幕时间时,应充分考虑当地交通、气候及工作习惯等因素,开始时间不宜太早,一般在10:00开始;开幕式持续时间不宜过长,否则嘉宾和观众都会厌倦。一般开幕式举行完之后都会请嘉宾和观众参观展览会,应留出这部分时间,因此开幕式的持续时间一般为半小时至一小时为宜。开幕式的地点一般安排在展馆前的广场或室内,以方便参观人员在开幕式结束后入场参观为原则。如在开幕式中有表演活动,要注意安排好表演的时间和地点,使表演起到烘托气氛的作用。

(二) 邀请出席开幕式的主要嘉宾

开幕式的主要嘉宾有行业主管部门官员、行业协会与商会领导、外国驻华机构代表以及其他有关人员。对这些主要嘉宾要做到:一是有专人接待;二是引导其做好签到工作;三是安排好嘉宾在主席台或会场前排的位置。

(三) 准备开幕式讲话稿和新闻稿

会展活动开幕式讲话稿和会展活动新闻稿在内容上比较相似,两者的区别是会展活动开幕式讲话稿比新闻通稿更简化。在这里,重点介绍新闻稿。组展方要认真准备会展活动新闻稿,因为它是各新闻媒体报道展会的基调,是媒体和记者对会展活动的第一印象。准备会展活动开幕式新闻稿要注意以下事项。

1. 选题定位要适当

新闻稿的选题定位要适当，应充分考虑到展览题材所在行业的发展特点、亮点和趋势，并从中提炼出展会的时代特点。

2. 展示会展活动的特点和亮点

会展活动的特点和亮点是记者报道会展活动新闻的依据，因此要以醒目和方便阅读的方式展现在读者面前。

3. 对会展活动内容进行全面和系统的介绍

新闻稿要对会展活动内容进行全面和系统的介绍，主要包含会展活动的翔实数据，例如展览面积、参展商数量、预计观众数量等，因为翔实的数据更能说明会展活动的具体情况。

4. 附上背景材料

新闻稿还应该附上背景材料，如出席开幕式的嘉宾名单、会展相关活动安排、会展活动的行业背景和相关图片等。对于一些重要的相关活动，还可以附上专门的介绍材料。

(四) 选择开幕方式

开幕式有多种开幕方式，主要有鸣放礼炮、嘉宾剪彩、启动按钮和领导宣布开幕等。

鸣放礼炮应用于盛大庆典和迎宾仪式中，这样的会展活动规格应该是最高的。在会展开幕式中如果鸣放礼炮，要事先安排好布置礼炮的地点和鸣放礼炮的时机。在迎宾仪式中也会鸣放礼炮，最高规格是21响，一般是迎送国家元首或其他相应级别的人；其次是19响，用于迎送政府首脑或其他相应级别的人；再次为17响，用于迎送副总理级官员。

嘉宾剪彩时要注意人员的站位。剪彩时身份最高的人员居中，其他剪彩人员按身份高低以先左后右的顺序排列；对于双方联合主办的剪彩仪式，可按主左宾右的位置排列。剪彩时要播放欢快的音乐，参加人员要鼓掌祝贺。

领导讲话要事先准备好发言稿，不宜长篇大论，要尽量简明具体，不必多说客套话，"欢迎""感谢"之类的用语要尽量归纳，以节省鼓掌时间；使用现场翻译时，讲话人与译员要互相配合；在开场称呼中，按国际惯例称"女士们、先生们"，或"贵宾们、女士们、先生们"，后面不必再加"朋友们、同志们"。

(五) 开幕式的一般程序

工作人员引领国内外嘉宾至开幕式主席台就位；以适当方式介绍开幕式主持人身份，主持人介绍到会嘉宾；重要开幕式应奏国歌和举行升旗仪式；请有关领导讲话，一般先由主办单位的领导发表简短讲话，然后由嘉宾代表致贺词，最后由主办方身份最高的出席者致开幕词；有关领导宣布开幕，启动按钮或举行剪彩仪式或鸣放礼炮；主持人宣布开幕式结束并请各位嘉宾和观众进场参观。

三、开幕酒会

在开幕当天中午或晚上,为了招待出席开幕式的领导、嘉宾、媒体和参展商代表,组展方一般会举行开幕酒会。开幕酒会是会展活动的一项重要公关活动,它可以促进展会与参展商、行业领导和其他有关方面的交流沟通。组展方应事先确定酒会的时间、地点、出席人员、酒会方式、酒会标准、媒体接待工作。

(一) 酒会时间

酒会时间一般为开幕式当天中午或晚上,安排在晚上的酒会应注意开始时间要适宜,不宜太早或太晚。太早开始没有气氛,太晚开始会影响贵宾休息和第二天的工作。

(二) 酒会地点

酒会地点最好安排在离展馆不远的酒店。选择酒店时要考虑到酒店的档次、接待能力、交通便利性、安全性等因素。我国酒店分为5个等级,即一星、二星、三星、四星、五星,最高为五星级酒店。酒店等级主要依据酒店的位置、设施配备情况、服务水准的高低来进行综合评判。虽然目前国际上在划分酒店等级方面还没有正式的规定,但有些标准已得到公认,如酒店的清洁程度、设施水平、家具品质、酒店规模、豪华程度、服务质量、管理水平等。因为开幕酒会邀请的都是贵宾,因此选择的酒店最好在三星级以上,这样不仅可以提升组展方的形象,还能与这些贵宾建立良好的关系,从而促成长久合作。

(三) 出席人员

一般来说,酒会出席人员包括出席开幕式的领导和嘉宾、组展方的领导和代表、行业协会和商会的领导、参展商代表、行业主管部门官员、新闻媒体、工商管理部门代表、有关驻华机构代表等。组展方应事先确定出席人数,对出席人员发出正式邀请函,并派专人落实人员到会情况。

(四) 酒会方式

酒会开幕前可安排鸡尾酒会。鸡尾酒会以供应各种酒水饮料为主,附设各种小吃、点心和一定数量的冷热菜,它无须豪华设备,是一种既活泼又简单的会客方式,通常中午、下午、晚上均可举办。

酒会正式开始前可由会展主办单位领导致简短欢迎词,并安排有关领导发表简短讲话。酒会可采用自助餐或围餐的形式,席间可安排表演活动活跃气氛。

(五) 酒会标准

酒会标准可按每人或每桌标准来计算,酒会档次要适当,不能太高也不能太低。太高的话,组展方的成本就会增加;太低的话,又显得不够档次,贬损了组展方的形象,甚至会使参加酒会的嘉宾怀疑组展方的诚意。

(六) 媒体接待工作

媒体接待工作主要有开辟新闻中心、发放新闻袋、组织新闻报道与采访三部分。

在酒会开始之前,组展方要在酒店中开辟一定区域作为"新闻中心",供新闻记者采访使用;在媒体记者到达之后发放新闻袋,新闻袋中是与此次展会相关的资料;做完上述工作后要组织好新闻媒体的采访与报道工作,如果新闻媒体记者要对领导或参展商进行采访,组展方要积极帮助协调。

总之,开幕酒会是组展方联络各方感情,与各方进行面对面交流、沟通的一种非常好的方式。因此,组展方要精心筹划开幕酒会,以达到促进各方交流、沟通的目的。

第三节 开展期间服务策划

开展期间服务是指会展项目在展览期间到展览闭幕这一段时间办展机构对会展相关人流、展品流、信息流的组织管理。开展期间服务是办展机构对会展活动进行组织管理的集中体现,是办展机构与参展商和观众等相关方面面对面的交流。它所包含的事务很多,需要多方面的协调配合,如某一方面服务工作出现疏忽或失误,就可能对会展活动造成严重影响。因此,办展机构对开展期间的服务策划极为重视。

一、观众登记与入场

观众登记与入场工作是会展活动的门户,所有到会观众必须先登记才能入馆参观。观众登记与入场工作不仅关系到现场秩序的稳定,同时能为会展活动目标观众数据库提供重要的信息来源和客户分析的第一手资料,对组展方改善客户关系和调整宣传推广策略起着重要作用。因此,观众登记与入场工作对会展现场工作十分重要。

(一) 预登记观众

开展前已收到邀请函并决定参观的观众,称为预登记观众,一般为专业观众。预登记观众需填写邀请函上的附表,即回执表,并以邮寄、传真或E-mail的方式将回执表发给办展方,办展方进行信息确认,将参观信息编码告知观众。预登记观众现场参观时,凭借邀请函或编码信息换取参观证,即可直接通过展馆入口换证进入展馆。有些会展活动在发放观众邀请函之前,已进行编码并将其印制在邀请函上,因此,持有邀请函的观众需填写邀请函上的附表,然后便可直接通过展馆入口查证处扫码进入展馆或换证进入展馆。

(二) 非预登记观众

未收到邀请函而又参观展会的观众,为非预登记观众。一般在展馆序幕大厅或者专门的观众进馆大厅内设立观众登记处、观众登记通道及观众换证处。观众登记处台位数量、通道数量及观众换证处台位数量应根据会展项目的预估观众规模合理设立。非预登记观众应先在观众登记处填写"观众登记表",经会展接待人员审核无误后进入观众登记通道,有序地到观众换证处换取参观证件进入展馆。

(三) 对专业观众的服务

1. 现场咨询

设立单独的观众接待台,提供咨询、处理投诉服务。

2. 贸易配对服务

专业观众进行在线登录时,选择感兴趣的展品类别,组展方将根据他们的兴趣提供相应的参展商名单和产品信息。专业观众在展览会网站上浏览参展商名单,寻找他们感兴趣的参展商和产品,并可约定与某一参展代表的现场会谈。

3. 餐饮、休息和娱乐活动

在展会现场设置一定的餐饮服务柜台,设置专门的休闲、娱乐场地。

二、参展商行为管理

参展商行为管理的主要工作依据是参展合同和参展指南。其中参展指南是指展览会主办单位为向参展单位提供一系列服务所参考的书面材料,它包括展示厅示意图、展览会期间有关安排及规定、参展商进入场馆的规定、参展商在现场工作的规定、各种展具及相关物品的租用、水电气租用、展品运输、旅行及酒店住宿、会刊广告、展厅现场广告和参观券索取等内容。参展商按照参展指南的说明进行展前准备、展中管理及展后清理等工作的部署和安排。在布展(尤其是某参展商需要特装时)、开展和撤展等不同阶段,展览会主办单位都应和参展商进行有效的沟通,确保他们的行为符合参展合同规定,尤其是展览场馆的使用规定。必要时主办单位可以采用强制性措施,以维护绝大多数参展商的正当利益,保证整个展览会的顺利进行。在展会现场常见的违规行为有转让或转租(卖)展位、从事现场物品买卖活动、提前撤展、促销活动影响其他参展商等。一般情况下,组展方都会对参展商在展出期间的行为提出一系列规定,以便展览工作的有序、顺利开展。

三、证件管理

常见的证件有贵宾证、参展商证、筹(撤)展证、专业观众证、记者证、工作人员证、车辆通行证等。

在进行证件管理需要注意以下事项：第一，版面设计与展会风格一致。第二，便于区别管理。比如可以通过标志区别展会，可以通过色彩区别参与者身份。第三，证件发放要规范，确保一人一证、人人有证、人证相符。第四，明确制定管理规范，包括证件的申办和审核程序，证件的种类和适用范围，证件的使用规定，证件被盗用后的处置规定。第五，采用信息技术管理，如条形码管理、指纹证件等技术。

四、公关和重要接待活动

会展活动期间，组展方往往会安排一些重要的公关活动，如邀请重要领导参观和视察会展活动、接待外国参展商和参观代表团、接待行业协会和商会的考察、接待外国驻华机构代表的访问等。这些公关和接待活动有利于扩大会展活动的影响力，对树立会展活动良好形象起着重要作用，因此要做好这些接待工作。

（一）准备工作

（1）要安排专门的接待室，接待室要整洁干净。若接待室可以吸烟，将烟灰缸放在茶几上；若不允许吸烟，应在接待室中放置标语标牌提示贵宾。

（2）要准备好来宾的签到处和贵宾留言簿，最好是红色或金色锦缎面的高级留言簿，同时准备好留言用的文具。

（3）为了便于贵宾了解会展活动的情况，组展方可以印刷一些材料，如会展活动的内容、意义以及来宾名单和致辞等。

（4）开幕式之前，要考虑贵宾的座席安排。在有座席的情况下，贵宾必须要有席卡。需要贵宾致辞、剪彩的，一定要安排好顺序，根据需要配备翻译。

（二）迎接工作

开幕式开始前半小时，组展方要安排有一定级别的领导者在展会入口迎接贵宾，同时了解每一位贵宾的姓名、单位、职务等信息并安排好休息室。

（三）接待工作

贵宾抵达后，接待部门要安排专门的工作人员引路，将贵宾送到贵宾室，组展方的主要领导要在贵宾接待室迎接。贵宾在贵宾室的活动主要是在签到簿上题词或签字，同时佩戴胸花等。

五、媒体接待与采访

安排一些媒体对会展活动进行参观和采访,或有意识地对外发布一些关于会展活动的新闻,可以扩大会展活动的影响力。因此,在展会开幕前,组展方要联系相关媒体,为召开新闻发布会或邀请媒体记者采访编写新闻报道做准备。在进行媒体接待策划时需做到以下几点。

(一) 确定媒体接待人员

展会可以组织、引导和安排各新闻媒体对展会进行新闻报道,配备专门人员负责接待媒体,为各媒体记者提供必要的展会资料,积极回答记者的提问并帮助协调媒体记者采访某些参展企业、目标观众或嘉宾。

(二) 确定提供给媒体的新闻资料

展会可以根据不同媒体的不同新闻需求向其提供不同的展会资料。在保证报道基调统一的前提下,引导不同的媒体全方位地对展会进行报道。提供给新闻媒体的资料一般有展会开幕新闻通稿、展会背景和特点介绍、展会会刊、展会的统计数据、展会相关活动安排计划、展会参展指南和一些小礼品等。

(三) 提供必要的硬件服务

组展方需提供的必要的硬件服务包括水、电、灯光等。此外,组展方在展会现场应适当开辟一定的区域作为展会的"新闻中心"供媒体记者直播或采访使用,并配备相关的物品和设备。

(四) 及时反馈各种采访报道

组展方在展览期间及展览过后要及时收集和整理新闻媒体关于此次展会的各种采访报道,分析这些报道的内容是否符合展会发展的需要,分析需要改进的地方,以便采取相应的措施。

六、现场安全保卫工作

安全保卫是会展活动运作过程中的第一要务,在会展活动中发生的任何安全问题都会产生很大的负面影响,不仅有可能造成参展商、观众的人身和财产损失,也会对组展方的形象造成负面影响,因此做好展会现场安全保卫工作至关重要。

组展方一定要对会展活动现场进行安保检查,安保检查的项目主要包括消防安全、人员安全、展品安全和公共安全。

(一) 消防安全

展会开幕前后,展区内人员密集、展品众多,展会的消防安全十分重要。主要应检查各参展商用于展位搭建的材料是不是防火或耐火材料;参展商在展位搭建和展品演示时使用的电力是否符合要求;展位之间的通道是否有一定的宽度等。

(二) 人员安全

首先,组展方要提醒参展商认真阅读场馆相应的施工规定并严格按规定进行施工以保证人员安全;其次,提醒参展商为其参展工作人员购买保险以保障其人员的安全;最后,组展方要制定详细的消防预案,做好防火、防爆、防盗、防恐怖袭击措施,以防止观众受到不必要的人身伤害。

(三) 展品安全

展品安全应注意两点:一是对于那些在搬运或展出过程中易出现损坏、破碎等问题的展品,组展方可以提醒参展商为其展品购买保险,以减少损失;二是要防止展品被盗,组展方要安装夜间保险设备,以供参展商使用,并加派人员对参展的展品进行看管。

(四) 公共安全

组展方要聘请专门的保安人员24小时巡逻会场,负责展会的公共安全工作。对于大型展览会,根据"谁主办谁负责"的规定,组展方也可提出安保方案并向公安机关申报,获得批准后,公安机关会根据展会的规格、规模等派出必要的警力和安保力量。

七、知识产权保护工作

案例8-3　　　　　　　　　　　**展览会专利侵权事件**

某年,中国国际建筑贸易博览会第一天,会展主办方就收到了浙江某知名装饰品公司和德国某品牌卫浴公司的投诉公函,两家公司声称有十几家参展企业的产品侵犯了他们的专利权,要求主办方给予妥善处理。

主办方首先请两家公司出示他们的专利权属文件,两家公司出示的专利权属文件表明他们的专利均是外观设计专利。根据相关专利法规的规定,外观设计专利权被授予后,任何单位或者个人未经专利权人许可,都不得实施其专利,即不得为生产经营目的制造、销售、进口其外观设计专利产品。主办方律师认为,参展企业展览商品属于许诺销售行为,是一种销售的要约邀请,并不在专利法明确禁止之列;而参展企业一旦在展会上与客户达成订单则属于销售行为,构成对专利权人的侵权。

鉴于此,如果两家企业与其他企业僵持下去,则两家企业暂时并不能控告其他企业侵权,任由其他企业大肆宣传产品,两家企业的利益显然将受到损害;而其他企业也不能在展会上销售其产品,否则将遭受侵权控诉。一时间,主办方进退两难。

资料来源:知识产权律师.展会知识产权侵权案例分析[EB/OL].(2010-02-08)[2022-03-05]. http://www.ch-lawyer.com/zhishichanquanlvshi-intellectual-property-zhishichanquan-lawyer/news_1456.html.

思考题:怎样避免专利侵权事件的发生?

案例8-4

截至2018年9月,上海知识产权法院共受理各类涉展会(博览会)知识产权案件133件。其中2015年50件,2016年40件,2017年36件,2018年1月至9月7件。一审案件93件,占69.93%;二审案件35件,占26.32%;诉前证据保全5件,占3.76%。共审结各类知识产权案件126件,判决结案119件,撤诉5件,调解结案1件,不予受理1件。已判决结案的案件中,法院认定构成侵权的92件,不构成侵权的27件,权利人的胜诉率较高,达77.31%。

从审理情况看,涉展会知识产权案件主要具有如下特点。

(1) 案件来源以权利人起诉为主。该类案件主要是权利人通过诉前证据保全、公证保全等方式固定侵权证据,进而主张被诉侵权人许诺销售被控侵权产品,并以展会地点作为侵权行为地来建立管辖,此类案件占总数的72.18%。

(2) 案件涉及的主体以权利人和参展商为主。该类案件的当事人主要集中于知识产权权利人和参展商,但也有权利人将展会组织者和参展商作为共同被告起诉,且权利人多为企业法人,有111件,占案件总数的83.46%,其中权利人为涉外当事人的有22件,占16.54%。

(3) 案件类型主要是侵权纠纷和不正当竞争纠纷。该类案件主要是侵权纠纷和不正当竞争纠纷,占案件总数的94.74%。主要表现为参展产品侵害他人专利权、商标权、著作权等,也有因擅自使用展会自身的名称、设计等知识产权资源产生的侵权纠纷。

(4) 侵害专利权的案件数量占比过半。该类案件涵盖侵害专利权、商标权、著作权、商业秘密,擅自使用他人企业名称,商业诋毁,虚假宣传等各种类型,但主要是涉及侵害专利权的纠纷,共有82件,占61.65%。其中,侵害外观设计专利权为43件,占52.44%;侵害发明专利权为27件,占32.93%;侵害实用新型专利权为14件,占17.07%。

资料来源:中国上海司法智库.关于近三年涉展会知识产权案件的调研报告[EB/OL].(2018-11-06)[2022-03-05]. https://www.sohu.com/a/273612460_100017141.

思考题:怎样在会展活动中避免侵权事件的发生?

(一) 会展业知识产权侵权表现

知识产权是指自然人或集体对其在科学、技术、文学领域里创造的精神财富依法享有的专有权,主要有商标权、专利权、著作权以及其他知识产权。会展业与知识产权有着密切的联系,会展活动中涉及大量的精神产品,如展台设计、商标权、专利权、著作权、广告手册、宣传标语、图片、产品外观设计等，其中大部分是知识产权法的保护对象。

在我国，由于知识产权保护工作起步较晚，各种与展会相关的侵权行为一直缺乏法律界定和处理规范，会展业成为知识产权纠纷的"多发地"和知识产权保护工作的重点领域。我国会展业知识产权侵权主要表现为以下几方面。

1. 对会展业本身的侵权行为

目前，我国会展业发展迅速，已经拥有一批具有国际水平的现代化会展场馆，培育出了一些高水平的名牌展会(如广交会等)，但会展业知识产权侵权问题也越来越多，具体表现为以下两点。

(1) 冒名招展，克隆展会。一般情况下，组展方为了提高自身知名度和招商引资数量，通常会将设计理念、展台搭建及展会logo展现出来，而这些恰恰会让那些不法者冒用，他们在毫不费力的情况下冒用知名展会的名义骗得参展商来参展，赚取参展费用。

(2) 对会展活动名称的侵权。会展活动名称是用来表明会展活动举办时间、举办地点、举办范围的符号，对会展业各个参加主体都具有非常重要的意义。一些急功近利之人就盗用著名会展活动的名称和内容进行运作，侵犯其知识产权。

2. 会展业侵犯商标权、专利权和著作权的行为

商标权，又称商标专用权，是指商标所有人在法律规定的有效期限内，对其经商标主管机关核准注册的商标所享有的专用权。会展业侵犯商标权行为主要表现为对会展活动会徽(即logo)的侵权和参展商展品的侵权行为。

在我国，"专利"与"专利权"往往是同一含义，即法律赋予专利权人对其获得专利的发明创造在一定范围内依法享有的专有权利。会展业侵犯专利权行为主要表现为：抄袭和盗取他人专利作品，拷贝他人参展项目(包括展品、展板及相关宣传资料)等。

著作权又称版权，是指作者或其他著作权人依法对文学、艺术、科学作品所享有的各项专有权利的总称。会展期间的著作权侵权行为集中表现在复制他人作品的侵权行为上，例如在展览会上使用盗版软件进行现场演示及销售盗版光盘等。

(二) 知识产权保护措施

组展方一定要加强展会期间知识产权的保护工作，避免发生侵权行为。

(1) 组展方在筹展时要加强对参展商有关知识产权的保护和对参展项目(保护展品、展板及相关宣传资料等)的知识产权状况的审查。审查内容包括：涉及专利权的，参展商应当提交专利权证书、专利权公告文本、专利登记簿副本或当年缴纳年费的凭证复印件；涉及商标权的，参展商应当提交商标注册证书及与商标相关的经有关部门确认的有效证明的复印件；涉及著作权的，参展者应当提交著作权登记证书及缴费凭证或相关证明复印件。

(2) 组展方可与参展商签订参展期间知识产权保护条款或合同来加强展会知识产权的保护工作。

(3) 在会展活动现场设立专门的"知识产权保护办公室",主要承担参展商有关知识产权方面的侵权投诉及有关事件的咨询与处理的相关工作。最终,由参展商自己承担侵权责任的法律后果,组展方只是协助处理并禁止侵权展品的展出。

八、其他服务策划

(一) 会展相关活动的协调管理

组展方要安排和协调会展活动期间举办的相关活动,例如对会中会的协调。正规的国际展览会多采用会中会形式加深观众对展览会的理解。会中会较为常见的形式就是推介活动,例如技术交流会,它是针对产品技术含量比较高的展品,由主办方提供场地、茶水服务。交流会的对象是潜在的买家和用户。另有参展商为了推销自己的展品在展会现场进行的一些娱乐表演活动等,组展方要协调管理这些相关活动。

(二) 会展酒店服务

此项服务可以由组展方自行安排、指定旅游服务商或委托专业代理机构进行。由组展方自行安排的需要和宾馆、酒店签合作协议,作为展会接待酒店。应选择离场馆近的、信誉好的酒店,应提供高、中、低不同档次的酒店以供选择,通过"参展手册""服务指南"将酒店基本情况告知参展商和专业观众。指定旅游服务商时要注意指定旅游公司为参展商和专业观众提供酒店、票务、旅游和订车服务,要在展会现场设立接待台。

(三) 现场餐饮

指定餐饮代理商负责供应展出期间的餐饮,为有需要的来宾提供清真餐和其他特殊餐点。

(四) 现场清洁

组展方负责公共区域的卫生清洁工作,在会展活动期间及闭馆后派出专门人员清洁和打扫这些区域;参展商自行负责各展位内的清洁卫生工作。

(五) 现场咨询服务

在显眼位置设立咨询服务中心,设置电脑和电子触摸屏,咨询服务人员要充分了解各种有关信息。

(六) 有关信息的收集整理

会展活动期间收集的信息是改进会展策划与管理的重要参考资料。例如,调查问卷中包括参展商及观众对会展活动各方面的看法和意见,及观众的消费趋向等内容,可据此调整会展策划。

(七) 为与场地部门结算做准备

组展方派专人与场地部门核对展会租用面积、参展类别和各服务收费,准备相关资料和数据,为展会闭幕后与场地部门结算做准备。

(八) 为下一届会展活动做准备工作

会展活动期间,组展方的各合作单位和招展、招商代理一般都会亲临现场,这时组展方可以与他们商洽下一届会展活动的合作与代理等事宜。可在现场设立"招展办公室",为参展商预订下一届展会的展位。

第四节 撤展策划

展会撤展工作主要包括参展商展品处理、展品出馆控制、展位拆除、参展商租用展具退还、展场清洁和撤展安全保卫等工作。

目前,我国很多展会上都存在提前撤展的现象。通常展会开幕式的当天客流量很大,而后几天特别是闭幕式的当天,观众会比较少,这就导致很多参展商为节约开支而选择提前撤展。毫无疑问,提前撤展不仅会扰乱展会现场的秩序,同时会对其他参展商的心理产生影响。因此组展方要制定翔实的方案,妥善处理这种情况。

撤展时间一般为展览会最后一天的15:00—16:00。

一、参展商展品处理

展览结束后,参展商对于展品的处理要提前做好计划和准备。参展商的展品有4种处理方法:出售、赠送、销毁和回运。展览结束后,参展商可以将展品出售或赠送给客户或当地代理商等。如果某些展品不便或不愿赠送、出售,往往就地销毁。对于一些价值较高又无法现场出售的展品,参展商就要回运。国内展品的回运按照参展商的要求运输即可。对国外参展商展品的回运分为两种情况:如果继续参加展会,则由报关运输公司运到其他举办同类型展会的地方;如果不再参加展会,则由海关运输公司将国外参展商的展品运回其所在的国家。

二、展品出馆控制

展品出馆实行"放行条"控制。需要出馆的展品,参展商先要去组展方办公室申请

"放行条"，待组展方相关人员查验展品与"放行条"一致以后才准许其出馆。比较大型的产品由会展物流承包商将其打包并运出展厅，参展商负责把轻小展品带出展馆，所有物品应按租馆合同在规定时间内运出展厅。

三、展位拆除

展位需在展览结束后安全拆除，恢复展览场地原貌。展位拆除分为以下几步：首先，切断展馆总电源，以免发生意外；其次，展品下架后进行展位拆除。展位拆除应遵循"谁搭建谁拆除"的原则，即由主场搭建商搭建的展位，由主场搭建商完成拆除；由参展商自己使用并搭建的，由参展商负责拆除。展位拆除有时比布展更为复杂，也更为危险。因此，组展方要监督各参展商或搭建商按规定程序进行展位的拆除工作。

四、参展商租用展具退还

展览完毕，各参展商临时租用的展具要及时退还展馆服务部门或各搭建商。在退还展具过程中一定要细心，避免展具损坏。如果参展商在退还展具过程中与对方发生纠纷，组展方要从中进行协调。

五、展场清洁

组展方或其指定的搭建商要及时处理撤展过程中产生的垃圾，恢复展馆原貌，不能弄脏展馆地面和其他相关设施。在清理垃圾时要做到全面、细致，尽量将展馆中的每一个地方都打扫干净。

六、撤展安全保卫

展会撤展时场面往往比较杂乱，组展方一定要做好撤展现场的安全和消防保卫工作，协调好物流运输商、展台搭建商和参展商的关系。撤展过程中的安全问题主要集中在两方面：第一，用电安全。展览会正式撤展前15分钟要将电源切断。第二，人身安全。在拆除大型机械设备和大型特装展台时，尤其要注意人身安全。

第五节 会展项目评估策划

一、会展项目评估概述

(一) 会展项目评估的概念

会展项目评估是指评估主体依据一定的标准和程序，对会展项目的方案、过程、结果、影响、价值等进行定量和定性分析与评估的过程，目的在于取得相关信息，作为调整与完善会展项目的依据。

会展项目主体包括项目组办方、上级主管部门、第三方评估、参展商。

项目组办方组织会展项目评估的目的主要有：①向上级主管部门汇报；②自评估以完善会展项目自身与管理；③申报资质与认证。

上级主管部门组织会展项目评估的目的主要有：①作为主管项目，属于主管单位政绩，向社会交接；②通过会展项目评估完善会展，推动相关会展项目在地方或城市发展中的品牌效应；③支持组办方申报相关资质与认证。

第三方评估可能是基于委托方进行的相对独立且专业的评估，也可能是自己组织的独立评估，还有可能是第三方自身作为相关品牌展认证管理方而组织的评估。

此外，还有行业协会组织的评估，这种评估的目的是确定行业标准或推动整个行业发展。这种情况往往是对整个会展行业发展进行评估，而不是对某个会展项目进行评估。参展商自身往往需要对参展效果、工作成果等进行评估。

(二) 会展项目评估的内涵

(1) 会展项目评估既是对会展项目投入的评估，也是对会展项目过程与会展项目结果的评估。会展项目评估经常使用经济、效果、效率、效益、满意度等指标。根据会展项目评估在会展项目过程中的应用，可以将其分为预评估、过程评估和效果评估。预评估主要是对会展项目立项方案的评估，主要评估会展项目未来可能收到的效果、会展项目可行性，为会展项目的最终确立提供决策依据。过程评估是指对会展项目过程的评估，尤其是对会展项目实施过程的评估，主要是为监督与完善会展项目实施过程提供依据。会展项目效果评估是对会展项目最终产生的经济、社会与政治效果进行的评估，既是对会展项目效果的总结，也是对会展项目在业界地位的评估，还能为会展项目品牌未来的发展提供决策依据。

(2) 会展项目评估必须采用多元的科学研究方法：一类为量化方法，如回归分析、时间序列分析等；另一类为定性方法，如专家评断法、主观评鉴法等。

(3) 会展项目评估自身是一种行为过程，这个过程在于确定评估的范围与内容，选择适当的评估组织和程序，收集相关的资讯，分析这些资讯并形成有用的判断结果。

(4) 会展项目评估主要关注会展项目有效性、观众质量及活动参与有效性等指标，也关注会展项目社会性评价、社会效益等指标。

(5) 会展项目评估既可采用量化方法，也可采用专家、观众和参展商判断与描述等定性方法。

(三) 会展项目评估的作用

首先，会展项目评估是评估会展项目成功或失败的基本工具。其次，对会展项目成功或失败方面的评价与总结有助于下一次会展项目决策。会展项目管理者需要对许多利益相关者负责，这就使得会展项目评估对打造会展项目及其管理团队的声誉非常关键。由于利益相关者的需求会发生变化，会展项目管理者需要通过会展项目评估报告或相关文件来强调他们为满足各利益相关者需求所做的努力。

(四) 会展项目评估的驱动因素

会展项目评估的驱动因素有内部因素和外部因素两大类。

1. 内部驱动因素

内部驱动因素即由会展项目组织内部需求驱动的因素。内部驱动因素的作用包括以下几方面。

(1) 产生责任，即通过评估对会展项目组织者产生内部责任。

(2) 决定会展项目组织者的目标是否实现。

(3) 界定并处理问题和挑战。

(4) 判断会展项目管理功能是否达到既定目标。

(5) 预测参与者并分析参与效果。

(6) 决定会展项目对其工作人员及志愿者的价值。

(7) 决定会展项目活力和可持续性。

2. 外部驱动因素

外部驱动因素即会展项目运作的外部环境驱动因素。许多会展项目管理者进行评估不仅是看会展项目的规划、物流、收入等是否实现了他们的目标，还要看会展项目是否满足了投资人、赞助方、利益相关者的要求与期望。外部驱动因素的作用包括以下几个方面。

(1) 满足投资方的资金要求。

(2) 决定会展项目对赞助方的影响程度。

(3) 决定会展项目引起媒体兴趣或报道的程度。

(4) 决定会展项目对会展项目旅游的影响水平。

(5) 决定会展项目对其他相关产业和商业的影响水平。

(6) 决定会展项目能否满足当地利益相关者的需求。

(7) 决定会展项目对其顾客价值满足的水平。

会展项目评估也需要资源。因此，在决定是否需要进行评估时，需要考虑如下问题：是否有足够的资源进行评估？过去是否做过评估？如果有，有多少评估？是什么样的评估？评估报告有什么作用？会展项目经营环境的本质是什么？会展项目评估方案能够被实施吗？是否有足够的信息进行评估？

(五) 组展方评估

组展方评估的目的包括两方面。

1. 基于会展项目自身的考虑

基于自身考虑，会展项目评估的目的是改善会展项目过程与质量、提高会展项目竞争力、打造品牌会展项目。

基于这种目的评价，评估内容主要包括：会展项目管理过程，会展项目结果，顾客满意度，观众、专家和新闻媒体评价等。组展方评估往往和绩效管理或考核结合起来进行，以提高会展项目的实际管理效果。例如，在展前评估阶段，将这种评估与对相关工作人员、部门的招展招商、宣传推广等工作绩效评估结合起来进行；或者说，将评估本身内化在工作流程、标准考核和激励之中。在展中评估阶段，将评估与现场服务、供应商、志愿者评估结合起来进行，从而提高会展项目整体服务效果。在展后评估阶段，将评估与参展商、观众有效性参与结合起来进行，从而提高参展质量。

2. 基于行业认同的考虑

按照行业协会标准，依托行业评估，成为行业认定的会展项目。为此，组展方需要根据行业标准实施自评，从而找到差距，进一步完善相关指标。

评估报告包括会展项目进程报告、专题报告和会展项目最终报告。进程报告往往是为了满足有关方面对展出结果的了解需求而制作的情况简报，包括会展项目过程中依据每一阶段的总结报告所写的小结报告。专题报告包括会展项目财务总结报告、参展报告、观众参与报告、赞助工作总结报告等。最终报告往往需要在展览会闭幕6个月甚至1年后才能完成，这是因为展览效果往往是长期的，因此需要等贸易效果和效益显露更充分以后再进行总结。

二、行业评估与认证

(一) 国外行业评估与认证

1. 全球展览业协会评估(UFI)

UFI是国际展览联盟(Union des Foires Internationales)的简称。在2003年10月20日开罗第70届会员大会上，该组织决定更名为全球展览业协会(The Global Association of the

Exhibition Industry)，仍简称UFI。UFI是迄今为止世界展览业最重要的国际性组织。该组织于1925年4月15在意大利米兰成立，总部现设于巴黎。UFI对申请加入其协会的展览项目和主办单位有严格的要求和详细的审查程序。

(1) 申请程序。准备申请成为UFI会员的机构或者展会主办者必须尽早向UFI提出申请，UFI首先备案。如果申请UFI将其纳入当年工作日程，那么在理论上最迟应于前一年的年底前向UFI秘书处提交所有正式申请文件。申请被受理后，UFI下设的指导委员会将委派一名或者多名代表前往展会实地考察，实地核查所提交材料的情况，然后出具审核报告，相关的所有费用由申请人承担。审核报告由指导委员会先行审核，审核通过后向UFI大会提交认可提议。UFI每年会举办一次全体会员大会，其中一项议程即为审核由指导委员会提交的认可提议，如果会员出席或代表出席人数的2/3支持通过认可提议，则可授予其UFI展会认证资格证书。

(2) 认证标准。UFI认证标准主要包括以下几方面。
① 首先必须获得展览会所在国家有关部门的认可，认可其为国际展会；
② 直接或间接外国参展商数量不少于总数量的20%；
③ 直接或间接外国参展商的展出净面积比例不小于总展出净面积的20%；
④ 外国观众数量不少于总观众数量的4%；
⑤ 展会主办者必须提供专业的软硬件服务，展场必须是适当的永久性设施；
⑥ 所有相关申请表格、广告材料及目录必须使用尽可能广泛的外文，包括英语、法语、德语等；
⑦ 在展会举行期间不允许进行任何非商业性活动；
⑧ 参展商必须是生产商、独家代理商或者批发商，其他类商人不允许参展；
⑨ 严格禁止现场销售展品或者现场买卖；
⑩ 展会定期举办，展期不超过两周；
⑪ 申请认可时最少定期举办过三届展会。

2. 德国博览会和展览会统计自愿审核学会

该机构隶属于德国展览会与博览会协会(AUMA)，德语简称为FKM，总部设在柏林，于1965年由6家德国会展公司共同创建，创建目的是制定统一的展览会相关指标统计审核标准，提升会展数据的透明度和真实性。

FKM的任务是制定展览会数据统计的标准和规则，并聘请专业经济审计机构对会展主办者填报的展览会统计数据进行审核。FKM的成员按照KKM的规则和标准申报会展统计数据，授权的经济审计机构通过随机抽查的方式对各成员申报的会展数据开展审计，包括派人到会展现场了解情况、会展结束后对会展财务进行审计、问卷调查等，然后出具审计报告。

FKM主要是进行三个指标的量化分析和横向对比，包括展览面积、参展商数量、观众数量。展览面积包括净展览面积和毛展览面积。净展览面积主要是指国内外厂商所租用的展台面积，另外还包括被称为特殊区的与展览主题有关的图片陈列区和表演区；毛展览面积需再加上公共通道及服务区面积。参展商是指带有产品或服务的公司及组织，由其职员租用场地参展，如果公司的产品或服务由代理商参展，则该公司不列为参展商。观众数量一般由电子入场系统统计，或统计每天售出的参观券数量。此外，FKM还分析观众结构，是专业观众还是普通观众，以及对观众的来源地、职业、所属行业、职务、年龄、参观频率等各个指标进行细化分析。

经过多年的实践经验，FKM已经成为德国会展品牌和质量的象征，受到参展商和会展主办方的青睐。FKM的审核不是通过行政审批的方式进行的，而是以其公正性、透明性、权威性来吸引会展主办者自愿参加，是用市场手段对会展市场进行规范和监督。如今，越来越多的德国以外的会展主办者申请成为FKM的海外会员。

3. 法国会展评估机构

法国综合性和专业性展览会统计审计办公室(OJS)是法国主要的会展评估机构。该机构于1967年由法国16个专业展览会和23个大众性质的博览会共同发起成立，并在1970年得到法国财政部的支持，成为政府认可的展览统计数据认证机构。

OJS成立的目的是对会展的统计数据进行来自外部的、公正的认证，建立公平的竞争环境，保证会展的透明性，为参展企业和参观企业提供可靠的会展质量信息。OJS对自愿参加这一统计系统的商业性会展进行统计认证，主要认证数据有三种，即会展销售面积、参展企业数量、观众数量。为完成这一工作，OJS在全国组织了12个独立的会计师事务所，每一届展览会均由OJS指定的会计师事务所对三大指标进行统计复查和认证，拟出正式报告，并在网站上公布。

(二) 我国会展业评估与认证

2002年，国家经贸委制定了国内会展行业的第一个专业性展览会等级划分和评定标准，即《专业性展览会等级的划分及评定》。2007年，中国会展业就会展项目评估陆续开展工作，包括中国国际贸易促进委员会(简称中国贸促会)展览部组织业内专家讨论会展行业标准，商务部委托中国会展经济研究会起草国际会展评估标准。2004年6月，全国会展业标准化技术委员会在北京中国大饭店正式成立，第一届全国会展业标准化技术委员会由29名委员组成。委员会主要负责会展术语、条件、环境、等级、评价、分级、管理领域的标准化工作，涉及会展业的策划、组展、搭建、运输、展馆租赁及服务等会展业的各个环节。商务部条约法律司于2008年公布了《中国境内对外经济技术展览会评估标准和认证办法(试行)》。商务部成立商务部展览会评估认证委员会(以下简称评估委)，负责评估认证工作。评估委由相关政府部门、会展行业中介组织和会展研究机构组成。评估委办公室(以下简称评估办)是评估委的常设执行机构，设在商务部对外贸易司。

1.《专业性展览会等级的划分及评定》提出的标准及要求

根据我国2002年制定并于2013年1月修订的《专业性展览会等级的划分及评定》，专业性展览会的等级评定分为三个级别，由高到低依次为AAA级、AA级、A级。等级的划分是以专业性展览会的主要构成要素为依据，包括展览面积、参展商、观众、展览的连续性、参展商满意率和相关活动等方面。专业性展览会的等级是由评定机构依据统一的评定标准及方法评定产生的，其评定结果表示该专业性展览会当前的等级状况，有效期为3年。具体的评定方式按专业性展览会评定机构制定的评定程序和评定实施细则执行。评定机构以文本的形式提出专业性展览会的等级，并出具由评定机构签章的专业性展览会等级证明文书。专业性展览会等级证明文书应列明专业性展览会的等级、专业性展览会的名称、专业性展览会主办(承办)方、连续举办届数、有效期限等。专业性展览会等级的评定采取自愿的原则，主办(承办)方按有关程序向评定机构提出申请，由评定机构予以评定。专业性展览会举办场馆的建筑、附属设施和管理应符合现行的国家、行业和地方的消防、安全、卫生、环境保护等有关法规和标准。

1) AAA级要求

(1) 展览面积。展出净面积不小于10 000平方米，特殊装修展位面积比至少达到50%。

(2) 参展商。行业内骨干企业参展展位面积与展出净面积的比值不小于20%。

(3) 观众。展览期间专业观众人次与观众总人次的比值不小于60%。

(4) 展览的连续性。同一个专业性展览会连续举办不少于6次。

(5) 参展商满意率。参展商满意率的评价按"参展商满意率调查表"的调查结果进行，其中总体评价结论为"很满意"和"满意"的数量总和，应不低于参展商总数的80%。

(6) 相关活动。专业性展览会期间组织与专业性展览会主题相关的活动。

2) AA级要求

(1) 展览面积。展出净面积不小于8000平方米，特殊装修展位面积比至少达到40%。

(2) 参展商。行业内骨干企业参展展位面积与展出净面积的比值不小于10%。

(3) 观众。展览期间专业观众人次与观众总人次的比值不小于50%。

(4) 展览的连续性。同一个专业性展览会连续举办不少于4次。

(5) 参展商满意率。参展商满意率的评价按"参展商满意率调查表"的调查结果进行，总体评价结论为"很满意"和"满意"的数量总和，应不低于参展商总数的75%。

(6) 相关活动。专业性展览会期间组织与专业性展览会主题相关的活动。

3) A级要求

(1) 展览面积。展出净面积不小于5000平方米，特殊装修展位面积比至少达到30%。

(2) 参展商。行业内骨干企业参展展位面积与展出净面积的比值不小于5%。

(3) 观众。展览期间专业观众人次与观众总人次的比值不小于40%。

(4) 展览的连续性。同一个专业性展览会连续举办不少于3次。

(5) 参展商满意率。参展商满意率的评价按"参展商满意率调查表"的调查结果进行，其中总体评价结论为"很满意"和"满意"的数量总和，应不低于参展商总数的70%。

4) 专业性展览会等级评定附加项

(1) 负责专业性展览会具体组织管理工作的主办(承办)方通过 GB/T 19001 质量管理体系认证。

(2) 展馆方通过 GB/T 19001 质量管理体系和 GB/T 28001 职业健康安全管理体系认证。

(3) 装修和搭建的主要承办方通过 GB/T 19001 质量管理体系和 GB/T 28001 职业健康安全管理体系认证。

(4) 展览运输的主要承办方通过 GB/T 19001 质量管理体系和 GB/T 28001 职业健康安全管理体系认证。

注：专业性展览会等级评定附加项不作为专业性展览会等级评定的必要条件，达到的项目在评定时可以加分。

2. 《中国境内对外经济技术展览会评估标准和认证办法(试行)》标准及要求

1) AAA级要求

根据《中国境内对外经济技术展览会评估标准和认证办法(试行)》规定，AAA级对外经济技术展览会应达到如下标准。

(1) 在全国范围内具有突出的示范性、很强的专业性，具体要求包括以下几方面。

① 有来自全国11个以上省(自治区、直辖市)的参展商，且参展净面积(系指参展商租用的面积总额，下同)的比例高于30%；

② 采购商数量不少于观众总数的50%；

③ 展览会的境外采购商不少于观众总数的30%，或者境外参展商(不包括境内外投资商企业)不少于参展商总数的20%。

④ 展览净面积不小于20 000平方米，展览会特殊装修的展位(系指并非按照标准展位方式展示而是专门设计特别装修的展览位置及其所覆盖的面积，下同)面积占展览净面积比例不小于40%，其布展要体现出节约和环保的原则。

(2) 展览会所确定的主题和展出内容符合国家对外经济贸易发展战略导向，做到与市场需求、客户愿望紧密契合，在国内同类别的展览会中具有较大的影响力。具体要考察相关政府部门及行业组织的评价、国内外媒体的反响等。

(3) 展品中经国家有关部门认定的省级以上驰名商标、中国名牌和商务部重点扶持的出口品牌总数应高于该展会展品品牌总数的30%。

(4) 在现场对参展商和采购商的抽样调查中，"满意"和"很满意"的比例均高于80%；表示愿意参加下届展览会的比例高于70%；"不满意"和"很不满意"的比例低于3%。

2) AA级要求

(1) 具有较突出的示范性、较强的综合性或专业性，具体包括以下要求。

① 有来自全国11个以上省(自治区、直辖市)的参展商，且参展净面积的比例高于20%；

② 采购商数量不低于观众总数的40%；

③ 展览会的境外采购商不低于观众总数的20%，或者境外参展商(不包括境内外投资商企业)不少于参展商总数的15%。

④ 展览净面积不小于10 000平方米。展览会特殊装修的展位面积占展览净面积比例不少于30%，其布展要体现出节约和环保的原则。

(2) 展览会所确定的主题和展出内容符合国家对外经济贸易发展战略导向，能与市场需求、客户愿望较好结合，在国内同类别的展览会中具有一定影响力，具体要考察相关政府部门和行业组织的评价、国内外媒体的反响等。

(3) 展品中经国家有关部门认定的省级以上驰名商标、中国名牌和商务部重点扶持的出口品牌总数应高于该展会展品品牌总数的20%。

(4) 在现场对参展商和采购商的抽样调查中，"满意"和"很满意"的比例均高于70%；表示愿意参加下届展览会的比例高于60%；"不满意"和"很不满意"的比例低于5%。

3) A级要求

(1) 展览会已经具备必要的基础规模、一定的增长潜力，具体包括以下要求。

① 采购商数量不低于观众总数的30%，且近三届数量处于连续增长；

② 展览会的境外采购商不低于观众总数的10%，或者境外参展商(不包括境内外投资商企业)不少于参展商总数的10%；

③ 展览净面积不小于5000平方米，展览会特殊装修的展位面积占展览净面积比例不少于20%，其布展要体现出节约和环保的原则。

(2) 展览会确定的主题和展出的内容符合国家产业政策，反映行业先进水平，代表行业发展方向，有利于经济的结构调整和产业升级，对主要行业和区域经济的发展有积极作用。

(3) 展品中经国家有关部门认定的省级以上驰名商标、中国名牌和商务部重点扶持的出口品牌总数应高于该展会展品品牌总数的10%。

(4) 在现场对参展商和采购商的抽样调查中，"满意"和"很满意"的比例均高于60%；表示愿意参加下届展览会的比例高于60%；"不满意"和"很不满意"的比例低于8%。

三、会展项目评估指标

(一) 展览评估指标

1. 展览面积

该类指标包括室内面积、室外面积、净展览面积、毛展览面积、特别展览面积、租用展览面积、闲置展览面积等。

2. 参展商

该类指标包括国内参展商、国外参展商、国内外参展商数之比、国外参展商占总参展商之比、展期各天参展商数、参展商来自国家总数、参展商来自国家构成、参展商满意度、参展企业交易额等。

3. 观众

1) 观众质量指标

(1) 观众数量指标，包括总数量指标和分类指标。其中，分类指标包括性别、年龄、专业与普通、国别等。基于分类及分类与总量指标之间的关系，还可以进一步产生观众结构性指标。

(2) 净购买指标，即最终声称购买、确定购买或推荐购买展出产品的一种或多种的观众比例。

(3) 总的购买计划指标，即在参展接下来的12个月内计划购买一种或多种展出的产品的观众比例。

(4) 观众兴趣因素值，即在被选择的参展公司中，10家公司中至少有2家公司被参观的观众所占比例，也就是至少参观20%的感兴趣展位的观众在全部观众中所占的比例。

(5) 展期各天观众数，即展会期间每天的观众人次。

(6) 观众来源。

(7) 外国或境外观众比重。

2) 观众活动指标

(1) 在每个展位花费的平均时间。该指标表示为总的参观时间除以平均参观的展位数。

(2) 交通密度。它被定义为每100平方米展览面积上的观众平均人数。一般交通密度为3~5时表明展览是成功的和活跃的。

(3) 参加展示与参加相关活动的时间。

3) 观众满意度

观众满意度包括专业观众与普通观众满意度、下次参展意愿等。

4. 展览有效性指标

(1) 潜在顾客。该指标表示在参观中对公司产品很感兴趣的观众的比例。

(2) 展览效率。该指标表示在公司的展览中，与公司一对一接触过的潜在顾客的比例。

(3) 人员绩效。该指标描述在展位上工作的参展人员的质量和数量。

(4) 产品的吸引程度。该指标表示对公司参展产品感兴趣的观众比例。

(5) 记忆度。该指标是指观展人员参观过产品并在8~10周后仍记得产品者占参观人数的比例。

(6) 每个参观者到达的费用。统计值表示为总的展览费用除以到达展位的参观者人数。

(7) 表现优秀的参展公司数量。

(8) 产生的潜在顾客数量。该指标是指在会展中产生的潜在顾客数量。

(9) 潜在顾客产生的销售。这个指标可以直接确定(会展中实现的销售)，或者通过展后几个月内的销售跟踪确定。

(10) 每个潜在顾客产生的成本。

5. 展览的连续性

展览的连续性具体体现为同一展览连续举办的次数。

6. 相关活动

相关活动的指标表现为相关活动数量、相关活动与主题联系程度、相关活动影响力、相关活动满意度等。

7. 举办方

举办方指标体现为举办方的资质、声誉、资金实力、专业能力、经验、有无固定场馆、合作伙伴关系等。

(二) 参展商参展效果评估指标

1. 观众与促销效果

一般来说，公司参展是为了识别潜在顾客，因此参展商需要了解与观众相关的情况，具体包括以下方面。

(1) 观众质量指标。例如，净购买指标、总的购买计划和观众兴趣因素值。

(2) 观众活动指标。例如，观众在每个展位花费的时间、交通密度。

(3) 展览有效性指标。例如，每个潜在顾客产生的成本、记忆度和潜在顾客产生的销售。

2. 相关活动效果衡量

参展商举办的许多相关活动的效果衡量主要包括以下几方面。

(1) 活动参与情况。例如，登记的人数、证实的参与者。

(2) 赞助商和合作商的数量及增长情况。

(3) 产生的潜在客户及收入。

(4) 参与者态度的改变。

(5) 媒体曝光率。

(6) 对主要演讲者的看法。

(7) 参与者对活动的评价。

3. 宣传公关效果衡量

宣传公关效果的衡量主要包括以下几方面。

(1) 媒体见面会的次数。

(2) 联络的媒体数量。

(3) 产生的文章数量。

(4) 文章中提到公司的次数。

(5) 被提及的质量,即这些文章、报道提到的相关公司产品的质量、特点等。

(6) 提及喜欢、不喜欢和中立的态度。

4. 参展工作评估

参展工作评估主要包括以下几方面。

(1) 有关参展目标的评估。根据参展企业的经营方针、战略、品牌策略等,结合参与效果评估参展目标的实现程度。

(2) 参展工作人员态度、工作效果、团队精神等方面的评估。这种评估可为相关内部激励提供依据。

(3) 参展效率的评估,主要测算展台接待效果、展台收益与成本。

(4) 有关管理工作的评估。

(三) 会议评估指标

会议评估指标包括以下几方面。

(1) 会议接待工作如何?

(2) 会议是否准时开始?

(3) 会议人员是否准时到会?

(4) 是否有会议秘书在做记录?

(5) 会场自然环境如何?是否存在外界干扰?

(6) 会场人文环境如何?与会者之间是否有交头接耳现象?

(7) 主持人是否紧扣议题(是否离题)?

(8) 会议是否由少数人垄断?

(9) 与会者发言及讨论是否紧扣议题(是否离题)?

(10) 与会者是否能表明真正的感受或意见?

(11) 与会者之间是否有争论不休的现象?

(12) 与会者是否与会议主席有争论?情况如何?

(13) 视听设备是否正常(是否发生故障)?

(14) 与会者是否热心于会议?

(15) 会场气氛是否热烈?

(16) 会议决策是否正确(是否符合实际,是否有偏颇之处)?

(17) 会议议程是否按预定时间完成(会议是否按预定时间结束)?

(18) 参会人数、构成。

(19) 会议成本与收益指标。

(20) 与会人员满意度等。

思考题

1. 会展现场服务策划包括哪些内容？
2. 简述布展期间的服务内容。
3. 简述开幕式现场策划的服务内容。
4. 简述开展策划期间的服务内容。
5. 简述撤展策划期间的服务内容。
6. 简述会展项目评估的含义、作用。
7. 简述展览评估指标。
8. 简述参展商参展效果评估常见指标。

能力训练

1. 2019年，第十九届"中国北方国际自行车电动车展览会"于3月24日在天津梅江国际会展中心闭幕。此次展会由天津市华轮展览有限公司和天津市轮创科技发展有限公司主办，天津市轮创科技发展有限公司承办。本届展会以"新时代、新标准、新发展、新突破"为主题，从产业发展入手，紧跟国际国内两个市场的需求变化，围绕产业转变发展方式、产业优化升级等多方面对展会进行布局。同时，明确了展会中要更多地展现行业内新材料、精加工、巧构思、高品质、高附加值、标准化、轻量化、智能化、人性化的布局方向。展出范围包括：自行车、电动车整车及零配件；共享单车及相关技术产品；童车及零部件；老年代步休闲产品；新能源绿色交通工具；生产加工设备；环保设备及技术；相关工艺、材料；运动休闲用品、装备；互联网及专业媒体等。本届展会总展出面积超过100 000平方米，标准展位数量达到6000个，参展单位超过600家，200平方米以上的大型特装展位超过100个，最大展位面积达到3000平方米。在注重行业发展的综合效益的同时，展会为参展企业提供了新品推广、品牌营销、贸易洽谈及文化展示的广阔平台，对参展企业拓展经营渠道、开发潜在市场、推动产品创新提供了便利，成为实现产业联动、促进行业发展的风向标。

各任务小组根据上述展会资料，为同等规模的下届展会撰写现场服务策划方案。

2. 首届天津国际器化玻璃实验室装备展览会将于5月份在天津滨海国际会展中心举办，展会的主办方——天津××会展公司(刚刚成立不久)希望在展会现场能给予参展商和观众体贴而又周到的服务。因为优质的服务不仅能成为与上海举办的同题材展会竞争的武器之一，同时关系到参展商与专业观众能否继续参加第二届展会，进而影响到展会的生存与发展。会展活动现场涉及方方面面，对于刚刚成立还从未有过办展经验的主办方来说，如何才能做好周密的会展现场服务策划呢？请同学们展开论述。

参考文献

[1] 陈鲁梅. 会展策划与管理[M]. 北京：化学工业出版社，2004.

[2] 张玉明. 会展服务管理[M]. 广州：中山大学出版社，2010.

[3] 许传宏. 会展策划[M]. 2版. 上海：复旦大学出版社，2010.

[4] 龚平，赵尉平. 会展概论[M]. 上海：复旦大学出版社，2009.

[5] 杨顺勇，丁萍萍. 会展营销[M]. 北京：化学工业出版社，2009.

[6] 毛军权. 会展文案[M]. 上海：复旦大学出版社，2006.

[7] 黄向，李正欢. 会展管理[M]. 广州：暨南大学出版社，2009.

[8] 胡平. 会展管理概论[M]. 上海：华东师范大学出版社，2007.

[9] 郑建瑜. 会展经营策划师[M]. 北京：中国劳动社会保障出版社，2006.

[10] 张晓娟. 会展概论[M]. 大连：东北财经大学出版社，2008.

[11] 李勇军. 会展策划[M]. 北京：机械工业出版社，2017.

[12] 舒波，冯麟茜. 会展策划与管理[M]. 北京：清华大学出版社，2016.

[13] 中国会展管理网. www.chinacei.com.

[14] 中国会展在线. www.eastmeeting.com.

[15] 中外展览. www.fair.conf.net.

[16] 中国展览. www.chinaexhibit-net.